CATILINAIRES

DE CICÉRON,

ET

PHILIPPIQUES

DE DÉMOSTHÈNE.

Ce livre appartient à
Frédéric Lortal, élève de
Rhétorique.

F. Lortal

demeurant
a Villefranche-

F. Lostal

CATILINAIRES

DE CICÉRON,

ET

PHILIPPIQUES

DE DÉMOSTHÈNE;

*Traduites par M. l'abbé d'Olivet,
de l'Académie Française.*

NOUVELLE ÉDITION, REVUE AVEC SOIN.

A NISMES;

CHEZ J. GAUDE, IMPRIMEUR-LIBRAIRE.

———

1811.

PRÉFACE.

On a beaucoup à lire pour devenir savant : mais pour se former le goût, il faut lire peu, et bien lire. Car avant que le jugement soit mûr, la multiplicité des Auteurs ne peut que produire une confusion d'idées, qui ne se guérit jamais, et qui même, par rapport au goût, ne vaut pas l'ignorance accompagnée du sens commun.

Quintilien (1) nous enseigne à bien lire un Orateur. « Il faut observer, » dit-il, comment dans l'exorde on se » rend les auditeurs favorables : Quelle » clarté il y a dans la narration, quelle » briéveté, quel air de sincérité, et » cependant quel art quelquefois à dé- » guiser son véritable but : Quel ordre » ensuite, et quelle justesse dans la » division : comment dans les preuves

_____

(1) *Liv. II*, *chap.* 8. Je cite presque mot pour mot, conformément à la belle Traduction de M. l'Abbé Gédoyn.

» l'Orateur est subtil, vif, serré, tantôt
» véhément, tantôt doux et insinuant :
» Quelle force il met dans ses invec-
» tives, et quel agrément, quel sel dans
» ses railleries : Comment il remue les
» passions, se rend maître des cœurs,
» tourne les esprits à son gré : Quelle
» est la propreté, l'élégance, la no-
» blesse des expressions : En quel cas
» (2) l'amplification est louable, et
» quelle est la vertu opposée : La
« beauté des métaphores, et les diffé-
» rentes figures : Enfin ce que c'est
» qu'un style coulant et périodique,
» mais pourtant mâle et nerveux ».

Aux chefs-d'œuvres qui nous restent
des Anciens, il sera bon quelquefois,
continue Quintilien, d'opposer certaines pièces, « que le mauvais goût du
» siècle fait qu'on admire, et de remar-
» quer combien il y a de choses im-
» propres, obscures, enflées, basses,
» rampantes, puériles, affectées, qui

---

(1) Voyez là-dessus Quintilien, VIII, 4.

» non-seulement ont une approbation
» presque générale,» mais qui ne l'ont
» que parce qu'elles sont mauvaises.
» Car un discours sensé, et qui n'a
» rien que de naturel, n'est d'aucun
» mérite; on n'y trouve point d'esprit.
» Mais ce qui est recherché, détourné,
» et hors de la droite raison, voilà ce
» qu'on admire aujourd'hui ».

« J'avoue cependant, ajoute ce sage
» *Rhéteur*, *qu'il y a eu de nos jours,*
» et qu'il y a encore d'excellens écri-
» vains. Je le soutiens même. Mais de
» savoir juger quels ils sont, c'est ce
» qui n'appartient pas à tout le monde.
» Il est plus sûr d'imiter les Anciens
» dont le mérite n'est plus douteux.
» Ainsi je conseille de ne point s'atta-
» cher de si bonne heure aux Modernes,
» de peur qu'on ne les imite avant que
» de bien connoître ce qu'ils valent ».

Qui voudra donc se former le goût
pour l'Eloquence, prendra nécessairement ses modèles dans l'Antiquité, et
dès-lors son choix ne peut tomber que

sur Démosthène, ou sur Cicéron, dont le parallèle n'est nulle part mieux détaillé que dans Quintilien.

» Je trouve, dit-il, qu'ils se res-
» semblent (1) en tout ce qui est de
» l'Invention. C'est dans l'un et dans
» l'autre la même manière d'envisager
» un sujet, de diviser, de préparer les
» esprits, de prouver. Quant au style,
» il y a quelque différence. L'un est
« plus précis, l'autre *plus* abondant.
» L'un serre de plus près son adver-
» saire ; l'autre pour le combattre, se
» donne, s'il faut ainsi dire, plus de
» champ. Il n'y a rien à retrancher de
» l'un, rien à ajouter à l'autre. On voit
» dans Démosthène plus de soin et
» d'étude : dans Cicéron plus de naturel
» et de génie. Pour ce qui est de manier
» finement la raillerie, et d'émouvoir
» la pitié, deux points d'une extrême
» conséquence, il est certain que Cicé-
» ron y réussit mieux que l'autre. Mais

---

(1) Voyez Quintilien, liv. X, chap. I.

» ce qui donne la supériorité à Démos-
» thène, c'est qu'il a été avant Cicé-
» ron, et que l'Orateur Romain, tout
» grand qu'il est, doit une partie de
» son mérite à l'Athénien. Car il me
» paroît que Cicéron ayant tourné tou-
» tes ses pensées vers les Grecs pour
» se former sur leur modèle, il a ras-
» semblé en lui et la force de Démos-
» thène, et l'abondance de platon, et
» la douceur d'Isocrate. Non qu'il en
» soit redevable seulement à son tra-
» vail, et au secours de l'imitation :
» mais il a comme enfanté de lui-même
» la plupart de leurs perfections, ou
» pour mieux dire, toutes, par l'heu-
» reuse fécondité de son divin génie.
» Car pour me servir d'une expression
» de Pindare, il ne ramasse pas les
» eaux du ciel pour remédier à sa sé-
» cheresse naturelle, mais il trouve
» dans son propre fonds une source
« d'eau vive, qui coule sans cesse à
« gros bouillons ; et vous diriez que les
« Dieux l'ont accordé à la terre, afin

« que l'Eloquence fît l'essai de toutes
» ses forces en la personne de ce grand
» homme. Qui est-ce, en effet, qui
» peut instruire avec plus d'exactitude,
» et toucher avec plus de véhémence?
» Et quel Orateur a jamais eu plus de
» charmes ? Jusques-là que ce qu'il
» vous arrache, vous croyez le lui accor-
» der ; et que les Juges emportés par
» sa violence, comme par un torrent,
» s'imaginent *suivre leur mouvement*
» propre, quand ils sont entraînés.
» D'ailleurs il parle avec tant de raison,
» et de poids, que vous avez honte
» d'être de sentiment contraire. Ce n'est
» pas le zèle d'un Avocat que vous trou-
» vez en lui : c'est la foi d'un Témoin,
» et d'un Juge. Et toutes ces choses,
» dont une seule coûteroit des peines
» infinies à une autre, coulent en lui
» naturellement, et comme d'elles-
» mêmes ; en sorte que sa manière
» d'écrire, si belle et si inimitable, a
» cependant l'air le plus aisé du monde.
» Ainsi ce n'est pas sans fondement

» que les gens de son temps ont dit
» qu'il régnoit au Barreau : comme c'est
» avec justice que ceux qui sont venus
» depuis, l'ont tellement estimé, que
» le nom de Cicéron est moins aujour-
» d'hui le nom d'un homme, que celui
» de l'Eloquence même. Ayons donc
» les yeux continuellement sur lui :
» qu'il soit notre modèle : et tenons-
» nous sûrs d'avoir beaucoup profité,
» quand nous aurons pris de l'amour
» et du goût pour Cicéron ».

Ainsi pensoit le plus judicieux de
tous les Critiques. Il y a donc premièrement, selon lui, une parfaite con-
formité pour ce qui regarde l'*Invention*
et la *Disposition* entre Cicéron et Démosthène. Pourquoi ? Parce qu'ils ont
l'un et l'autre suivi, et dû suivre pas à
pas la nature. Or la nature, certainement, ne peut que dicter toujours les
mêmes raisons, et les mettre à peu près
dans le même ordre pour convaincre
les esprits, pour toucher les cœurs,

qui sont les mêmes dans tous les cli-
mats, et dans tous les temps.

Mais en second lieu, ces deux Ora-
teurs différent un peu, quand à l'*Elocution*. Pourquoi? Parce que le Grec
étant, comme nous l'apprenons de Plutarque, un homme chagrin, sévère, incapable de se plier; et le Romain, au
contraire, ayant l'ame tendre, l'imagination belle, l'humeur enjouée; *ils ont
dû l'un et l'autre se conformer à leur*
caractère personnel, dont la différence
a nécessairement produit celle de leur
style.

A l'égard des deux premières parties, l'*invention* et la *Disposition*, dans
lesquelles ils se ressemblent; c'est une
chose aisée au Traducteur, que de les
représenter tels qu'ils sont; parce qu'il
suffit pour cela d'exprimer leurs pensées, et de n'en point changer l'ordre.
Mais la difficulté consiste dans l'*Elocution*, qui est cependant si essentielle,
que c'est par cet endroit seul qu'on les

distingue l'un de l'autre , suivant ce que j'ai rapporté de Quintilien.

Plus cette difficulté m'étoit connue, moins ai-je dû me flatter de pouvoir la vaincre. Persuadé, plus qu'homme du monde , qu'il n'est pas possible de peindre Demosthène et Cicéron, avec toutes leurs grâces , j'ai seulement regardé comme possible de les défigurer un peu moins qu'ils ne l'ont été , ce me semble , *par d'autres écrivains*, à qui je fais gloire de céder d'ailleurs. Tous les jours nous voyons que des Peintres du premier ordre manquent des ressemblances, qui n'échappent pas à un Peintre des plus communs : et la ressemblance est ici tout ce que j'ai cherché.

Autre chose est donc l'exactitude à rendre le sens d'un Orateur : autre chose, la fidélité à exprimer le caractère de son éloquence. Or il me paroît que M. de Maucroix, et M. de Toureil , qui ont mis les Philippiques en Français , ne s'assujétissent point assez au goût, au génie de Démosthène. Ils lui font dire à peu près tout ce qu'il a dit, mais rarement comme il l'a dit : et dès-là ce n'est plus le même Orateur. Dans M. de Maucroix, c'est un malade que l'on voit bien avoir été un très-bel homme, mais qui est tombé dans un état de langueur où ceux qui l'avoient vu et connu auparavant, lui trouvent les yeux presque éteints, les traits à peine reconnoissables. Dans M. de Tourreil, c'est un malade d'une autre espèce, d'autant plus incurable qu'il se doute moins de son mal, et qu'il prend pour embonpoint ce qui n'est que bouffissure.

Je craindrois de me tromper sur M. de Tourreil, qui a encore beaucoup d'admirateurs, si je n'étois fortifié dans mon opinion par deux Juges non suspects et d'un grand poids. Je veux dire MM. Rollin et Massieu. Tout le monde ayant lu (1) ce que le premier

—————————

(1) Voyez M. Rollin, *de l'éloquence du Barreau,* article premier.

en a écrit, je ne citerai que feu M.
l'Abbé Massieu, dont l'ouvrage (1)
n'a point vu le jour. « C'est dommage,
« dit-il, que M. de Tourreil ne fasse pas
» un meilleur usage de ses talens. Il
» n'a que trop de génie. Il ne manque
» ni de fécondité, ni de feu, ni d'élé-
» vation, ni de force. Mais il ne sait
» point s'aider de tout cela. Son esprit
» l'entraîne et l'emporte. Rien de suivi,
» ni de réglé dans tout ce qu'il fait. Son
» style va toujours par sauts, et par
» bonds. Ce n'est qu'impétuosité, que
» saillie. Il a l'enthousiasme de ces
» Prêtresses qui rendoient autrefois les
» oracles : il en a souvent l'obscurité.
» Le privilège d'entendre M. de Tour-
» reil n'est pas donné à tout le monde.
» En beaucoup d'endroits on doute
» qu'il s'entende lui-même. Il quitte le
» sens pour les mots, et le solide pour
» le brillant. Il aime les épithètes qui

---

(1) *Remarques,* dont le manuscrit original se garde
dans la Bibliothèque du roi, *sur la première édition
de M. de Tourreil.*

» emplissent la bouche , les phrases
» synonimes qui disent trois ou quatre
» fois la même chose en termes diffé-
» rens, les expressions singulières, les
» figures outrées, et généralement tous
» ces excès, qui sont les écueils des
» écrivains médiocres. Il ignore sur-
» tout la naïveté du langage : de sorte
» que, s'il est vrai, comme tous nos
» maîtres l'enseignent, qu'elle soit une
» des premières perfections, et un des
» plus grands charmes de l'Eloquence,
» jamais Orateur n'a été moins parfait,
» et n'a dû (1) étre moins imité que
» M. de Tourreil. »

Voilà le jugement d'un Savant, mais
d'un Savant qui étoit homme de goût,
et qui ne connoissoit pas moins bien

_____

(1) On lit dans l'Histoire de l'Académie Française ,
édition *in*-4.º Tom. II. pag. 105.

Un jour que Racine étoit à Auteuil chez moi (c'est Des-
préaux qui parle), Tourreil y vint , et nous consulta sur
un endroit qu'il avoit traduit de cinq ou six façons, toutes moins
naturelles , et plus guindées les unes que les autres. Ah le
bourreau ! il fera tant qu'il donnera de l'esprit à Démosthène , *me dit Racine tout bas. Ce qu'on appelle esprit en*
ce sens-là , c'est précisément l'or du bon sens converti en
clinquant.

le gracieux et l'aimable, que le solide et le vrai des Anciens. Car les Anciens, encore une fois sont nos maîtres : et quand nous croirions valoir mieux qu'eux à d'autres égards, du moins est-il certain qu'en matière d'Eloquence, nous leur cédons.

Pour lire leurs harangues avec plus de plaisir, et même avec plus de fruit, souvenons-nous de ce qu'enseigne *Denys d'Halicarnasse, que l'Elocution* d'un Orateur est intimément liée avec son *Action,* et qu'il faut par conséquent examiner, non-seulement de quelle manière sa phrase est conçue, mais aussi de quel ton elle a dû être prononcée. Peu s'en faut, dit-il, que Démosthène, » quand vous le lisez, ne vous crie à » haute voix : Prenez ici un ton familier, » là un ton d'autorité, ici soyez vif et » rapide, là modérez-vous : ici faites » une pause, là ne laissez point sentir » qu'on passe d'une idée à une autre; » prenez ici le ton du mépris, là celui » de la pitié; ici témoignez de l'effroi,

» là de l'indignation. » Que si quelqu'un est sans entrailles, insensible, stupide, moins homme que rocher, qu'il sache, conclut Denys d'Halicarnasse, que Démosthène n'est pas fait pour lui.

On peut, au reste, sur les philippiques seules de Démosthène, juger de son mérite. Mais qui ne connoîtroit de Cicéron que ses Catilinaires, seroit bien éloigné de le connoître parfaitement. *Quoiqu'elles lui fassent honneur*, il faut convenir que ce n'est pas pourtant où les richesses, de cet admirable génie, sont étalées avec le plus de profusion. Une affaire aussi vive, et qui devoit être aussi brusquement menée que celle de Catilina, ne permettoit pas de ces longs discours où l'Eloquence peut se déployer à son gré, sans pécher contre la prudence, qui est toujours la première loi. Pour trouver Cicéron tout entier, il faut le chercher dans ses Verrines, dans ses Oraisons pour Cluentius, pour Muréna, pour Milon, pour Célius. J'allois en nommer d'autres, et peut-être les nommer toutes; car il n'y en a point qui n'ait des grâces particulières, amenées par le sujet, ou par les circonstances : et si le souverain mérite d'un Orateur est d'exceller tout à-la-fois dans tous les genres, Cicéron n'a point à craindre de rivaux.

Que n'avons-nous la traduction qu'il avoit faite de l'Oraison pour Ctésiphon! Rien, *sans doute, ne pourroit* mieux nous faire voir si la langue Latine avoit de plus grandes ressources que la nôtre, pour bien rendre les beautés de la Grecque. Aucun écrivain moderne, je l'avoue, n'est capable de nous remplacer la latinité de Cicéron : mais si quelqu'un l'a pu jusqu'à un certain point, c'est le R. P. de Jouvency, à qui nous n'avons, ce me semble, personne à comparer depuis la renaissance des Lettres, que Maffée et Muret. On sera donc bien charmé de trouver ici sa Traduction de la première philippique, dont il me donna une copie à Rome en 1713. Jusqu'à présent je ne m'étois pas permis de la publier, parce qu'ayant entendu dire qu'on pensoit à rassembler ses ouvrages de Rhétorique, j'avois cru que celui-ci paroîtroit avec les autres. Mais un recueil qui se fait attendre depuis trente ans, pourroit bien ne jamais venir; et il n'est pas juste que je retienne plus long-temps un si précieux dépôt, qui appartient de plein droit au public.

A la *suite de ce Latin*, *je donnerai* les remarques du même auteur sur le Français de M. de Tourreil. Peut-être acheveront-elles de prouver, que si je m'élève contre le goût d'un homme d'Esprit, et d'un savant homme, qui a fourni la carrière où je n'entre qu'après lui, ce n'est point dans la vue d'exalter mon travail, en cherchant à déprimer le sien. Puis-je ne pas savoir qu'en ce genre il y a cent manières de faire mal, et par conséquent les fautes d'autrui ne décident pas en ma faveur? Toute vanité à part, je me porte à censurer M. de Tourreil par un autre motif;

et le voici. Que divers particuliers écrivent aujourd'hui d'un manière guindée, entortillée, sans netteté, sans justesse: qu'au vrai et au naturel, ils préfèrent le faux et l'affecté ; il est clair que de pareils exemples ne tirent pas à conséquence. Mais qu'on abuse, comme a fait ce Traducteur, d'un nom tel que celui de Démosthène, pour autoriser une sorte de style, dont il n'y a pas l'ombre dans le Grec ; n'est-ce pas vouloir que le premier des Orateurs, dans l'état où il est montré aux Français, marche à la tête de ceux qui corrompent l'Eloquence parmi nous ?

CATILINAIRES

DE

CICÉRON.

ARGUMENT
DES CATILINAIRES.

JE suppose avec raison qu'il n'y a personne d'assez peu versé dans la connoissance de l'histoire Romaine, pour ne pas savoir ce que c'est que la Conjuration de Catilina. Je n'entrerai donc ici dans aucun détail, et il doit me suffire de toucher en peu de mots le sujet des quatre harangues que Cicéron eut occasion de prononcer.

Il prononça la première dans le Sénat. Elle peut se réduire à deux propositions, qu'il n'entreprend pas de prouver séparément l'une après l'autre, mais qu'il ne perd jamais de vue.

I. Que Catilina étant convaincu au point qu'il l'est, d'avoir conspiré contre la République, il doit, et sans délai, s'éloigner de Rome.

II. Que le consul, quoique bien fondé à décerner peine de mort contre Catilina, fait prudemment de consentir,

et

et même de contribuer à son évasion.

Catilina, le jour même qu'il eut entendu le discours précédent, se déroba sur le soir pour aller joindre les troupes qu'il avoit ramassées dans l'Etrurie : et le lendemain Cicéron haranguant le Peuple, fit voir,

I. Qu'il étoit avantageux que Catilina fût hors de Romé.

II. Que la République n'avoit point à redouter les forces de Catilina.

III. Que ceux de ses complices, qui étoient restés à Rome, devaient s'attendre, s'ils ne rentroient dans le devoir, aux peines dont ils étoient dignes.

De la seconde à la troisième Catilinaire, il s'écoula trois semaines, au bout desquelles Cicéron, ayant eu des preuves évidentes de la Conjuration, assembla le Peuple, pour lui apprendre,

I. Quelles étoient ces preuves, et comment il les avoit eues.

II. Quelles mesures le Sénat prenoit contre les Conjurés.

III. Que la découverte de ces preuves se devoit aux Dieux.

La quatrième Harangue fut prononcée deux jours après la troisième. Il s'agissoit de savoir quelle seroit la peine des Conjurés. Les deux avis qui partageoient le Sénat, alloient l'un à la mort, l'autre à une prison perpétuelle. Cicéron, avant que de prendre les voix insinue,

I. Que de ces deux avis, le premier est le plus avantageux.

II. Que l'exécution, quoiqu'elle tire à de fâcheuses conséquences pour lui personnellement, ne l'effraie point.

Pour bien prendre l'esprit et le caractère de ces quatre Harangues, il faut distinguer celles qui s'adressent au Sénat, de celles qui s'adressent au Peuple. Car non-seulement les réflexions, mais les images, les figures, qui étoient bonnes pour l'un de ces auditoires, n'auroient eu devant l'autre, ni la même force, ni la même grâce.

Au reste, quelqu'admirable que soit ici l'Orateur, nous devons encore de plus grandes et plus justes louanges au bon citoyen, et à l'homme d'Etat, ou plutôt si nous parlons le langage de son temps, au Père de la Patrie. *On n'est point véritablement grand par les qualités de l'esprit, sans y joindre celles de l'ame. Personne, peut-être, ne les a si parfaitement réunies les unes et les autres que Cicéron : et ce seroit fermer les yeux sur l'essentiel, que de borner notre admiration à l'éloquence incomparable de ce fameux Romain, sans l'étendre jusqu'aux sentimens vertueux, dont il avoit le cœur pénétré.*

Avant que d'en venir aux Harangues, il sera bon de connoître Catilina. En voici deux Portraits, dont l'un est fait par Salluste, et l'autre par Cicéron lui-même, long-temps après la mort de son ennemi.

I.

L. Catilina (1) *nobili genere natus , fuit magná vi et animi et corporis , sed ingenio malo pravoque. Huic ab adolescentia bella intestina , cædes , rapinæ , discordia civilis, grata fuére : ibique juventutem suám exercuit. Corpus patiens inediæ , algoris , vigiliæ , supra quàm cuiquam credibile est : animus audax subdolus , varius , cujuslibet rei simulator , ac dissimulator , alieni appetens , suî profusus , ardens in cupiditatibus : satis* (2) *eloquentiæ , sapientiæ parùm : vastus animus immoderata incredibilia , nimis alta semper cupiebat.*

(1) *Sall. Bell. Catil.* cap. 5.
(2) D'autres lisent, *loquentiæ*, qui ne signifie que *facilité à parler.* Voyez Aulu-Gelle , l. 15.
(3) C'est la traduction de P. Bouhours , dans ses *Pensées ingénieuses* , pag. 18.

II.

Habuit (4) *permulta maximarum non expressa signa , sed adumbrata virtutum. Utebatur hominibus improbis multis : et quidem optimis se viris deditum esse simulabat. Erant apud illum illecebræ libidinum multæ : erant etiam industriæ quidam stimuli , ac laboris.*

(4) *Orat. pro Cœlio* , 5 et 6.

I.

Catilina étoit d'une famille distinguée. Il avoit (3) l'ame forte et le corps robuste, mais l'esprit méchant et mal fait. Tout jeune qu'il étoit, il aimoit les troubles, les séditions et les guerres civiles. Il se plaisoit aux meurtres et au pillage ; et ce fut dans ces déréglemens qu'il passa les premières années de sa vie. Il supportoit la faim, le froid, les veilles au-delà de tout ce qu'on peut s'imaginer. C'étoit un homme hardi, entreprenant, fourbe, grand imposteur, et capable, dans toutes les affaires, d'une profonde dissimulation ; avide du bien d'autrui, prodigue du sien, violent et emporté dans ses passions, ayant assez d'éloquence, peu de bon sens ; n'ayant que de vastes desseins, et ne se portant qu'à des choses extrêmes, presque impossibles, au-dessus de l'ambition et de la fortune d'un particulier.

I I.

CATILINA, sans avoir de grandes et d'excellentes qualités, savoit en présenter l'apparence. Malgré ses liaisons avec un grand nombre de scélérats, il se donnoit pour être tout dévoué aux gens de bien. Son penchant le portoit au plaisir, et il n'en étoit pas moins capable d'application et de travail. Il se livroit à tout ce qu'inspire la volupté, et il aimoit en même temps les

Flagrabant vitia libidinis apud illum : vigebant etiam studia rei militaris. Neque ego umquam fuisse tale monstrum in terris ullum puto, tam ex contrariis, diversisque inter se pugnantibus naturæ studiis cupiditatibusque conflatum. Quis clarioribus viris quodam tempore jucundior ? quis turpioribus conjunctior ? Quis civis meliorum partium aliquando ? quis terribilior hostis huic civitati ? Quis in voluptatibus inquinatior ? quis in laboribus patientior ? Quis in rapacitate avarior ? quis in largitione effusior ? Illa verò in illo homine mirabilia fuerunt, comprehendere multos amicitiâ, tueri obsequio, cum omnibus communicare quod habebat, servire temporibus suorum omnium pecuniâ, gratiâ, labore corporis, scelere etiam si opus esset, et audaciâ : versare suam naturam et regere ad tempus, atque huc et illuc torquere, et flectere : cum tristibus severè, cum remissis jucundè, cum senibus graviter, cum juventute comiter, cum facinorosis audaciter, cum libidinosis luxuriosè vivere. Hâc ille tam variâ, multiplicique naturâ, cùm omnes omnibus ex terris homines improbos, audacesque collegerat ; tum etiam multos fortes viros, et bonos specie quadam virtutis assimulatæ tenebat.

fatigues de la guerre. Non, je ne crois pas qu'il y ait eu dans le monde entier un pareil monstre, qui réunit en soi des inclinations si contraires, des passions si peu compatibles. Fut-il jamais homme qui ait été tantôt plus goûté des gens de mérite, tantôt plus uni avec les plus décriés ? Quel meilleur citoyen dans un temps, et dans un autre quel ennemi plus furieux ? Quelle vie plus déréglée que la sienne, et dans les travaux quelle plus grande patience ?

Jusqu'où a-t-il poussé l'avarice dans ses rapines, et la prodigalité dans ses largesses? Quelque chose d'étonnant, c'est le talent qu'il avoit pour se faire des amis, et pour les cultiver. Tout ce qui étoit à lui, n'étoit pas moins à eux. En toute rencontre il étoit prêt à les assister de sa bourse et de son crédit, de ses peines, et même de ses crimes, s'il en falloit. Habile à se plier et à se tourner comme il vouloit, selon les circonstances, il étoit réservé avec les sérieux, gai avec les enjoués, grave avec les vieillards, complaisant avec la jeunesse, hardi avec les scélérats, débauché avec les libertins. Un caractère si compliqué, et qui se montroit sous des faces si différentes, non-seulement attira de toutes parts à lui tout ce qui se trouvoit d'hommes pervers et audacieux, mais encore lui gagna beaucoup de très-honnêtes gens, éblouis par de faux dehors.

M. TULLII
CICERONIS

IN

L. CATILINAM.

ORATIO I.

I. Q*UOUSQUE tandem abutêre, Catilina, patientiâ nostrâ, quamdiu etiam furor iste tuus nos eludet? quem ad fidem sese effrenata jactabit audacia? Nihil ne te nocturnum præsidium Palatii, nihil urbis vigiliæ, nihil timor populi, nihil concursus bonorum omnium, nihil hic munitissimus habendi senatûs locus, nihil*

---

(1) Rome fut d'abord bâtie sur le mont Palatin, et comme non-seulement Romulus, mais Auguste et la plupart des Empereurs y ont fait leur séjour, le mot de Palais, *Palatium*, nous est venu de-là, pour signifier une maison de Roi ou de Prince.

(2) Dans le Temple de Jupiter *Stateur*. Mais que signifie ce titre de *Stateur*? Il y a là-dessus deux opinions: celle de Tite-live, liv. I., ch. 12, et celle de Sénèque, *Des bienfaits*, liv. IV. chap. 7. *Sed nunc non erat his locus.* Car de vouloir, comme quelques-uns de nos Taaducteurs en ont amené la mode, qu'à tout propos on fasse un étalage d'érudition, c'est se moquer. A moins que des remarques ne soient nécessaires et courtes, elles ne servent qu'à montrer la vanité du Scoliaste, et qu'à détourner l'attention du Lecteur. Je n'ai pas employé ici la centième partie de celles

PREMIÈRE
CATILINAIRE,

PRONONCÉE

Dans le Sénat, le 8 novembre 690.

I. Jusques à quand enfin abuserez-vous, Catilina, *de notre patience ?* Avons-nous encore long-temps à être le jouet de votre fureur ? Quelles seront les bornes de cette audace effrénée ? Quoi ! de voir que la garde se fait toute la nuit, et sur le mont (1) Palatin, et dans tout Rome ; que le peuple est saisi de crainte ; que tous les bons citoyens accourent en foule ; que le Sénat s'est assemblé dans un lieu (2) fortifié ; que nos seuls regards vous apprenent ce que nous pensons de vous ; rien de tout cela ne fait impression sur votre esprit ? Vous ne sentez

---

que j'ai trouvées toutes faites dans les anciens commentaires : et j'en aurois employé bien moins encore, si je n'avois considéré que ce volume pourroit tomber entre les mains des jeunes gens, qui n'ont pas toujours la patience ou la facilité de chercher dans les sources connues, un point d'Histoire, de chronologie, ou de géographie. Ceci soit dit une fois pour toutes.

horum ora vultusque moverunt ? Patere tua consilia non sentis? constrictam jam omnium horum conscientiâ teneri conjurationem tuam non vides ? Quid proximâ , quid superiore nocte egeris , ubi fueris , quos convocaveris , quid consilii caperis , quem nostrûm ignorare arbitraris ?

2. *O tempora ! ô mores ! Senatus hæc intelligit , consul videt : hic tamen vivit. Vivit ? Immò verò etiam in senatum venit : fit publici consilii particeps : notat et designat oculis ad cædem unumquemque nostrûm. Nos autem , viri fortes , satisfacere reipublicæ videmur , si istius furorem ac tela vitemus.*

3. *Ad mortem te , Catilina , duci , jussu consulis , jampridem oportebat : in te conferri pestem istam , quam tu in nos omnes jamdiu machinaris. An verò vir amplissimus , P. Scipio, pontifex maximus , Tib. Gracchum , mediocriter labefactantem statum reipublicæ , privatus interfecit : Catilinam verò , orbem terræ cæde atque incendiis vastare cupientem , nos con-*

---

(1) *P. Corn. Scipio Nasica Serapio.* Quoique souverain Pontife , il est appelé ici homme privé , parce que le Sacerdoce n'étoit pas mis au rang des Magistratures.

(2) *Tibérius Gracchus.* J'évite les prénoms autant que je puis , parce qu'ils sont peu agréables en français , sur-tout dans un discours oratoire. Il faut plus d'exactitude , quand on traduit un Historien.

pas que vos desseins sont découverts ? Vous
ne voyez pas que votre Conspiration, dès-
là qu'elle est connue du Sénat, est comme
enchaînée ? Pensez-vous que personne de
nous ignore ce que vous avez fait la nuit dernière ? ce que vous fîtes la nuit précédente ?
où vous vous êtes trouvé ? qui vous y avez
appelé ? quelles mesures vous y avez prises ?

2. O Temps ! O mœurs ! le Sénat est informé de tous ces mouvemens, le Consul
les voit, et Catilina vit encore ? il vit,
que dis-je ? Il vient au Sénat, il assiste à
nos délibérations, il marque de l'œil ceux
d'entre nous qu'il destine à la mort. Et nous,
gens courageux, pouvu que nous évitions
ses coups, nous croyons que notre devoir
est rempli.

3. Il y a long-temps, CATILINA, que
le Consul devroit vous avoir fait traîner au
supplice. Il y a long-temps que l'orage,
dont nous sommes menacés, devroit avoir
crevé sur vous. Car enfin, si l'illustre (1)
Scipion, étant souverain Pontife, fit périr
de son autorité privée l'un (2) des Gracques
pour de légères entreprises contre la République, nous Consuls, souffrirons-nous
Catilina, dont les projets sont de mettre à
feu et à sang l'univers ? Je trouverois dans

_____

(1) Touchant la sédition de ce Gracchus, voyez Plutarque,
Vie des Gracques ; et Florus, liv. III, chapitre 14.

*sules perferemus ? Nam illa nimis antiqua præ-
tereo, quod Q. Servilius Ahala Sp. Melium,
novis rebus studentem, manu suâ occidit. Fuit,
fuit ista quondam in hac republica virtus,
ut viri fortes acrioribus suppliciis civem per-
niciosum, quàm acerbissimum hostem coerce-
rent. Habemus enim senatûs-consultum in te,
Catilina, vehemens et grave : non deest reipublicæ consilium, neque auctoritas hujus
ordinis : nos, nos dico, apertè, consules desumus.*

*II. Decrevit quondam senatus, ut L. Opi-
mius consul videret, ne quid respublica detrimenti caperet. Nox nulla intercessit ; interfectus
est propter quasdam seditionum suspiciones C.
Gracchus, clarissimo patre, avo, majoribus :
occisus est cum liberis M. Fulvius, consularis.
Simili senatûs-consulto, C. Mario, et L Va-
lerio consulibus permissa est respublica : nùm
unum diem postea L. Saturninum, tribunum
plebis, et Servilium prætorem, mors ac rei-*

_____

(1) *Caius Servilius Ahala.* Voyez ce fait dans Tite-Live,
Décad. I, liv. IV, chap. 14.

(2) *Caius Gracchus*, frère de ce Tibérius dont nous venons
de parler. Voyez Plutarque, Vie des Gracques : et Florus,
Liv. III. ch. 15.

(3) *Fulvius Flaccus.* A la fin de cette première Catilinaire, et dans la quatrième, Cicéron parlant de lui, ne
l'appelle que *Flaccus* ; mais en ces deux endroits, je l'ap-
pellerai toujours *Fulvius*, afin de n'avoir point à varier. Il
fut Consul en 620.

un siècle plus éloigné , l'exemple (1) d'Ahala , qui , parce que Mélius vouloit introduire des nouveautés dans le Gouvernement , le tua de sa propre main. Telle fut , oui , telle fut la fermeté de nos pères , qu'ils faisoient moins de grâce à un mauvais citoyen , qu'à l'ennemi le plus cruel. Un décret du Sénat nous ordonne sévèrement de vous poursuivre : ni le Conseil ni l'autorité de cette auguste Compagnie ne manquent à la République : c'est nous , je le dis ouvertement , c'est nous Consuls , qui lui manquons.

II. *Opimius tenant autrefois le rang* où je suis , reçut ordre du Sénat de prendre les précautions qu'il jugeroit nécessaires pour mettre la République en sûreté : et le jour même un autre (2) Gracchus , soupçonné de tramer quelque révolte , fut mis à mort , quoique le souvenir de son père , de son aïeul , de ses ancêtres , parlât en sa faveur. On fit subir le même sort à (3) Fulvius , qui avoit été consul , et à ses enfans. Un semblable décret ayant été fait sous le Consulat de Marius et de Valérius , l'exécution fut-elle retardée seulement d'un jour à l'égard du tribun Saturninus , et du préteur Servilius ? Mais nous , déjà nous souffrons depuis (4) vingt jours , que l'autorité du

_____

(4) Il n'y avoit que dix-huit jours , suivant la remarque d'Asconius. Mais ni les Orateurs , ni les Poëtes ne sont obligés de supputer avec tant d'exactitude. Ils aiment les comptes ronds, *Rotundare numerum voluit ,* dit ici Muret.

publicæ pœna remorata est ? At nos vicesi-
mum jam diem patimur hebescere aciem horum
auctoritaris. Habemus enim hujusmodi senatûs
consultum , verumtamem inclusum in tabulis ,
tamquam in vagina reconditum : quo ex sena-
tûs consulto confestim interfectum te esse , Ca-
tilina , convenit. Vivis : et vivis non ad depo-
nendam , sed ad confirmandam audaciam. Cu-
pio , Patres conscripti , me esse clementem :
cupio in tantis reipublicæ periculis non disso-
lutum videri : sed jam me ipsum inertiæ
nequitiæque condemno.

5. Castra sunt in Italia contra rempubli-
cam , in Etruriæ faucibus collocata : crescit in
dies singulos hostium numerus : eorum autem im-
peratorem castrorum , ducemque hostium , intra
mœnia , atque adeo in senatu videmus , intestinam
aliquam quotidiè perniciem reipublicæ molientem.
Si te jam , Catilina , comprehendi , si interfici
jussero , credo , erit verendum mihi , ne non hoc
potiùs omnes boni seriùs à me , quàm quisquam
crudeliùs factum esse dicat. Verum ego hoc ,
quod jampridem factum esse oportuit , certa de
causa nondum adducor ut faciam. Tum denique
interficiam te , cùm jam nemo tam improbus , tam
perditus , tam tui similis inveniri poterit , qui

---

(1) Plusieurs de nos bons écrivains ont déja employé ce
mot , *Pères Conscrits.* J'avoue qu'il ne s'entend pas trop en
français : mais sans nous embarrasser de l'étymologie , qui
n'est pas même bien certaine parmi les auteurs latins , il
nous suffit ici de savoir que c'est ainsi qu'on appeloit les
sénateurs.

Sénat languisse. Il nous a donné des ordres, mais que nous laissons inutiles dans nos registres, comme un épée dans le fourreau. Par ces ordres, CATILINA, vous deviez à l'instant perdre la vie. Vous vivez cependant, et vous vivez, non pour vous corriger de votre audace, mais pour la redoubler. Pour moi, PÈRES (1) CONSCRITS, je me sens porté à la clémence. D'un autre côté aussi, nos périls étant si grands, je ne dois point mollir ; et moi-même je me trouve déjà coupable de négligence et de lâcheté.

5. Une armée ennemie campe dans les détroits de l'Etrurie ; *le nombre des rebelles* augmente tous les jours ; leur général est dans l'enceinte de nos murs ; il vient dans le Sénat même affronter nos regards ; à toute heure, et jusques dans notre sein, il forme de nouveaux projets contre nous. Que dans l'instant je vous arrête, CATILINA, que je vous fasse périr ; tout ce qu'il y a de bons citoyens me reprocheront, je crois, d'avoir été trop lent, et aucun d'eux, d'être trop sévère. Mais ce qui devoit avoir été fait il y a long-temps, j'ai mes raisons pour le différer encore. J'attends qu'il n'y ait pas d'homme assez méchant, assez corrompu, assez semblable à vous, pour trouver que votre mort ne soit pas juste. Tant que vous aurez donc un partisan, vous vivrez : et vous vivrez, comme vous faites, assiégé de fortes et nombreuses troupes,

*id non jure factum esse fateatur. Quamdiu quis-
quam erit, qui te defendere audeat, vives : et
vives ita, ut nunc vivis, multis meis, et firmis
præsidiis obsessus, ne commovere te contra
rempublicam possis. Multorum te etiam oculi
et aures non sentientem, adhuc fecerunt, spe-
culabuntur, atque custodient.*

III. *Etenim quid est, Catilina, quod jam
amplius exspectes, si neque nox tenebris obs-
curare cœtus nefarios, nec privata domus parietibus continere vocem conjurationis tuæ potest ; si illustrantur, si erumpunt omnia ?
Muta jam istam mentem : mihi crede, obli-
viscere cædis, atque incendiorum. Tenêris undique : luce sunt clariora nobis tua consilia
omnia : quæ etiam mecum licet recognoscas.*

7. *Meministine, me ante diem* XII *Kalendas
Novembris dicere in senatu, fore in armis
certo die, qui dies futurus esset ante diem* VI
*Kalendas Novembris, C. Mallium, audaciæ
satellitem atque administrum tuæ ? Num me fe-
fellit, Catilina, non modò res tanta, tam atrox,
tam incredibilis, verùm, id quòd multò magis
est admirandum, dies ? dixi ego idem in senatu,
cædem te optimatum contulisse in ante diem* V
*Kalendas Novembris, tum cùm multi principes
civitatis Româ non tam sui conservandi, quàm
tuorum consiliorum reprimendorum causâ profu-
gerunt. Num inficiari potes te illo ipso die meis*

par qui je préviendrai le moindre de vos attentats ; il y aura, comme il y en a eu jusqu'à présent, des yeux et des oreilles, à qui, sans que vous puissiez vous en douter, rien n'échappera de toutes vos démarches.

III Quel espoir, CATILINA, vous flatteroit encore, puisque la nuit même ne peut avec ses ténèbres nous cacher vos assemblées criminelles : puisque la voix de votre Conjuration a percé les murs où vous aviez cru la renfermer : puisque tout se découvre, *tout éclate ? Renoncez, croyez-moi*, à vos desseins. Que ces idées de meurtres et d'incendies vous sortent de l'esprit. On vous enveloppe de toutes parts ; vos projets nous sont plus clairs que le jour : je vais ici vous en faire le détail.

7. Vous souvenez-vous de m'avoir entendu dire *le vingt et un* d'Octobre en plein Sénat, que *le vingt-sept* précisément, votre satellite Mallius, le ministre de votre fureur, se montreroit les armes à la main ? Avois-je de faux avis, non-seulement d'un attentat si grand, si énorme, si incroyable, mais ce qui est bien plus merveilleux, du jour arrêté ? Je dis encore dans le Sénat que les principaux de la République devoient être massacrés *le vingt-huit* du même mois. Ce jour-là en effet, beaucoup de Sénateurs et des plus illustres sortirent de

præsidiis, meâ diligentiâ circumclusum, com-
movere te contra rempublicam non potuisse,
cùm tu discessu cæterorum, nostrâ tamen, qui
remansissemus, cæde contentum te esse dicebas?

8. *Quid? cùm te Prænesie Kalendis ipsis*
Novembris occupaturum nocturno impetu esse
confideres : sensistine, illam coloniam meo
jussu, meis præsidiis, custodiis vigiliisque esse
munitam ? Nihil agis, nihil moliris, nihil
cogitas, quod ego non modò non audiam, sed
etiam non videam, planèque sentiam.

IV. Recognosce tandem mecum illam supe-
riorem noctem. Jam intelliges multò me vigi-
lare acriùs ad salutem, quem te ad perniciem
reipublicæ. Dico te priori nocte venisse inter
falcarios (non agam obscurè) in M. Leccæ do-
mum : convenisse eodem complures ejusdem
amentiæ scelerisque socios. Num negare audes ?
quid taces ? convincam, si negas. Video enim
esse hîc in senatu quosdam qui tecum unà fuére.

9. *O dii immortales ! ubinam gentium sumus !*
im qua urbe vivimus ? quam rempublicam ha-

---

(1) Il y a ici dans le Texte, *inter falcarios,* comme
qui diroit, *dans le quartier, dans la rue des fourbisseurs.*
C'est aujourd'hui une chose peu importante que de savoir
où la maison de Lecca étoit située. Mais il est bon de
savoir, Saluste nous l'apprend, que Lecca étoit Sénateur.

Rome, moins pour se dérober à vos poignards, que pour déconcerter vos complots. Mais, consolé de leur retraite, pourvu, disiez-vous, que moi qui étois resté, je fusse égorgé ; ne fûtes-vous pas, ce jour-là même, tellement investi de troupes, que ma vigilance fit avorter vos desseins ?

8. Et quand vous comptiez de surprendre Préneste la nuit du premier de Novembre, ne trouvâtes-vous pas que je vous avois prévenu, et que rien ne manquoit à la sûreté de cette Colonie ? Tout ce que vous faites, tout ce que vous projetez, tout ce que vous avez dans l'ame, je l'entends, je le vois.

IV. Avouez-nous enfin où passâtes-vous la nuit d'avant-hier ? Vous allez voir que si le dessein de perdre Rome vous ôte le sommeil, l'envie de la sauver me permet encore moins de dormir. Je vous dis, et ce n'est point pour parler à mots couverts, que la nuit d'avant-hier vous fûtes chez (1) Lecca : que là se rendirent plusieurs de vos complices..... Oseriez-vous le nier ? Que ne répondez-vous ? Je vous en convaincrai, si vous le niez : car je vois dans le Sénat des gens qui étoient de cette assemblée.

9. Où sommes-nous, ô Dieux immortels? Quelle ville habitons-nous ? Qu'est-ce que notre République ? Parmi nous, PÈRES CONSCRITS, oui dans ce lieu auguste, le plus saint de l'univers, il y a des gens qui ont conspiré votre mort et la mienne, la

bemus ? Hîc, hîc sunt, in nostro numero, P. C. in hoc orbis terræ sanctissimo gravissimoque consilio, qui de meo, nostrúmque omnium interitu, qui de hujus urbis, atque adeo orbis terrarum exitio cogitent. Hosce ego video consul, et de republica sententiam rogo : et, quos ferro trucidari oportebat, eos nondum voce vulnero. Fuisti igitur apud Leccam illâ nocte, Catilina: distribuisti partes Italiæ : statuisti quò quemque proficisci placeret : delegisti quos Romæ relinqueres, quos tecum educeres : descripsisti urbis partes ad incendia : confirmasti, te ipsum jam esse exiturum : dixisti paululum tibi esse etiam tum moræ, quòd ego viverem. Reperti sunt duo equites Romani, qui te istâ curâ liberarent, et esse illa ipsa nocte paulò ante lucem me in meo lectulo interfecturos pollicerentur.

10. Hæc ego omnia, dum etiam cœtu vestro dimisso, comperi: domum meam majoribus præsidiis munivi, atque firmavi : exclusi eos, quos tu manè ad me salutatum miseras, cùm illi ipse venissent ; quos ego jam multis ac summis viris ad me id temporis venturos esse prædixeram.

V. Quæ cùm ita sint, Catilina, perge quò cœpisti ; egredere aliquando ex urbe ; patent portæ : proficiscere. Nimiùm diu te imperatorem illa tua Malliana castra desiderant. Educ tecum etiam omnes tuos ; si minùs, quàm plurimos. Purga urbem. Magno me metu liberabis, dum-

ruine de Rome, et par conséquent celle du monde entier ! Je les vois, moi Consul ; je prends leur avis sur les affaires présentes ; et au lieu que je devrois répandre leur sang, je ne flétris pas même encore leur nom. Vous avez donc été cette nuit-là chez Lecca : vous y avez, CATILINA, partagé l'Italie en divers cantons : assigné à chacun des conjurés son poste : choisi ceux qui resteroient ici, et ceux qui vous suivroient : marqué les quartiers de Rome, où l'on mettroit le feu. Vous avez dit que ce qui retardoit votre départ, c'est qu'on ne s'étoit pas défait encore de moi. Et là-dessus il s'est trouvé deux chevaliers Romains, qui, pour vous tirer de cet embarras, vous ont promis que cette même nuit-là, un peu avant le jour, ils viendroient me poignarder dans mon lit.

10. A peine étiez-vous séparés que tout me fut rapporté. Je renforçai la garde de ma maison. Et quand parurent ceux qui venoient de vôtre part me saluer le matin, je leur fis refuser l'entrée. C'étoient à point nommé ceux qu'on m'avoit dit. J'avois même instruit du coup qu'ils méditoient, plusieurs personnes d'un rang distingué.

V. Ainsi, CATILINA, suivez votre plan. Partez enfin, les portes de Rome vous sont ouvertes, partez. Déjà l'armée de Mallius est dans l'impatience de posséder son Général. Faites-vous accompagner de tous vos partisans, au moins du plus grand nombre ;

modò inter me atque te murus intersit. No-
biscum versari jam diutiùs non potes : non
feram, non patiar, non sinam.

11. *Magna diis immortalibus habenda est*
gratia, atque huic ipsi Jovi Statori, anti-
quissimo custodi hujus urbis, quòd hanc tam
tetram, tam horribilem tamque infestam rei-
publicæ pestem toties jam effugimus. Non est
sæpius in uno homine salus summa periclitanda
reipublicæ. Quamdiu mihi, consuli designato,
Catilina, insidiatus es, non publico me præ-
sidio, sed privatâ diligentiâ defendi. Cùm proxi-
mis comitiis consularibus me consulem in campo,
et competitores interficere voluisti, compressi
tuos nefarios conatus amicorum præsidio, et
copiis, nullo tumultu publicè concitato. De-
nique quotiescumque me petisti, per me tibi
obstiti : quanquam videbam perniciem meam
cum magna calamitate reipublicæ esse conjunc-
tam. Nunc jam apertè rempublicam universam
petis. Templa deorum immortalium, tecta urbis,
vitam omnium civium, Italiam denique totam,
ad exitium et vastitatem vocas.

12. *Quare, quoniam id, quod primum,*
atque hujus imperii, disciplinæque majorum pro-
prium est, facere nondum; audeo : faciam id,

purgez-en Rome. Je me verrai tranquille, quand nos murs seront entre vous et moi. Vous ne sauriez plus être où nous sommes, non, CATILINA, non, je ne vous y souffrirai point.

11. On a bien des grâces à rendre aux Dieux immortels, et sur-tout à Jupiter *Stateur*, le très-ancien protecteur de cette ville, pour l'avoir déja tant de fois dérobée aux fureurs d'un monstre si dangereux : il ne faut pas sans cesse risquer pour un homme seul, le salut public. Tant que j'ai été simplement *Consul désigné*, j'ai su, CATILINA, me défendre de vos pièges par moi même, et sans me faire accompagner de gardes. A la dernière assemblée qui se tint pour l'élection des consuls, quand vous eûtes la pensée d'assassiner dans le champ de mars, et vos compétiteurs et moi, je n'employai contre vous que *le secours* de mes amis, j'évitai l'éclat. Toutes les fois, en un mot, que j'ai été personnellement votre objet, je ne vous ai opposé que mes propres forces : me doutant bien pourtant que ma perte seroit fatale à l'Etat. Mais aujourd'hui, c'est l'Etat lui-même que vous attaquez ouvertement ; vous en voulez à nos temples, à nos maisons, à nos vies ; et de toute l'Italie, vous ne prétendez en faire qu'une affreuse solitude.

12. Puis donc que je n'ose encore suivre une maxime qui fut toujours regardée comme essentielle dans notre Gouvernement, tou-

quod est ad severitatem lenius, ad communem salutem utilius. Nam si te interfici jussero, residebit in republica, reliqua conjuratorum manus. Sin tu (quod te jamdudum hortor) exieris, exhaurietur ex urbe tuorum comitum magna et perniciosa sentina reipublicæ. Quid est, Catilina ? num dubitas id, me imperante, facere, quod jam tuâ sponte faciebas ; Exire ex urbe consul hostem jubet. Interrogas me, num in exilium ? non jubeo : sed si me consulis, suadeo.

VI. Quid enim, Catilina, est, quod te jam in hac urbe delectare possit ? in qua nemo es, extra istam conjurationem perditorum hominum, qui te non metuat ; nemo, qui non oderit. Quæ nota domesticæ turpitudinis non inusta vita tuæ est ? quod privatarum rerum dedecus non hæret infamiæ ? quæ libido ab oculis, quod facinus a manibus unquam tuis, quod flagitium a toto corpore abfuit ? cui tu adolescentulo, quem corruptelarum illecebris irretisses, non aut ad audaciam, ferrum, aut ad libidinem, facem prætulisti ?

---

(1) Aussi n'étoit-il pas permis d'exciter un citoyen. Mais il y avoit d'autres peines inposées par la loi pour quelque crime que ce fût; et le coupable étoit maître de préférer l'exil à la peine que la loi lui imposoit. Voyez Cicéron, *pro Cœlina*, chap. XXXIV.

jours suivie par nos ancêtres : je prendrai
un autre parti, moins sévère, mais plus
avantageux. Car enfin, si je vous livre au
supplice, toute la troupe de vos confédérés
nous demeure. Mais si vous partez, comme il y a long-temps que je vous y exhorte,
ils vous accompagneront ; et Rome n'en
sera plus infectée. Quoi ! ce que vous aviez
résolu de vous-même, CATILINA, balancez-
vous à le faire par mes ordres ? Le Consul
vous enjoint de sortir de Rome à titre d'ennemi. Vous me demandez si c'est un exil
dans *les formes ? Je ne vous* (1) *exile
point* ; mais de vous-même ; si vous me
voulez croire, exilez-vous.

VI. Quel agrément pourriez-vous, en
effet, vous promettre dans une ville, où,
à vos complices près, il n'y a personne
qui ne vous craigne, personne qui ne vous
haïsse ? Par quel endroit ne vous êtes-vous
pas déshonoré ? Quelle infâme réputation
n'avez-vous pas ? Vos yeux livrés à la volupté ; vos mains au parricide ; *toute votre*
personne à toute sorte de crimes. Où est,
de tous les jeunes gens pris dans vos filets
à l'amorce du plaisir, où est celui dont les
violences, dont les impudicités ne vous
aient pas eu pour ministre et pour guide ?

14. *Quid verò ? nuper , cùm morte superioris uxoris , novïs nuptiis domum vacuam fecisses , nonne etiam alio incredibili scelere hoc scelus cumulasti ? Quod ego prætermitto , et facilè patior sileri , ne in hac civitate tanti facinoris immanitas , aut extitisse aut non vindicata esse videatur. Prætermitto ruinas fortunarum tuarum , quas omnes impendére tibi proximis idibus senties. Ad illa venio , quæ non ad privatam ignominiam vitiorum tuorum , non ad domesticam tuam difficultatem ac turpitudinem , sed ad summam reipublicæ , atque ad omnium nostrûm vitam salutemque pertinent.*

15. *Potesne tibi hujus vitæ hæc lux , Catilina , aut hujus cœli spiritus esse jucundus , cùm scias , horum esse neminem , qui nesciat , te pridie Kalendas-Januarias Lepido , et Tullo consulibus , stetisse in comitio cum telo ? manum , consulum , et principum civitatis inter-*

---

(1) *Vel quòd filiam occiderit , at est apud Sallustium : vel quòd filiam suam ex adulterio susceptam , in matrimonium d'uxerit , quod ei objicit Cicero in Oratione quam habuit in Toga candida.* MURETUS.

(2) Les Ides de Novembre tomboient le treize de ce mois ; et par conséquent cette oraison ayant été prononcée le huit , Catilina ne se voyoit plus que quatre jours devant lui pour se préparer à compter avec les usuriers ; qui lui avoient prêté de l'argent. Voyez les Commentateurs d'Horace , sur ce vers *Epod.* 11 , 66. *Omnem relegit Idibus pecuniam.*

14. Tout récemment encore , devenu veuf, n'avez-vous pas, à un premier crime, ajouté un autre crime (1) qui passe toute croyance , mais que je tais volontiers , et qu'il faudroit ensevelir dans un silence éternel, pour laisser ignorer qu'une action si horrible ait été commise dans Rome , et commise impunément ? Je ne dis rien de l'état où vos dettes vous ont réduit : les Ides prochaines (2) vous l'apprendront. Je passe tout ce qui n'intéresse que votre honneur, tout ce qui ne regarde que l'ignominie, *l'opprobre de vos affaires domestiques* , et je m'attache à ce qui concerne le salut de l'Etat , la vie de tous les Romains.

15 Pouvez-vous donc souffrir la lumière, et respirer le même air que nous, n'ignorant pas que de tous les Sénateurs il n'en est point *qui ne sache que le dernier jour de Décembre, sous le Consulat de Lépidus et de Tullus, vous portiez un poignard au Comices* : que là , et les Consuls, et les principaux de la République devoient être assassinés par vos confédérés : *et que leur salut en cette occasion fut l'effet, non point de votre repentir, non point de votre timidité, mais de la fortune qui protège l'Etat* ? Passons ce fait-là : aussi bien est-il assez connu, et il y en a d'autres plus récens. Combien de fois, et depuis que je fus nommé au Consulat, et depuis que

ficiendorum causâ paravisse ? sceleri ac furori tuo non mentem aliquam, aut timorem tuum, sed fortunam populi Romani obstitisse ? Ac jam illa omitto : neque enim sunt aut obscura, aut non multa posteà commissa. Quoties tu me designatum, quoties me consulem interficere conatus es ? Quot ego tuas petitiones ita conjectas, ut vitari posse non viderentur ; parvâ quâdam declinatione, et, ut aiunt, corpore effugi ? Nihil agis, nihil assequeris, nihil moliris, quod mihi latere valeat in tempore : neque tamen conari, ac velle desistis. Quoties jam tibi extorta est sica ista de manibus ? quoties verò excidit casu aliquo, et elapsa est ? Tamen eâ carere diutiùs non potes ; quæ quidem quibus abs te initiata sacris, ac devota sit, nescio, quòd eam necesse putas consulis in corpore defigere.

VII. Nunc verò quæ tua est ista vita ? sic enim jam tecum loquar, non ut odio permotus esse videar, quo debeo, sed ut misericordiâ, quæ tibi nulla debetur. Venisti paulo antè in senatum. Quis te ex hac tanta frequentia, ex tot tuis amicis ac necessariis salutavit ? Si hoc post hominum memoriam contigit nemini, vocis exspectas contumeliam, cùm sis gravissimo judicio taciturnitatis oppressus ? Quid, quòd adventu tuo ista subsellia vacua facta sunt ? quòd omnes consulares, qui tibi persæpè ad cædem constituti fuerunt, simul atque assedisti, partem istam subselliorum nudam atque inanem reliquerunt ?

je l'exerce, me suis-je vu en butte à vos
coups ? Combien de fois, et avec quelles
précautions ai-je évité des piéges si adroi-
tement tendus, qu'ils paroissoient inévitables ? Vous n'entreprenez, vous n'exé-
cutez, vous ne méditez rien, dont je ne
sois informé dans le moment : et cependant
toujours les mêmes projets, toujours de
nouveaux efforts. Votre poignard, combien
de fois vous l'a-t-on arraché ? Combien de
fois, par je ne sais quel hasard, vous est-il
tombé des mains ? Vous ne sauriez cependant vous en dessaisir, et il semble que
vous l'ayez voué à je ne sais quelle divinité,
qui vous oblige d'en percer le sein d'un
Consul.

VII. A ce moment même, quel état que
le vôtre ? Je vous en parle, non pas avec
l'animosité qui me conviendroit, mais avec
des sentimens de pitié que vous ne méritez
point. Tout-à-l'heure vous êtes venu au
Sénat : dans un assemblée si nombreuse,
où vous avez tant d'amis, tant de parens,
quelqu'un vous a-t-il salué ? Si c'est là un
affront, qui, avant vous, ne se fît jamais
à personne, attendez-vous qu'on s'explique
à haute voix ? Rien de si fort contre vous
que ce silence qu'on a gardé. Et d'où vient
qu'à votre arrivée, pas un Sénateur n'a voulu être assis près de vous ? Quand vous avez

17. Quo tandem animo hoc tibi ferendum putas ? Servi meherclè mei si me isto pacto metuerent, ut te metuunt omnes cives tui, domum meam relinquendam putarem : tu tibi urbem non arbitraris ? et, si me meis civibus injuriâ suspectum tam graviter, atque offensum viderem : carere me aspectu civium, quàm infestis oculis omnium conspici mallem. Tu cùm conscientiâ scelerum tuorum agnoscas odium omnium justum, et jam tibi diù debitum, dubitas, quorum mentes sensusque vulneras, eorum aspectum præsentiamque vitare ? Si te parentes timerent, atque odissent tui, neque eos ulla ratione placare posses : ut opinor, ab eorum oculis aliquò concederes. Nunc te patria, quæ communis est omnium nostrûm parens, odit ac metuit : et jamdiu de te nihil judicat, nisi de parricidio suo cogitare. Hujus tu neque auctoritatem verebére, neque judicium sequére, neque vim pertimesces ?

18. Quæ tecum, Catilina, sic agit, et quodammodo tacita loquitur ? Nullum jam tot annos facinus extitit, nisi per te : nullum flagitium sine te : tibi uni multorum civium neces, tibi

pris place , vous avez vu s'éloigner tous ces anciens Consuls , dont vous aviez tant de fois conspiré la mort.

17. Quel effet une aversion si marquée fait-elle donc sur vous ? Pour moi , certainement , si je me voyois redouté de mes esclaves au point que vous l'êtes de tous les Romains , je crois que j'abandonnerois ma maison ; et vous ne croyez pas , vous , devoir abandonner Rome ? Si je me voyois suspect et odieux à tous nos Citoyens quelque innocent que je fusse au fond , j'aimerois mieux renoncer à les voir , que de soutenir *leurs regards pleins de courroux* : et vous qui savez avoir depuis long-temps par vos crimes , mérité leur haine , et la haine la plus juste , vous continuez à vouloir encore les aigrir par votre présence ? Si votre père , si votre mère , vous haïssoient , vous craignoient , et qu'il ne vous restât aucun moyen de regagner leur amitié , ne vous éloigneriez-vous pas de leurs yeux ? Or , la Patrie , qui est notre mère commune , vous hait , vous craint , et depuis long-temps est convaincue que vous méditez sa perte. Vous n'aurez donc , ni respect pour son autorité , ni soumission à ses voloutés , ni crainte de ses châtimens ?

18. Ainsi vous parleroit-elle , si elle vous faisoit entendre sa voix. « Point de crimes » depuis tant d'années, point de forfaits , » dont vous n'ayez été , ou l'auteur, ou le

vexatio direptioque sociorum, impunita fuit ac libera : tu non solùm ad negligendas leges, ac quæstiones, verùm etiam ad evertendas perfringendasque valuisti. Superiora illa, quanquam ferenda non fuerunt, tamen, ut potui, tuli. Nunc verò me totam esse in metu propter te unum, quidquid increpuerit, Catilinam timeri ; nullum videri contra me consilium iniri posse, quòd a tuo scelere abhorreat ; non est ferendum. Quamobrem discede, atque hunc mihi timorem eripe : si verus, ne opprimar ; sin falsus, ut tandem aliquando timere desinam.

VIII. Hæc si tecum, ut dixi, patria loquatur, nonne impetrare debeat, etiam si vim adhibere non possit ? Quid ? quòd tu te ipse in custodiam dedisti ? Quid ? quòd, vitandæ suspicionis causâ, apud M. Lepidum te habitare velle dixisti ? a quo non receptus, etiam ad me venire ausus es : atque, ut domi meæ te asservarem, rogasti. Cùm a me quoque id responsum tulisses, me nullo modo posse iisdem parietibus tutò esse tecum, qui magno in periculo essem, quòd iisdem mænibus contineremur, ad Q. Metellum prætorem venisti. A quo repudiatus, ad sodalem tuum, virum optimum, M. Marcellum demigrasti : quem tu

» complice. Vous avez vous seul impuné-
» ment et librement assassiné nombre de
» citoyens , pillé et saccagé les alliés. Vous
» n'avez pas seulement enfreint les lois ,
» mais vous êtes venu à bout d'anéantir les
» poursuites de la justice. Tous ces dé-
» sordres que je n'aurois point dû souffrir,
» je les ai pourtant soufferts avec le plus
» d'indulgence qu'il m'a été possible. Mais
» de me voir à cause de vous en de con-
» tinuelles alarmes , de frémir sans cesse
» au nom de Catilina , et de vous trouver
» à la tête de toutes les entreprises qui se
» *font contre moi, ma patience est outrée.*
» Retirez-vous donc, afin que si mes craintes
» sont bien fondées , votre départ fasse ma
» sûreté ; et que si elles sont vaines , j'en
» sois délivrée une bonne fois. »

VIII. Ainsi , dis-je , vous parleroit la
Patrie : et ne devriez-vous pas vous rendre
à ses volontés ; *fût elle hors d'état de vous
y contraindre ?* Mais vous-même pour vous
purger de tout soupçon , n'avez-vous pas
cherché à vous mettre chez quelque personne, qui pût répondre de vos démarches ?
Rebuté par Lépidus, que vous aviez d'abord
prié de vous recevoir , vous eûtes le front
de venir me demander à moi-même , si je
voudrois bien vous garder chez moi ? Je
vous répondis que n'étant pas trop en sûreté
avec vous dans une même ville , je me gar-
derois bien de vous avoir sous un même toit.

3. *

videlicet et ad custodiendum te , diligentissi-
mum , et ad suspicandum ; sagacissimum , et ad
vindicandum , fortissimum fore putasti. Sed
quàm longè videtur a carcere atque a vinculis
abesse debere , qui se ipsum jam dignum cus-
todiâ judicaverit ?

20. *Quæ cùm ita sint , Catilina , dubitas , si*
hìc morari æquo animo , non potes , abire in
aliquas terras , et vitam istam multis suppliciis
justis debitisque ereptam , fugæ solitudinique
mandare ? Refer , inquis , ad senatum (id enim
postulas) et , si hic ordo placere sibi decreverit ,
te ire in exsilium , obtemperaturum te esse dicis.
Nom referam id , quod abhorret a meis moribus :
et tamen faciam ut intelligas , quid hi de te
sentiant. Egredere ex urbe , Catilina : libera
rempublicam metu : in exsilium , si hanc vocem
exspectas , proficiscere. Quid est , Catilina ?
ecquid attendis , ecquid animadvertis horum
silentium ? Patiuntur , tacent. Quid exspectas
auctoritatem loquentium , quorum voluntatem
tacitorum perspicis ?

21. *At si hoc idem huic adolescenti optimo ,*
P. Sextio , si fortissimo viro , M. Marcello

---

(1) Quintilien , liv. IX chap. 2 , parlant de l'ironie ,
rapporte cet exemple.

Vous eûtes recours au Préteur Métellus, qui vous refusa pareillement. De-là vous allâtes enfin à votre ami Marcellus ce grand homme (1) de bien : et vous comptiez sans doute, qu'il ne manqueroit ni de vigilance pour vous garder, ni d'adresse pour découvrir vos desseins, ni de courage pour s'y opposer. Hé quoi ! un homme qui sent qu'il a besoin d'être gardé, est-il bien éloigné de mériter la prison et les fers ?

20. Puisque vous ne sauriez plus couler ici vos jours tranquillement, hésitez-vous à vous enfuir dans quelque coin du monde, où la solitude vous dérobe aux supplices, dont vous êtes si justement menacé ? Prenez, me dites-vous, l'avis du Sénat : et s'il m'exile, j'obéirai. Non, je n'aimerois point à vous attirer une condamnation expresse : il y auroit à cela une dureté qui me répugne : mais en prenant un autre biais, je vous ferai concevoir la pensée du Sénat: *Partez*, CATILINA, *mettez fin à nos alarmes: si vous attendez qu'on ait proféré le mot d'exil, on le profère : partez.* Hé bien, remarquez-vous le silence de tout le Sénat? Il acquiesce, il se tait. Pourquoi attendre qu'il parle, qu'il commande, puisque son silence en dit assez.

21. Si j'avois tenu le même discours au jeune et vertueux Sextius, ou à l'illustre

dixissem, jam mihi consuli hoc ipso in templo, jure optimo senatus vim et manus intulisset. De te autem, Catilina, cùm quiescunt, probant ; cùm patiuntur, decernunt ; cùm tacent, clamant. Neque hi solùm, quorum tibi auctoritas est videlicet cara, vita vilissima ; sed etiam illi equites Romani, honestissimi atque optimi viri, cæterique fortissimi cives, qui circumstant senatum, quorum tu et frequentiam videre, et studia perspicere, et voces paulò antè exaudire potuisti ; quorum ego vix abs te jamdiù manus, ac tela contineo : eosdem facilè adducam, ut te hæc, quæ jampridem vastare studes, relinquentem, usque ad portas prosequantur.

IX. Quanquam quid loquor ? te ut ulla res frangat ? tu ut unquam te corrigas ? tu ut ullam fugam meditere ? ut ullum tu exsilium cogites ? Utinam tibi istam mentem dii immortales donarent ! Tametsi video, si meâ voce perterritus in exsilium animum induxeris, quanta tempestas invidiæ nobis ; si minùs in præsens

---

(1) On voit assez que ce Marcellus n'es pas celui dont il est parlé dans la page précédente. C'est ici celui pour qui Cicéron, dix-sept ans après, fit une si belle harangue devant César.

(7) Marcellus, j'aurois vu le Sénat, dans ce Temple même s'élever avec indignation contre moi, tout consul que je suis ; il auroit eu raison. Mais sur votre sujet, CATILINA, le Sénat en se taisant, approuve; en acquiesçant, il commande ; en ne disant mot, il prononce hautement votre arrêt. Tel est donc l'avis, non-seulement de ces Sénateurs, dont vous feignez de révérer l'autorité, prêt à répandre leur sang, mais encore de tous ces illustres Chevaliers Romains, et de tous ces généreux citoyens qui environnent le Sénat. Vous êtes témoin de leur affluence et de leur zèle : vous avez entendu, il n'y a qu'un moment, leurs clameurs : j'ai eu peine jusqu'ici à les empêcher d'assouvir sur vous leur colère, et cependant si vous quittez Rome, je me fais fort d'obtenir qu'ils vous accompagnent par honneur jusqu'aux portes.

IX. Je parle en vain. Quelle espérance y a-t-il, que rien vous ébranle ? que jamais vous changiez ? que vous puissiez vous résoudre à vous enfuir, à vous exiler de vous-même ? Veuillent les Dieux immortels vous en inspirer la pensée. Je vois bien pourtant que votre exil, si on le regarde comme une suite du discours que je vous tiens, me suscitera tôt ou tard une foule d'ennemis. Peut-être, attendront-ils à se déclarer, que l'idée de vos crimes ne soit plus si présente. Quoi qu'il en soit, pourvu que la Républi-

tempus, recenti memoriâ scelerum tuorum; at in posteritatem impendeat. Sed est mihi tanti, dummodò ista privata sit calamitas; et a reipublicæ periculis sejungatur. Sed tu ut vitiis tuis commoveare, ut legum pœnas pertimescas, ut temporibus reipublicæ concedas, non est postulandum. Neque enim is es, Catilina, ut te aut pudor a turpitudine, aut metus a periculo, aut ratio a furore revocârit.

23. Quamobrem, ut sæpe jam dixi, proficiscere: ac, si mihi inimico, ut prædicas, tuo conflare vis invidiam; rectà perge in exsilium: vix feram sermones hominum, si id feceris: vix molem istius invidiæ, si in exsilium ieris jussu consulis, sustinebo. Sin autem servire meæ laudi et gloriæ mavis, egredere cum importuna sceleratorum manu: confer te ad Mallium: concita perditos cives: secerne te a bonis: infer patriæ bellum; exulta impio latrocinio, ut a me non ejectus, ad alienos; sed invitatus, ad tuos isse videaris.

24. Quanquam quid ego te invitem, a quo jam sciam esse præmissos, qui tibi ad forum

---

(1) Il y a dans le Latin, *ad forum Aurelium*, mais comment le dire en Français, d'une manière qui ne blesse pas l'oreille? il est vrai qu'en traduisant un Historien, il faudroit l'exprimer, de quelque manière que ce fût. Mais en traduisant un Orateur, la satisfaction de l'oreille est préférable à cette exactitude servile, quand il s'agit d'une légère circonstance, dont l'omission ne gâte rien.

(2) Espèce d'étendart. Voyez Dion, liv. 40.

que ait été mise en sûreté, je me consolerai de toute disgrace, qui ne tombera que sur moi. Mais non, ne nous flattons point que vos désordres vous fassent horreur ; que la rigueur des lois vous intimide ; qu'en faveur des conjonctures où se trouve l'Etat, vous cédiez. Jamais l'honneur, jamais la crainte, jamais la raison ne peut rien sur vous.

23. Partez donc, je vous le répète. Car si je suis votre ennemi, comme vous le publiez, votre exil vous vengera. Quand il sera connu pour être l'ouvrage du Consul, j'en deviendrai odieux, et j'aurai peine à ne pas succomber sous le poids de l'indignation publique. Ou si, au contraire, vous aimez mieux travailler à la gloire de mon nom, partez avec tous vos complices ; rendez-vous au camp de Mallius ; soulevez tout ce qu'il y a de mauvais citoyens ; séparez-vous des bons ; déclarez la guerre à votre patrie ; faites gloire d'un brigandage impie ; et qu'il paroisse que vous avez été non point banni par le Consul, mais appelé par vos partisans.

24. Qu'est-il besoin de vous y exhorter ? puisque déjà vous avez fait partir des gens armés, qui vous attendent (1) sur votre route ; puisque déja vous avez pris jour avec Mallius ; puisque déjà vous avez fait partir avant vous cet Aigle (2) d'argent, qui, je l'espère, vous sera fatal, et à vous, et à tous les vôtres. Il avoit, cet Aigle, ses

Aurelium præstolarentur armati ? sciam pactam et constitutam esse cum Mallio diem ? a quo etiam aquilam illam argenteam , quam tibi , ac tuis omnibus perniciosam esse confido et funestam futuram , cui domi tuæ sacrarium scelerum tuorum constitutum fuit , sciam esse præmissam ? Tu ut illâ diutiùs carere possis , quam venerari , ad cædem proficiscens , solebas ? à cujus altaribus sæpe istam dexteram impiam ad necem civium transtulisti ?

X. *Ibis tandem aliquando , quò te jampridem tua ista cupiditas effrenata ac furiosa rapiebat. Neque enim tibi hæc res affert dolorem , sed quamdam incredibilem voluptatem. Ad hanc te amentiam natura peperit , voluntas exercuit , fortuna servavit. Numquam tu , non modò otium , sed ne bellum quidem , nisi nefarium , concupisti. Nactus es ex perditis , atque ab omni non modò fortuna , verùm etiam spe derelictis , conflatam improborum manum.*

26. *Hîc tu quâ lætitiâ perfruêre ? quibus gaudiis exultabis ? quanta in voluptate bacchabêre , cùm in tanto numero tuorum neque audies virum bonum quemquam , neque videbis ? Ad hujus vitæ studium meditati illi sunt , qui feruntur, labores tui : jacêre humi , non modò ad obsidendum stuprum , verùm etiam ad facinus obeundum : vigilare , non solùm insidiantem somno maritorum , verùm etiam bonis occisorum. Habes ubi ostentes illam præclaram tuam patientiam famis , frigoris , inopiæ rerum omnium :*

autels sacrilèges dans votre maison. Pourriez-vous plus long-temps vous voir éloigné d'une Divinité, à qui sortant de chez vous pour quelque assassinat, vous aviez coutume d'adresser vos hommages, et dont les autels tant de fois furent encensés de cette main impie, que vous alliez incontinent plonger dans le sang de nos citoyens.

X. Vous irez donc enfin où d'impétueux et d'aveugles désirs vous entraînoient depuis long-temps. Cette démarche, loin de vous attrister, vous comble de joie. Vous étiez né pour ce dernier crime ; vos anciennes habitudes vous y ont préparé ; la fortune vous en offre l'occasion. Jamais vous n'aimâtes le repos, ni même la guerre, à moins qu'elle ne fût criminelle. Vous avez trouvé à vous faire une troupe de scélérats, qui se voient sans bien, sans ressource.

26. Quel charme pour vous que leur société ! De quelles délices vous y allez regorger ! Quelle douceur, de ne voir, de n'entendre pas un homme de probité, dans une si nombreuse compagnie ! Apparemment ces laborieuses veilles, que vous supportiez, tantôt pour commettre des actions de brigand et d'assassin ; tantôt pour tendre des pièges au sommeil d'un mari ; apparemment, dis-je, ces travaux que l'on vante en vous, étoient des préparations au genre de vie que vous embrassez. Vous pourrez y faire preuve de ce grand courage

*quibus te brevi tempore confectum esse senties.
Tantum profeci tum, cùm te a consulatu repuli,
ut exsul potiùs tentare, quàm consul vexare
rempublicam posses : atque ut id, quod esset a
te scelerate susceptum, latrocinium potiùs,
quàm bellum nominaretur.*

*XI. Nunc, ut a me, P. C. quamdam propè
justam patriæ querimoniam detester ac deprecer :
percipite, quæso, diligenter, quæ dicam, et
ea penitus animis vestris mentibusque mandate.
Etenim, si mecum patria, quæ mihi vitâ meâ
multò est carior, si cuncta Italia, si omnis
respublica loquatur : M. Tulli, quid agis ?
tunc eum, quèm esse hostem comperisti : quem
ducem belli futurum vides : quem exspectari
imperatorem in castris hostium sentis, auc-
torem sceleris, principem conjurationis, evoca-
torem servorum, et civium perditorum, exire
patieris, ut abs te non emissus ex urbe, sed
immissus in urbem esse videatur ? Nonne hunc
in vincula duci, non ad mortem rapi, non
summo supplicio mactari imperabis ?*

à souffrir la faim, le froid, une extrême disette ; et vous y succomberez dans peu. Au moins en vous faisant exclure du Consulat, ai-je gagné que la République seroit exposée, non pas aux violences d'un Consul, mais aux vains efforts d'un banni : et que dès-lors votre entreprise passeroit, non pour une guerre, mais pour l'attentat d'un brigand.

XI. Pour aller maintenant, PERES CONSCRITS, au-devant des plaintes que la Patrie auroit lieu, *ce semble*, de former contre moi, je vous prie de redoubler ici votre attention, et de conserver le souvenir de ce que je *vais dire. Supposons* que la Patrie, qui m'est plus chère mille fois que la vie même ; supposons que toute l'Italie, que la République entière m'adresse à moi ce discours : « Que faites-vous, Cicéron? Un » homme qui vous est connu pour l'ennemi » de l'Etat, qui va se mettre contre nous à » la tête d'une armée, qui déjà est attendu » dans le camp ennemi, qui est l'auteur et » le chef d'une conspiration, qui soulève, » qui enrôle esclaves et citoyens : vous, » instruit de tout cela, vous souffrirez qu'il » se retire tranquillement, et de manière » à faire dire, non que vous l'avez chassé » de Rome, mais que vous lui avez donné » les moyens de s'y introduire plus sûre- » ment? Pourquoi ne pas le charger de » chaînes? Pourquoi ne pas le faire traîner » au supplice? Pourquoi ne pas l'immoler?

28. *Quid tandem impedit te ? mosne majorum ? at persæpe etiam privati in hac republica perniciosos cives morte multârunt. An leges, quæ de civium Romanorum supplicio rogatæ sunt ? at numquam in hac urbe ii, qui a republica defecerunt, civium jura tenuerunt. An invidiam posteritatis times ? præclaram verò populo Romano refers gratiam, qui te, hominem per te cognitum, nullâ commendatione majorum, tam maturè ad summum imperium per omnes honorum gradus extulit, si propter invidiam aut alicujus periculi metum, salutem civium tuorum negligis. Sed, si quis est invidiæ metus, nùm est vehementiùs severitatis ac fortitudinis invidia, quàm inertiæ ac nequitiæ pertimescenda ? An, cùm bello vastabitur Italia, vexabuntur urbes, tecta ardebunt : tum te non existimas invidiæ incendio conflagraturum ?*

XII. His ego sanctissimis reipublicæ vocibus, et eorum hominum, qui idem sentiunt, mentibus, pauca respondebo. Ego, si hoc optimum factu

» 28. Qu'est-ce qui vous retient ? est-ce
» la coutume de nos ancêtres ? Mais parmi
» eux il s'est vu souvent de simples par-
» ticuliers, qui, de leur autorité privée,
» ont fait mourir de pernicieux citoyens.
» Seroient-ce les lois qui concernent la pu-
» nition des citoyens Romains ? Mais dans
» Rome, tout citoyen qui se révolte, fut
» toujours censé déchu de ses droits. Crai-
» gnez-vous les reproches de la postérité ?
» Mais la crainte d'être blâmé, ou la vue
» de quelque autre danger que ce soit, vous
» fera-t-elle négliger la vie du peuple Ro-
» main ? Ah ! ce seroit bien reconnaître les
» grâces qu'il vous a faites, en vous élevant
» de si bonne heure au pouvoir suprême,
» après vous avoir fait passer par tous les de-
» grés d'honneur, vous qui n'êtes connu que
» par vous personnellement, et qui ne tirez
» aucun éclat de vos ancêtres. D'ailleurs,
» si les jugemens du public vous épou-
» vantent, croyez-vous qu'à être ferme et
» sévère, vous risquiez plus qu'à pré-
» variquer par foiblesse et par lâcheté ?
» Quand la guerre désolera l'Italie, quand
» nos villes seront au pillage, quand le feu
» consumera nos maisons, est-ce qu'alors
» vous ne serez pas la victime d'un res-
» sentiment général » ?

XII. A ces plaintes sacrées de la République, et à tous ceux qui pensent ainsi,
je réponds en peu de mots. Si j'avois cru,

judicarem, *P. C.* Catilinam morte multari : unius usuram horæ gladiatori isti ad vivendum non dedissem. Etenim, si summi viri, et clarissimi cives, Saturnini, et Gracchorum, et Flacci, et superiorum complurium sanguine non modò se non contominârunt, sed etiam honestârunt : certè verendum mihi non erat, ne quid, hoc parricidâ civium interfecto, invidiæ mihi in posteritatem redundaret. Quòd si ea mihi maximè impenderet, tamen hoc animo semper fui, ut invidiam virtute partam, gloriam, non invidiam putarem.

30. Quanquam nonnulli sunt in hoc ordine, qui aut ea, quæ imminent, non videant ; aut ea, quæ vident, dissimulent : qui spem Catilinæ mollibus sententiis aluerunt, conjurationemque nascentem non credendo corroboraverunt. Quorum auctoritatem secuti multi, non solùm improbi, verùm etiam imperiti, si in hunc animadvertissem, crudeliter, et regiè factum esse dicèrent. Nunc intelligo, si iste, quò intendit, in Malliana castra pervenerit, neminem tam stultum fore, qui non videat conjurationem esse factam : neminem tam improbum, qui non fateatur. Hoc autem uno interfecto, intelligo, hanc reipublicæ pestem paulisper reprimi, non

PERES CONSCRITS, que le meilleur parti à prendre dans les conjonctures présentes, ce fût de faire mourir Catilina, je n'aurois pas laissé une heure de vie à ce gladiateur. Car enfin, puisque de grands hommes et de très-illustres citoyens n'ont point souillé leur mémoire, mais l'ont bien plutôt ennoblie, par le sang qu'ils ont répandu et de Saturninus, et des Gracques, et de Fulvius, et de quantité d'autres plus anciens : je n'avois pas à craindre certainement, que la mort d'un parricide indignât contre moi la postérité, et quand même j'aurois eu tout sujet de m'y attendre, mon sentiment fut toujours que des plaintes uniquement fondées sur ce que nous avons fait notre devoir, ne sont pas des plaintes, mais des éloges.

30. Une réflexion que j'ai faite, c'est que divers Sénateurs, ou ne voient pas, ou affectent de ne point voir nos dangers ; que leurs timides avis ont nourri les espérances de Catilina ; que leur incrédulité a fortifié sa conjuration naissante ; et que leurs sentimens ont influé, non-seulement sur ceux qui ont de mauvaises intentions, mais encore sur ceux qui savent peu les affaires. Or si j'en usois ici à la rigueur, ils me traiteroient de cruel et de tyran. Au lieu que si Catilina, suivant son projet, se rend au camp de Mallius, alors les moins éclairés seront convaincus qu'il y a une cons-

in perpetuum comprimi posse. Quòd si se ejecerit, secumque suos eduxerit, et eodem cæteros undique collectos naufragos aggregaverit, extinguetur, atque delebitur non modò hæc tam adulta reipublicæ pestis, verùm etiam stirps ac semen malorum omnium.

XIII. *Etenim jamdiù, P. C., in his periculis conjurationis, insidiisque versamur : sed nescio quo pacto onnium scelerum, ac veteris furoris et audaciæ maturitas in nostri consulatûs tempus erupit. Quòd si ex tanto latrocinio iste unus tolletur, videbimur fortasse ad breve quoddam tempus curâ et erit inclusum penitus in venis atque in visceribus reipublicæ. Ut sæpe homines ægri morbo gravi, cùm æstu febrique jactantur, si aquam gelidam biberint, primò relevari videntur ; deinde multò graviùs vehementiùsque afflictantur ; sic hic morbus, qui est in republica, relevatus istius pœnâ, vehementius vivis reliquis ingravescet.*

32. *Quare, P. C., secedant improbi, secernant se a bonis, unum in locum congregentur : muro denique, id quod sæpe jam dixi, secernantur*

piration,

piration, et les plus méchans, contraints de l'avouer. J'ai compris d'ailleurs, que sa mort toute seule n'eût fait que pallier le mal pour un temps, et ne l'eût pas guéri pour toujours. Que s'il quittoit Rome, s'il étoit suivi de ses partisans, et s'il rassembloit de toutes parts au même endroit tous les factieux, non-seulement nous étoufferions cette peste, dont les progrès sont déjà si grands; mais nous arracherions jusqu'à la racine, jusqu'au germe de tous nos maux.

XIII. Car, PÈRES CONSCRITS, il y a long-temps que cette conjuration se trame: mais la fureur, l'audace, toute sorte de crimes sont venus, je ne sais comment, à maturité sous mon Consulat. En se bornant à faire périr le Chef de ces brigands, peut-être suspendroit-on pour un peu de temps nos peines et nos craintes, tandis que le danger toujours le même, se renfermeroit dans les veines et dans les entrailles de la République. Comme des malades qui ont une fièvre violente, semblent d'abord s'être soulagés en buvant de l'eau froide dans le fort de l'accès, et que par-là ils s'attirent un redoublement plus fâcheux, de même quand le supplice du chef nous auroit donné quelque relâche, si le reste des conjurés lui survit, nos maux ne feront que croître.

32 Que les pervers se retirent donc. Que séparés des bons, ils fassent un corps à part. Qu'ils mettent, comme je l'ai dit sou-

à nobis desinant insidiari domi suæ consuli, circumstare tribunal prætoris urbani, obsidere cum gladiis curiam, malleolos et faces ad inflammandam urbem comparare. Sit denique inscriptum in fronte unius cujusque civis, quid de republica sentiat. Polliceor hoc vobis, P. C., tantam in nobis consulibus fore diligentiam, tantam in vobis auctoritatem, tantam in equitibus Romanis virtutem, tantam in omnibus nobis consensionem, ut Catilinæ profectione omnia patefacta, illustrata, oppressa, vindicata esse videatis.

33. Hisce ominibus, Catilina, cum summa reipublicæ salute, et cum tua peste ac pernicie, cumque eorum exitio, qui se tecum omni scelere parricidioque junxerunt, proficiscere ad impium bellum, ac nefarium. Tum tu, Jupiter, qui iisdem, quibus hæc urbs, auspiciis a Romulo es constitutus ; quem Statorem hujus urbis atque imperii verè nominamus : hunc, et hujus socios a tuis aris cæterisque templis, a tectis urbis, ac mænibus, a vita, fortunisque civium omnium acerbis : et omnes inimicos bonorum, hostes patriæ, latrones Italiæ, scelerum fædere inter se, ac nefaria societate conjunctos, æternis suppliciis vivos mortuosque mactabis.

---

(1) Il y a dans le Texe, *Malleolos et faces*. Ces Malleoli étoient une sorte de machine dont la description se trouve dans Ammien Marcellin, liv. 23, chap. 10.

vent, les murs de Rome entre eux et nous. Qu'ils cessent de tendre des pièges au Consul jusques dans sa maison ; d'entourer le tribunal du Préteur ; de venir avec des poignards au Sénat ; de préparer (1) des torches pous nous brûler. Qu'enfin on lise sur le front de tout citoyen, les sentimens qu'il a pour la patrie. Je vous annonce, PÈRES CONSCRITS, et reposez-vous-en sur l'attention des Consuls, sur l'autorité de cet auguste corps, sur la valeur des Chevaliers Romains, sur le zèle unanime de tous les fidèles citoyens : je vous annonce qu'au départ de Catilina, tous ses desseins vont être découverts, manifestés, renversés, punis.

33. Avec de tels présages, CATILINA, partez, et faites-nous une guerre sacrilège, dont l'issue sera le salut de la République, votre perte assurée, et la ruine entière de tous ceux que le crime, que le parricide vous associe. O vous, dont le culte fut établi par Romulus, et sous les mêmes auspices que cet Empire ! vous, à qui le nom de *Stateur* n'est pas donné en vain ! Protégez vos autels, Jupiter ! Protégez les temples des Dieux, les murs de Rome, nos maisons, nos vies, nos biens : et faites que tous ces brigands, dont le détestable complot a pour but d'exterminer les bons citoyens, d'anéantir la Patrie, de saccager l'Italie, soient livrés avec leur chef aux plus cruels supplices, et pendant leur vie, et après leur mort.

IN
L. CATILINAM.
ORATIO II.

I. *T*ANDEM *aliquando, Quirites, L. Catilinam, furentem audaciâ, scelus anhelantem, pestem patriæ nefariè molientem, vobis atque huic urbi ferrum flammamque minitantem, ex urbe, vel ejecimus, vel emisimus, vel ipsum egredientem verbis prosecuti sumus. Abiit, excessit, evasit, erupit.* **Nulla jam pernicies a monstro illo atque prodigio mænibus ipsis intra mænia comparabitur. Atque hunc quidem unum hujus belli domestici ducem sine controversia vicimus. Non enim jam inter latera nostra sica illa versabitur : non in campo, non in foro, non in curia, non denique intra domesticos parietes pertimescemus. Loco ille**

---

(1) On prétend que c'étoit l'usage d'accompagner jusqu'aux portes de Rome un citoyen qui alloit en exil; et c'est ici ce que la phrase latine paroît signifier. Il y a dans la suivante quatre mots presque synonymes, *abiit, excessit, erupit,* dont la version littérale ne pourroit avoir ni la même vivacité, ni le même agrément. Voilà le cas où il faut qu'un Traducteur s'applique cette importante règle d'Horace, *et quæ desperat tractata nitescere posse, relinquit.*

SECONDE
CATILINAIRE,

PRONONCÉE

Devant le Peuple, le 9 novembre 690.

———

I. Vous n'avez plus, ROMAINS, au milieu de vous, cet audacieux, ce furieux Catilina, qui ne respiroit que le crime, qui tramoit la ruine de la Patrie, qui menaçoit de mettre tout à feu et à sang. Je lui ai tenu un discours qu'il a regardé, ou comme un commandement de partir, ou comme une permission de se retirer, ou comme (1) nos derniers adieux. Il est parti enfin, il a pris la fuite. Vous ne renfermez plus dans l'enceinte de vos murs le monstre qui travailloit à les abbattre. Voilà l'unique Chef de cette guerre intestine, vaincu sans bruit, sans résistance. On n'aura plus à redouter ce poignard qui nous poursuivoit au Champ de Mars, sur la place, dans le Sénat, dans l'intérieur même de nos maisons. Hors de Rome, Catilina est hors d'état de nuire. Il n'est plus qu'un ennemi déclaré,

motus est, cùm est ex urbe depulsus. Palam jam cum hoste, nullo impediente, bellum justum geremus. Sine dubio perdidimus hominem, magnificèque vicimus, cùm illum ex occultis insidiis in apertum latrocinium conjecimus.

2. Quòd verò non cruentum mucronem, ut voluit, extulit, quòd vivis nobis egressus est, quòd ei ferrum de manibus extorsimus, quòd incolumes cives, quòd stantem urbem reliquit : quanto tandem illum mœrore afflictum esse et profligatum putatis ? Jacet ille nunc prostratus, Quirites, et se perculsum atque abjectum esse sentit, et retorquet oculos profectò sæpe ad hanc urbem, quam ex suis faucibus ereptam esse luget. Quæ quidem lætari mihi vidĕtur, quòd tantam pestem evomuerit, forasque projecerit.

II. At si quis est talis, quales esse omnes oportebat, qui in hoc ipso, in quo exultat et triumphat oratio mea, me vehementer accuset, quòd tam capitalem hostem non comprehenderim potiùs, quàm emiserim : non est ista mea culpa, Quirites, sed temporum. Interemptum esse L. Catilinam, et gravissimo supplicio affectum, jampridem oportebat : idque à me et mos majorum, et hujus imperii severitas, et respublica postulabat. Sed quàm multos fuisse putatis, qui quæ ego deferrem, non crederent ? quàm multos, qui propter stultitiam non putarent ? quàm multos, qui etiam defenderent ? quàm

contre qui, sans que personne s'y oppose, nous avons droit d'en venir à la voie des armes. Pour le dérouter, pour le dompter pleinement, il n'a fallu que le forcer à lever l'étendard de son brigandage.

2. Quelle pensez-vous qu'ait été sa douleur, de quitter Rome sans l'avoir réduite en cendres ; d'y laisser encore des citoyens, sans les avoir passés au fil de l'épée ; de voir que nous lui avons arraché le fer d'entre les mains, avant qu'il l'ait teint de notre sang ? Toutes ses entreprises sont anéanties, toutes ses espérances confondues : et sans doute que *ses regards se tournent* souvent vers la proie qu'il a manquée ; vers Rome qu'il se flattoit d'engloutir, mais que je crois bien charmée d'avoir jetté hors de ses entrailles un si dangereux poison.

II. Que si pourtant il se trouve des citoyens zélés, tels qu'ils auraient dû être tous, qui jugent que j'ai eu tort de ne pas arrêter Catilina, et que mal-à-propos je triomphe ici de son évasion : sachez, ROMAINS, que ce n'est point ma faute, mais celle des conjonctures où je me voyois. Oui, il falloit depuis long-temps, je l'avoue, lui avoir fait subir les plus rigoureux supplices ; et je sais que l'exemple de nos ancêtres, que le devoir de ma charge, que le bien public l'auroit exigé de moi. Mais combien vous figurez-vous qu'il y avoit de gens qui n'ajoutoient pas foi à mon

multos, qui propter improbitatem faverent ?
Ac si, sublato illo, depelli a vobis omne
periculum judicarem, jampridem ego L. Catilinam non modò invidiæ meæ, verùm etiam vitæ
periculo sustulissem. Sed cùm viderem, ne vobis
quidem omnibus re etiam tum probatâ, si illum,
ut erat meritus, morte multassem, fore, ut
ejus socios invidiâ oppressus persequi non possem : rem hùc deduxi, ut tum palàm pugnare
possetis, cùm hostem apertè videretis.

4. Quem quidem ego hostem, Quirites, quàm
vehementer foris esse timendum putem, licet hinc
intelligatis, quòd illud etiam molestè fero,
quòd ex urbe parum comitatus exierit. Utinam
ille omnes secum suas copias eduxisset ? Ton-
gillum mihi eduxit, quem amare in prætexta
calumnia cœperat : Publicium et Munatium,
quorum æs alienum contractum in popina nullum reipublicæ motum afferre poterat : reliquit
quos viros ? quanto alieno ære, quàm valentes,
quàm nobiles ?

---

(1) Pour entendre ainsi, *quem amare in prætexta calumnia cœperat*, il faut regarder le mot *calumnia*, comme
étant de trop dans cette phrase. C'est en effet l'un des partis que Muret propose; mais en avouant qu'il n'y a rien de
certain à dire là-dessus. J'ai rappprté dans le Cicéron de
M. le Dauphin, les autres conjectures des Critiques,
qui ont cherché à éclaircir ce passage.

rapport ? Combien, qui, pour n'être point assez éclairés, n'en sentoient pas les conséquences ? Combien, qui cherchoient encore à défendre l'accusé ? Combien, qui, scélérats eux-mêmes, tâchoient de le servir ? Je lui aurois cependant ôté la vie, et il y a long-temps, au hasard de voir ma conduite blâmée ; au hasard même d'y périr, si j'avois cru que sa mort vous eût mis en sûreté. Mais quelque juste qu'elle fût, si je l'avois ordonnée avant que son crime fût notoire, j'allois par-là soulever contre moi une infinité de personnes qui m'auroient mis hors d'état de *poursuivre ses complices*. J'ai donc voulu amener les choses au point que Catilina étant reconnu incontestablement pour ennemi, vous puissiez ouvertement le combattre.

4. Or jugez, ROMAINS, si je le trouve bien à craindre dehors, puisque c'est pour moi une peine qu'il ne soit pas sorti mieux accompagné. Plût aux Dieux qu'il eût emmené avec lui toute sa suite ! Car que nous a-t-il emmené ? Un Tongillus, à qui dès l'enfance il s'étoit (1) prostitué. Un Publicius, un Munatius, dont les dettes, contractées au cabaret, n'eussent pu causer de mouvement dans l'Etat. Mais quels hommes nous a-t-il laissés ? Et qui ne seroit effrayé de leurs dettes, de leur crédit, de leurs alliances ?

III. *Itaque ego illum exercitum, præ Gal-
licanis legionibus, et hoc delectu, quem in
agro Piceno, et Gallico Q. Metellus habuit,
et his copiis, quæ a nobis quotidie compa-
rantur, magnopere contemno ; collectum ex
senibus desperatis, ex agresti luxuria, ex rusticis
decoctoribus : ex iis, qui vadimonia deserere,
quàm illum exercitum, maluerunt : quibus ego
non modò si aciem exercitûs nostri, verùm
etiam si edictum prætoris ostendero, concident.
Hos, quos video volitare in foro, quos stare
ad curiam, quos etiam in senatum venire,
qui nitent unguentis, qui fulgent purpurâ,
mallem secum suos milites eduxisset : qui si hîc
permanent, mementote non tam exercitum
illum esse nobis, quàm hos, qui exercitum
deseruerunt, pertimescendos.*

6. *Atque hoc etiam sunt timendi magis,
quòd, quid cogitent, me scire sentiunt : neque
tamen permoventur. Video : cui Apulia sit
attributa, qui habeat Etruriam, qui agrum
Picenum, qui Gallicum, qui sibi has urbanas
insidias cædis atque incendiorum depoposcerit.
Omnia superioris noctis consilia ad me perlata*

---

(1) *Ager Gallicus*, aujourd'hui *la Lombardie*, mot qui
a paru trop récent pour entrer dans une traduction, où il
faut, autant que cela se peut, conserver les noms de l'ancienne Géographie.

(2) Il n'y avoit guère que les Sénateurs et les Chevaliers,
mais avec des différences où il n'est pas nécessaire que
j'entre ici.

III. J'ai le dernier mépris pour une armée où il n'y aura que vieillards réduits au désespoir, que paysans conduits par un esprit de libertinage, que dissipateurs, que banqueroutiers, à qui, je ne dis pas seulement la lueur de nos armes, mais un simple édit du Préteur feroit prendre la fuite. Tiendront-ils, et contre nos légions Gauloises, *et contre les milices commandées* par Métellus, soit dans le Picentin, soit dans la contrée (1) des Gaulois, et contre les recrues que nous faisons tous les jours? Mais ceux que je crains, ce sont ces hommes parfumés, *et couverts* (2) de pourpre, que je vois à toute heure voltiger dans nos places, assiéger l'entrée du Sénat, paroître même dans cette auguste assemblée. Je souhaiterois que Catilina les eût dans son camp : et jusqu'à ce qu'ils y soient, ce n'est pas au-dehors, songez-y-bien, c'est au-dedans qu'il faut chercher l'ennemi.

6. Je les crois d'autant plus formidables, qu'ils me savent informé de leurs mauvais desseins, et ne s'en alarment pas. Oui, je sais à qui l'on a donné pour son partage l'Apulie; à qui l'Etrurie; à qui le Picentin; à qui la contrée des Gaulois; à qui la commission de brûler Rome, et d'égorger les habitans. Je sais toutes les mesures que les Conjurés prirent dans leur dernière assemblée nocturne. Hier j'en rendis compte au Sénat. Ils ne l'ignorent point. Catilina en

esse sentiunt : patefeci in senatu hesterno die :
Catilina ipse pertimuit , profugit : hi quid
expectant ? Næ illi vehementer errant , si illam
meam pristinam lenitatem perpetuam sperant
futuram.

IV. *Quod exspectavi , jam sum assecutus ,*
ut vos omnes factam esse apertè conjurationem
contra rempublicam videretis. Nisi verò si quis
est , qui Catilinæ similes cum Catilina sentire
non putet. Non est jam lenitati locus : seve-
ritatem res ipsa flagitat. Unum etiam nunc
concedam : exeant , proficiscantur , ne patiantur
desiderio suî. Catilinam miserum tabescere. De-
monstrabo iter : Aureliâ viâ profectus est. Si
accelerare volent , ad vesperam consequentur.

7. *O fortunatam rempublicam , si quidem*
hanc sentinam hujus urbis ejecerit ? Uno me-
hercule Catilina exhausto , relevata mihi et
recreata respublica videtur. Quid enim mali , aut
sceleris fingi , aut excogitari potest , quod non
ille conceperit ? Quis totâ Italiâ veneficus ,
quis gladiator , quis latro , quis sicarius , quis
testamentorum subjector , quis circumscriptor ,
quis ganeo , quis nepos , quis adulter , quæ
mulier infamis , quis corruptor juventutis , quis
corruptus , quis perditus inveniri potest , qui
se cum Catilina non familiarissimè vixisse fa-
teatur ? Quæ cædes per hosce annos sine illo

fut lui même si fort effrayé, que d'abord il disparut. Et ceux-ci qu'attendent-ils donc? ils seroient dans une erreur bien grossière s'ils comptoient que j'aurai toujours la même indulgence.

IV. J'ai réussi à ce que je voulois, à vous convaincre tous qu'il y a une conjuration; si ce n'est qu'on veuille dire que ceux qui marchent *sur les traces de Catilina*, ne se proposent point le but de Catilina. Il n'est donc plus temps de pencher vers la douceur; il faut un procédé rigoureux. Qu'ils se retirent, je le veux bien, et c'est toute la grâce que je puisse encore leur faire. Qu'ils ne laissent point languir Catilina en leur absence. Je leur dirai quelle route il prend: il va par la voie *Aurelia*: pour peu qu'ils se hâtent, ils le rejoindront sur le soir.

7. Quand cet égout ne nous infectera plus, heureuse alors, heureuse la République! Par l'éloignement seul de Catilina, elle me paroît avoir déjà pris vigueur. Peut-on, en effet, imaginer quelque crime qui ne lui fût point venu dans l'esprit? Y a-t-il dans toute l'Italie un empoisonneur, un gladiateur, un brigand, un assassin, un parricide, un faussaire, un fourbe, un débauché, un libertin, un adultère, une femme perdue, un corrupteur de jeunes gens, et pour tout dire enfin, un scélérat de quelque espèce que ce soit, qui ne convienne d'avoir été intimément lié avec lui? Quel meurtre s'est

facta est ? quod nefarium stuprum non per illum ?

8. *Jam verò quæ tanta in ullo umquam homine juventutis illecebra fuit , quanta in illo ? quis alios ipse amabat turpissimè , aliorum amori flagitiosissimè serviebat : aliis fructum libidinum , aliis mortem parentum , non modò impellendo , verùm etiam adjuvando , pollice- batur. Nunc verò quàm subitò non solùm ex urbe , verùm etiam ex agris ingentem numerum perditorum hominum collegerat ? Nemo , non modò Romæ , sed nec ullo in angulo totius Italiæ oppressus ære alieno fuit , quem non ad hoc incredibile sceleris fœdus adsciverit.*

V. Atque , ut ejus diversa studia in dissi- mili ratione perspicere possitis , nemo est in ludo gladiatorio paulò ad facinus audacior , qui se non intimum Catilinæ esse fateatur : nemo in scena levior , et nequior , qui se non ejus- dem propè sodalem fuisse commemoret. Atque idem tamen , stuprorum et scelerum exercitatione assuefactus , frigore , et fame , et siti , ac vigiliis perferendis , fortis ab istis prædicabatur , cùm industriæ subsidia , atque instrumenta vir- tutis , in libidine audaciaque consumeret.

(1) Voyez son portrait ci-dessus, pages 7 et 9.

i

fait sans lui depuis quelques années ? quelle prostitution dont il n'ait pas été le ministre ?

8. Pour séduire de jeunes hommes, quel suborneur eut jamais ses talens ? Plein lui-même d'un amour infâme pour quelques-uns, et servant les autres dans leurs plus honteuses débauches ; promettant à ceux-ci de les rendre lucratives, et faisant naître à ceux-là, non-seulement le désir, mais les moyens d'abréger les jours de leurs pères. Aussi voit-on que dans un moment *il est venu à bout* d'attrouper une étonnante quantité de scélérats, tant de la ville que de la campagne. Pas un homme obéré, ni dans Rome, ni dans le moindre coin de l'Italie, qu'il n'ait engagé dans cette incroyable conspiration.

V. Admirez comment il réduit (1) les goûts qu'on croiroit incompatibles. Parmi les gladiateurs les plus déterminés, pas un qui ne se dise de ses amis : et parmi les Comédiens *les plus libertins*, pas un qui ne se vante d'avoir vécu avec lui, comme avec son égal, à-peu-près. Voilà quelles sortes de gens lui ont fait la réputation d'homme endurci à la fatigue ; et cela sur ce que dans le cours de ses voluptés, de ses brigandages, il a eu occasion d'apprendre à braver le froid, la faim, la soif, les veilles : faisant servir à d'infâmes débauches, et à une audace criminelle, les ressources données à l'homme pour se porter au travail et à la vertu.

10. *Hunc verò si sui fuerint comites secuti,
si ex urbe exierint desperatorum hominum fla-
gitiosi greges, ô nos beatos! ô rempublicam
fortunatam! ô præclaram laudem consulatûs
mei! Non enim jam sunt mediocres hominum
libidines, non humanæ audaciæ, ac tolerandæ:
nihil cogitant, nisi cædes, nisi incendia, nisi
rapinas : patrimonia sua profuderunt : fortunas
suas obligurierunt : res eos jampridem, fides
deficere nuper cœpit, eadem tamen illa, quæ
erat in abundantia, libido permanet. Quòd si
in vino et aleâ comessationes solùm, et scorta
quærerent, essent illi quidem desperandi, sed
tamen essent ferendi. Hoc verò quis ferre possit,
inertes homines fortissimis viris insidiari, stul-
tissimos prudentissimis, ebriosos sobriis, dor-
mientes vigilantibus? qui mihi accubantes in
conviviis, complexi mulieres impudicas, vino
languidi, conferti cibo, sertis redimiti, unguentis
obliti, debilitati stupris, eructant sermonibus
suis cædem bonorum, atque urbis incendia.*

11. *Quibus ego confido impendére fatum
aliquod : et pœnas jamdiu improbitati, nequitiæ,*

---

(1) *Que des lâches dressent des embûches à des hommes
très-courageux, des insensés à des hommes très-sages, des
ivrognes à des gens sobres, ceux qui dorment à ceux qui
veillent?* Voilà le texte rendu littéralement. Mais des
figures trop marquées ne réussissent pas toujours en fran-
çois. Jamais le Traducteur ne se trouve dans cet embarras
avec Démosthène, à ce qu'il me semble.

Quelque admirable que soit un Auteur, il ne doit être
imité qu'avec précaution et suivant le génie de notre langue.

10. O! si tous ses partisans le rejoignoient; si cette foule de scélérats quittoit Rome ; quelle félicité pour cette ville ! quelle gloire pour mon Consulat ! Ils ne mettent plus de frein à leur licence ; ils ne renferment plus leurs attentats dans les bornes de l'humanité ; ils n'ont dans l'esprit que meurtres, que rapines, qu'incendies. *Ils ont absorbé leur patrimoine*; ils n'ont plus ni biens, ni crédit ; et cependant, *comme s'ils étoient dans leur abondance d'autrefois*, ils conservent leurs mêmes passions. Encore faudroit-il les tolérer, *quoiqu'il n'y eût rien de bon à espérer d'eux*, si nous ne trouvions à redire dans leur conduite que l'intempérance, le jeu et les femmes. Mais souffrira-t-on (1) que des misérables abrutis par la crapule, dressent perpétuellement des embûches aux plus gens d'honneur ? Que languissemment couchés dans leurs festins, tenant des femmes impudiques *entre leurs bras*, gorgés de vins et de viandes, couronnés de fleurs, tout parfumés, énervés par *leur incontinence*, ils parlent de brûler Rome, et de massacrer tout ce qu'il y a de citoyens qui ont de la probité ?

11. Je vois rapprocher le coup fatal qui mettra fin à leurs dissolutions et à leurs crimes. Ou la peine qu'ils méritent est déjà toute prête, ou elle va l'être incessamment. Puisque mon Consulat ne sauroit guérir ces

sceleri, libidini debitas, aut instare jam planè, aut certè jam appropinquare. Quos si meus consulatus, quoniam sanare non potest, sustulerit: non breve nescio quod tempus, sed multa secula propagârit reipublicæ. Nulla est enim natio: quam pertimescamus: nullus rex, qui bellum populo Romano facere possit. Omnia sunt externa, unius virtute, terrâ, marique pacata. Domesticum bellum manet: intus insidiæ sunt: intus inclusum periculum est: intus est hostis. Cùm luxuria nobis, cum amentia, cum scelere certandum est. Huic ego me bello ducem profiteor, Quirites: suscipio inimicitias hominum perditorum. Quæ sanari poterunt, quacumque ratione sanabo. Quæ resecanda erunt, non patiar ad perniciem civitatis manare. Proinde aut exeant, aut quiescant: aut, si et in urbe, et in eadem mente permanent, ea quæ merentur exspectent.

VI. At etiam sunt, Quirites, qui dicant, a me in exsilium ejectum esse Catilinam. Quod ego si verbo assequi possem, istos ipsos ejicerem, qui hæc loquuntur. Homo enim videlicet timidus, et permodestus vocem consulis ferre non potuit: simul atque ire in exsilium jussus est, paruit, quievit. Hesterno die, cùm

---

(1) Pompée, qui, cette même année 690, achevoit de soumettre l'Orient aux Romains.

membres gangrenés, du moins en les re-
tranchant, j'aurai par-là prolongé la durée
de cet empire, non pas de quelques années,
mais de plusieurs siècles. Car nous n'avons
point de nation à craindre : point de Roi qui
ose nous attaquer : tout est tranquille au-
dehors, et par mer, et par terre, grâce
à la valeur d'un (1) de nos Guerriers :
il n'y a plus de péril qu'au dedans : l'ennemi
est dans l'enceinte de nos murs : l'incontinence, la folie, la scélératesse, voilà,
ROMAINS, contre qui nous avons à nous
battre. Je serai votre Général. Je prends
sur moi la haine des pervers. Tout ce qui
donnera espérance de guérison, je le sau-
verai : mais pour ceux dont la corruption
est sans remède, je ne souffrirai pas que
leur venin se communique plus avant. Ainsi,
ou qu'ils se retirent, ou qu'ils se tiennent
ici en paix, ou, s'ils ne veulent ni sortir,
ni se corriger, qu'ils s'attendent à être punis
comme ils le méritent.

VI. Mais d'autre côté aussi, quelques-uns
publient que j'ai exilé Catilina. Pour bannir
un citoyen, s'il ne falloit que lui dire une
parole, j'aurois bientôt banni quiconque
tient de tels discours. Oui sans doute,
Catilina est d'une modestie, d'une timidité
si grande, qu'il n'a pu soutenir la voix du
Consul : dès qu'on lui a parlé d'exil, il y est
allé, il s'est d'abord soumis. Hier, ayant
manqué d'être assassiné chez moi, je con-

domi meæ penè interfectus essem, senatum in
ædem Jovis Statoris convocavi : rem omnem
ad patres conscriptos detuli. Quò cùm Catilina
venisset, quis eum senator appellavit ? quis
salutavit ? quis denique ita aspexit, ut perditum
civem, ac non potiùs ut importunissimum
hostem ? Quin etiam principes ejus ordinis partem
illam subselliorum, ad quam ille accesserat,
nudam atque inanem reliquerunt.

13. Hic ego vehemens ille consul, qui verbo
cives in exsilium ejicio, quæsivi à Catilina,
an nocturno conventu apud M. Leccam fuisset,
necne. Cùm ille homo audacissimus, conscientiâ
convictus, primo reticuisset, patefeci cætera.
Quid ea nocte egisset, ubi fuisset, quid in
proximam constituisset, quemadmodum esset
ei ratio totius belli descripta, edocui. Cùm
hæsitaret, cùm teneretur ; quæsivi, quid du-
bitaret eò proficisci, quò jampridem pararat ;
cùm arma, cùm secures, cùm fasces, tubas,
cùm signa militaria, cùm Aquilam illam argenteam ; cui ille etiam sacrarium scelerum domi
suæ fecerat, scirem esse præmissam. In exsilium ejiciebam : quem jam ingressum esse in
bellum videbam ? Etenim, credo, Mallius
ille centurio, qui in agro Fesulano castra
posuit, bellum populo Romano suo nomine
indixit : et illa castra nunc non Catilinam
ducem exspectant : et ille ejectus in exsilium,
se Massiliam, ut aiunt, non in hæc castra
conferet.

voquai le Sénat dans le temple de Jupiter
Stateur, et je rapportai tout aux Pères
conscrits. Quand Catilina se présenta, fut-il
regardé, fut-il salué par quelque Sénateur?
On crut voir en lui, ne disons pas simplement un mauvais citoyen, mais un ennemi
mortel. il voulut s'assoir : les principaux de
cette auguste compagnie, qui étoient du
côté où il alloit se placer, quittèrent leurs
sièges, et mirent du vide entre eux et lui.

13. Alors, moi, ce violent Consul, dont
un mot suffit pour exiler un citoyen, je lui
demandai s'il ne s'étoit pas trouvé à l'assemblée qui s'étoit tenue la nuit chez Lecca?
Tout hardi qu'il est, il n'osa me répondre,
convaincu par le témoignage de sa conscience. Je continuai mon rapport. Je racontai
ce qu'il avoit fait cette nuit-là ; ce que la
nuit suivante il vouloit faire ; comment la
la guerre qu'il nous préparoit étoit toute
arrangée dans son idée. Je le vis embarrassé,
interdit ; et je lui demandai enfin, qu'est-
ce qui arrêtoit un départ si bien médité ?
Pourquoi il n'alloit pas où il avoit déjà envoyé des armes, des haches, des faisceaux,
des trompettes, des étendards, et même
son Aigle d'argent, cette Divinité, qui
avoit de sacrilèges autels dans sa maison ?
Un homme donc qui partoit actuellement
pour nous faire la guerre, on dira que je
l'aurai exilé? Apparemment, ce n'est point
à lui qu'obéissent les troupes campées sous

VII. O conditionem miseram , non modò administrandæ , verùm etiam conservandæ reipublicæ? Nunc , si L. Catilina , consiliis , laboribus , periculis meis circumclusus ac debilitatus , subitò pertimuerit , sententiam mutaverit , deseruerit suos , consilium belli faciendi abjecerit , ex hoc cursu sceleris , et belli iter ad fugam , atque in exsilium converterit : non ille à me spoliatus armis audaciæ , non obstupefactus ac perterritus meâ diligentiâ , non de spe conatuque depulsus , sed indemnatus , innocens , in exsilium ejectus à consule , vi et minis esse dicetur : et erunt , qui illum , si hoc fecerit , non improbum , sed miserum : me non diligentissimum consulem , sed crudelissimum tyrannum existimari velint.

15. *Est mihi tanti , Quirites , hujus invidiæ falsæ atque iniquæ tempestatem subire , dummodò à vobis hujus horribilis belli ac nefarii periculum depellatur. Dicatur sanè ejectus esse à me , dummodò eat in exsilium. Sed mihi credite , non est iturus. Numquam ego à dii im-*

---

(1) *Fæsulæ,* aujourd'hui *Fiesoli,* ville de Toscane, à laquelle on donne Atlas pour fondateur, selon Politien d'après Bocace.

(8) Fésule. Vous verrez qu'elles sont au Centurion Mallius, qui de son chef déclare la guerre au peuple Romain : que Catilina n'y a point de part : qu'il n'est point attendu au camp : et que bien loin de s'y rendre, ce prétendu exilé va droit à Marseille, comme le bruit en court.

VII. Triste condition, que d'avoir non-seulement à conduire, mais à sauver une République ! Quoi ! si la peur venoit s'emparer de Catilina, maintenant que je l'ai mis en déroute, non sans beaucoup de travaux et de périls ; si changeant tout-à-coup de pensée, il renonçoit à sa détestable faction ; si tout-à-coup se détournant du chemin qui le mène à une guerre criminelle, il prenoit effectivement le parti de s'exiler : dans ce cas-là, on ne diroit pas que je l'ai prévenu, désarmé, effrayé, désespéré ; on diroit que c'est un homme innocent, qui a été banni par les menaces et par la violence du Consul. Au lieu de le regarder comme un scélérat, on trouveroit qu'il mérite d'être plaint ; et moi, au lieu de passer pour un Consul très-zélé, je ne serois qu'un très-cruel tyran.

15. Je veux bien, ROMAINS, que la haine et l'injustice s'acharne sur moi, pourvu qu'à ce prix-là j'éloigne de vous le fléau de cette guerre sacrilège. Qu'on m'accuse d'avoir envoyé Catilina en exil, j'y consens, pourvu qu'il y aille. Mais croyez-moi, il

*mortalibus optabo , Quirites , invidiæ meæ
levandæ causâ , ut , L. Catilinam ducere
exercitum hostium , atque in armis volitare
audiatis; sed triduo tamen audietis : multòque
magis illud timeo , ne mihi sit invidiosum
aliquando , quod illum emiserim potiùs , quàm
quòd ejecerim. Sed cùm sint homines , qui
illum , cùm profectus sit , ejectum esse dicant ,
iidem , si interfectus esset , quid dicerent ?*

16 *Quanquam isti , qui Catilinam Massiliam ire dictitant , non tam hoc queruntur ,
quàm verentur. Nemo est istorum tam misericors , qui illum non ad Mallium , quam ad
Massilienses ire malit. Ille autem , si mehercule
hoc quod agit , numquam ante cogitasset , tamen
latrocinantem se interfici mallet , quàm exsulem
vivere. Nunc verò , cùm ei nihil adhuc præter
ipsius voluntatem cogitationemque acciderit ,
nisi quòd vivis nobis Româ profectus est :
optemus potiùs , ut eat in exsilium , quàm
queramur.*

VIII. *Sed cur tamdiu de uno hoste loquimur :
et de eo hoste , qui jam fatetur se esse hostem :
et quem , quia , quod semper volui , murus
interest , non timeo : de his , qui dissimulant ,
qui Romæ remanent , qui nobiscum sunt , nihil*
n'y

n'y songe point. Aux Dieux ne plaise que pour ma justification, je souhaite qu'il soit vu à la tête d'une armée : dans trois jours cependant la nouvelle vous en viendra ; et s'il arrive qu'on me juge repréhensible, je crains fort que ce ne soit bien moins pour l'avoir chassé, que pour avoir permis son évasion. Mais quoique sa fuite ait été volontaire, si pourtant il se trouve des gens qui disent que je l'ai banni : quels discours ces gens-là tiendront-ils donc, si je lui avois ôté la vie ?

16. Quand ils font courir le bruit qu'il se retire à Marseille, ce n'est pas qu'il le croient ; c'est bien plutôt ce qu'ils craindroient. Aucun de ceux qui paroissent s'attendrir sur son sort, ne l'aimeroit mieux à Marseille qu'au camp de Mallius : et lui-même, quand sa démarche actuelle ne séroit pas préméditée, n'aimeroit-il pas mieux chercher la mort en faisant son métier de brigand, que de se tenir paisible dans un lieu d'exil ? Au fond, puisqu'à cela près, qu'en sortant de Rome, il nous y a laissés en vie, toutes ses entreprises lui avoient réussi : loin de nous plaindre qu'il aille en exil, c'est ce que nous devons souhaiter.

VIII. Mais à quoi bon parler si long-temps d'un ennemi seul, d'un ennemi qui se donne pour tel ; et qui a cessé de nous être formidable, depuis qu'il y a, comme je l'ai toujours désiré, un mur entre nous et lui ?

dicimus ? Quos quidem ego, si ullo modo fieri posset, non tam ulcisci studeo, quàm sanare, et ipsos placare reipublicæ. Neque, id quare fieri non possit, si me audire volent, intelligo. Exponam enim vobis, Quirites, ex quibus generibus hominum istæ copiæ comparentur : deinde singulis medicinam consiliis atque orationis meæ, si quam potero, afferam.

18. Unum genus est eorum, qui magno in ære alieno, majores etiam possessiones habent : quarum amore adducti, dissolvi nullo modo possunt. Horum hominum species est honestissima : sunt enim locupletes : voluntas verò, et causa impudentissima. Tu agris, tu ædificiis, tu argento, tu familiâ, tu rebus omnibus ornatus et copiosus sis, et dubites de possessione detrahere, acquirere ad fidem ? Quid enim exspectas ? Bellum ? quid ? ergo in vastatione omnium, tuas possessiones sacrosanctas futuras putas ? An tabulas novas ? errant, qui istas

---

(1) Ils espéroient que Catilina, devenant le maître, tous les actes des Notaires seroient annullés ; et que par ce moyen les créanciers n'auroient plus d'action contre les débiteurs. Cette injustice n'étoit pas sans exemple. Rien de plus sage là dessus que la morale de Cicéron, *Offic.* II, 22, 23 et 24.

Pourquoi ne rien dire de ces ennemis couverts, qui se tiennent dans Rome, qui sont au milieu de nous ? Ce que je souhaite, ce n'est assurément pas qu'ils périssent, c'est qu'ils rentrent dans le devoir. Je voudrois, et il n'y aura rien d'impossible, s'ils veulent me croire, je voudrois les réconcilier avec la République. Voyons, en effet, de qui est composée toute cette troupe de factieux ; et je leur donnerai ensuite aux uns et aux autres des conseils proportionnés à leur situation, pour tâcher, autant que je le puis, de les en tirer.

18. Je place dans le premier rang ceux qui doivent beaucoup, mais qui ont encore de plus grands biens, et qui les aiment si passionnément, que pour se libérer de leurs dettes, ils ne peuvent se résoudre à rien vendre. Parmi nos mécontens, ce sont-là ceux qui ont le plus l'apparence d'honnêtes gens ; car ils sont riches ; mais le motif de leur rebellion est injuste et impudent. Quoi ! vous serez riche, et abondamment riche, en terres, en maisons, en esclaves, en argent, en tout, et vous ne voudrez renoncer à rien pour satisfaire vos créanciers ? Qu'attendez-vous ? Une guerre ? Mais la guerre entraînant une désolation générale, vos maisons seront-elles respectées ? Vous promettez-vous de voir (1) annuller vos dettes? Mais en vain l'attendriez-vous de Catilina. Pour moi, je vous obtiendrai cette grâce ;

à Catilina exspectant. Meo beneficio tabulæ novæ proferentur, verùm auctionariæ. Neque enim isti, qui possessiones habent, alia ratione ulla salvi esse possunt. Quod si maturiùs facere voluissent, atque (id quod stultissimum est) certare cum usuris fructibus prædiorum; et locupletioribus his, et melioribus civibus uteremur. Sed hosce homines minimè puto pertimescendos, quòd aut deduci de sententia possunt; aut, si permanebunt, magis mihi videntur vota facturi contra rempublicam, quàm arma laturi.

IX Alterum genus est eorum, qui quamquam premuntur ære alieno, dominationem exspectant: rerum potiri volunt : honores, quos quietâ republicâ desperant, perturbatâ consequi se posse arbitrantur. Quibus hoc præcipiendum videtur, unum scilicet et idem, quod cæteris omnibus, ut desperent, se id, quod conantur, consequi posse. Primùm omnium me ipsum vigilare, adesse, providere reipublicæ : deinde magnos animos esse in bonis viris, magnam concordiam, maximam multitudinem, magnas præterea militum copias : deos denique immortales huic invicto populo, clarissimo imperio, pulcherrimæ urbi, contra tantam vim sceleris, præsentes auxilium esse laturos. Quòd si jam sint id, quod cum summo furore cupiunt, adepti; num illi in cinere urbis, et sanguine

mais en faisant que vos biens , jusqu'à la
concurrence de vos dettes , soient vendus
à l'enchère. Point d'autre moyen que celui-
là , de sauver ces riches obérés. S'ils avoient
pu s'y résoudre plutôt , et ne pas compter
follement de faire face aux arrérages avec
le revenu de leurs fonds , sans toucher aux
fonds mêmes , ils seroient aujourd'hui , et
meilleurs citoyens, et plus à leur aise. Quoi
qu'il en soit , je ne les crois pas bien re-
doutables ; car ils changeront peut-être de
sentiment : ou en tout cas , s'ils persistent ,
je ne les crois pas gens à prendre les armes,
et *ils exhaleront leur colère en vœux im-*
puissans contre l'Etat.

IX. Il y en a d'autres qui sont endettés
pareillement, et qui , de plus , sont dévorés
par leur ambition. Ils voudroient dominer ,
se voir dans les premières dignités, et comme
ils désespèrent d'y parvenir durant le calme,
ils souhaiteroient un orage. J'ai à leur dire à
eux , ce que je dis en même temps à tous :
qu'ils ne verront point leurs désirs accomplis ;
que ma vigilance , mes soins , et les précautions que je prends , détruiront tous
leurs projets ; qu'il y a dans Rome une
multitude infinie de bon citoyens , unanimement prêts à signaler leur courage et
leur fidélité ; que nous avons des troupes
innombrables ; et qu'enfin les Dieux immortels opposeront leur prompt secours à
un si noir attentat , pour sauver ce Peuple

civium , quæ mente conscelerata ac nefariæ
concupierunt , se consules , ac dictatores , aut
etiam reges sperant futuros ? Non vident id
se cupere , quod si adepti fuerint , fugitivo
alicui , aut gladiatori concedi sit necesse ?

20. Tertium genus est ætate jam affectum ,
sed tamen exercitatione robustum : quo ex genere ipse Mallius , cui nunc Catilina succedit.
Hi sunt homines ex iis colonis, quas Fesulis
Sylla constituit : quas ego universas , civium
esse optimorum , et fortissimorum virorum
sentio : sed tamen hi sunt coloni, qui se ins-
peratis repentinisque pecuniis sumptuosiùs inso-
lentiùsque jactarunt. Hi dum ædificant , tanquam beati * : dum prædiis , lecticis , familiis
magnis , conviviis apparatis delectantur , in
tantum æs alienum inciderunt, ut , si salvi
esse velint , Sylla sit iis ab inferis excitandus.
Qui etiam nonnullos agrestes , homines tenues
atque egentes , in eamdem illam spem rapina-
rum veterum impulerunt. Quos ego utrosque ,
Quirites , in eodem genere prædatorum , direp-

---

(1) Il y a dans Cicéron , *lecticis*, des litières. Voyez
Juste-Lipse , *in Electis* , I , 19.
* Par *beati*, on entend des hommes d'une grande richesse.
J'ai donné l'équivalent.

invincible, ce florissant Empire, cette capitale de l'Univers. Mais d'ailleurs, quand même ces traîtres auroient prévalu, est-ce que dans le sang des Citoyens, et dans les cendres de la Patrie, ils y trouveroient ce qu'une fureur exécrable leur fait imaginer, à être Consuls, Dictateurs, ou même Rois? Et ne voient-ils pas que ces dignités seroient alors le partage de quelque esclave ou de quelque gladiateur?

20. Une troisième classe est composée d'hommes avancés en âge, mais que le travail a endurcis. Tel est ce Mallius, à qui Catilina vient de succéder. Ils sortent des colonies de Sylla : colonies où je veux croire qu'il n'entra que d'honnêtes gens, mais qui, se voyant tout d'un coup dans l'abondance, et lorsqu'ils s'y attendoient le moins, n'ont pas usé modérément de leurs richesses. Ils ont voulu bâtir comme des Seigneurs, avoir des terres, des (1) équipages, nombre d'esclaves, donner dans les festins : et par-là ils se sont endettés, mais à un tel point, que pour s'acquitter, ils auroient besoin de retirer Sylla du tombeau. Ils ont engagé aussi dans leur parti quelques misérables paysans, qui ne font avec eux qu'un même corps de brigands et de voleurs. Il les ont gagnés en leur faisant espérer qu'on renouvelleroit ces proscriptions, qui les avoient enrichis du temps de Sylla. Mais je les en avertis ; c'est un temps qui ne reviendra plus. Ils n'ont

*torumque pono. Sed eos hoe moneo, desinant
furere, vc proscriptiones et dictaturas cogitare.
Tantus enim illorum temporum dolor inustus
est civitati, ut jam ista non modò homines,
sed ne pecudes quidem mihi passuræ esse videantur.*

X. *Quartum genus est sanè varium, et mis-
tum, et turbulentum: qui jampridem premuntur;
qui numquam emergent: qui partim inertia,
partim malè gerendo negotio, partim etiam
sumptibus, in vetere ære alieno vacillant: qui
vadimoniis, judiciis, proscriptionibus bonorum
defatigati, permulti et ex urbe, et ex agris
se in illa castra conferre dicuntur. Hosce ego
non tam milites acres, quàm infitiatores lentos
esse arbitror. Qui homines primùm si stare non
possunt, corruant: sed ita, ut non modò
civitas sed ne vicini quidem proximi sentiant.
Nam illud non intelligo, quamobrem, si vivere
honestè non possunt, perire turpitus velint:
aut cur minore dolore perituros se cum multis
quàm si soli pereant, arbitrentur.*

22. *Quintum genus est parricidarum, sica-
riorum, denique omnium facinorosorum: quos
ego à Catilina non revoco. Nam neque divelli
ab eo possunt: et pereant sanè in latrocinio,*

---

(1) Voyez dans Florus, liv. III, chap. 21, le récit de
ces cruautés en abrégé.

plus de Dictateur à espérer. Car, (1) les cruautés qui s'exercèrent alors, ont fait à la République une plaie si profonde, que non seulement des hommes, mais des brutes mêmes, si je l'ose dire, ne souffriroient rien de semblable aujourd'hui.

X. Pour la quatrième classe, c'est un mélange confus de toutes sortes de gēns, soit de la ville, soit de la campagne, que leur paresse, leur mauvaise conduite, leurs dépenses excessives, *ont ruinés depuis long-temps,* et qui, hors d'état de se relever jamais, las de se voir à toute heure cités et condamnés *en justice, vont se jeter,* dit-on, dans le camp de Mallius. Vils banque-routiers, que je ne compte point pour des soldats. Ne peuvent-ils se soutenir ? Hé bien qu'ils tombent ; de telle sorte pourtant, que leur chute ne soit aperçue, ni du public, ni même de leurs voisins Je ne sais, au reste, pourquoi ils veulent périr avec infamie, faute de pouvoir vivre dans la splendeur, ni comment ils se figurent que de périr en compagnie, ce soit quelque chose de plus doux que de périr tout seul.

22. Je mets au cinquième rang les par-ricides, les assassins, tous les scélérats de profession. Pour ceux-là, ne les séparons point de Catilina, ils sont trop bien en-semble. Qu'ils soient tous accablés sous une même ruine, puisqu'il n'y a point de prison assez spacieuse pour les contenir. Enfin ceux

5. *

quoniam sunt ita multi, ut eos capere carcer non possit. Postremum autem genus est, non solùm numero, verùm etiam genere ipso, atque vitâ : quod proprium est Catilinæ, de ejus delectu, immo verò de complexu ejus, ac sinu : quod pexo capillo, nitidos, aut imberbes, aut bene barbatos videtis : manicatis, et talaribus tunicis ; velis amictos, non togis : quorum omnis industria vitæ, et vigilandi labor in antelucanis cœnis expromitur.

   23. In his gregibus omnes aleatores, omnes adulteri, omnes impuri, impudicique versantur. Hi pueri tam lepidi ac delicati, non solùm amare, et amari, neque cantare, saltare, sed etiam sicas vibrare, et spargere venena didicerunt : qui nisi exeunt, nisi pereunt, etiamsi Catilina perierit, scitote hoc in republica semnarium Catilinarium futurum. Verumtamen quid sibi isti miseri volunt ? num suas secum mulierculas sunt in castra ducturi ? quemadmodum autem illis carere poterunt, his præsertim jam noctibus ? quo autem pacto illo Apenninum, atque illas pruinas ac nives perferent ? nisi idcirco se faciliùs hiemem toleraturos putant, quòd nudi in conviviis saltare didicerunt. O bellum magnoperè pertimescendum, cùm hanc sit habiturus Catilina scortorum cohortem prætoriam !

---

(2) On appeloit *Cohorte Prétorienne*, la cohorte ou compagnie qui gardoit le Général. Elle étoit composée de quatre à cinq cents hommes choisis entre les plus braves. Voyez Festus, liv. 14.

que je compte pour les derniers de tous,
parce qu'aussi-bien le sont-ils en mérite,
ce sont ces jeunes-gens, que Catilina s'est
choisis de sa main, et qu'il a toujours à ses
côtés ; que vous voyez si proprement mis,
une chevelure arrangée, point ou peu de
barbe, de longues tuniques (1) à manches,
des robes flottantes, qui n'ont d'autre métier, et ne sont capables d'autre travail,
que de passer les nuits à table.

23. Auprès d'eux ils attirent tous les
joueurs, tous les impudiques, tous les dé-
bauchés. Ils ne savent, ces enfans si jolis,
si délicats, encore autre chose qu'aimer et
qu'être aimés ; que chanter et que danser ;
ils savent manier le couteau et le poison.
Tant que cette jeunesse ne sera pas chassée,
extirpée, vous aurez dans Rome une pépi-
nière de Catilinas. Mais les pauvres gens,
à quoi songent-ils ? Est-ce qu'ils prétendent
mener leurs maîtresses à l'armée ? Pourront-
ils néanmoins s'en passer, présentement
sur-tout que les nuits sont longues ? Et
comment s'accommoderont-ils des frimas
et des neiges de l'Apennin ? Ils se croient
peut-être apprivoisés avec le froid, parce
qu'ils se sont faits à danser nus dans les
festins. O ! que je crains une guerre où le
Général aura pour cohorte (2) Prétorienne,
tous ces impudiques autour de lui !

---

(1) Voyez Aulu-Gelle, liv. 7, chap. 12.

XI. *Instruite nunc, Quirites, contra hâs tam præclaras Catilina copias vestra præsidia, vestrosque exercitus: et primùm gladiatori illi confecto et saucio, consules, imperatoresque vestros opponite: deinde contra illam naufragorum ejectam ab debilitatam manum, florem totius Italiæ ac robur educite. Jam verò urbes coloniarum ac municipiorum respondebunt Catilinæ tumulis silvestribus. Neque verò cæteras copias, ornamenta, præsidia vestra, cum illius latronis inopia atque egestate conferre debeo.*

25. *Sed, si, omissis his rebus omnibus, quibus nos suppeditamus, eget ille, senatu, equitibus Romanis, populo, urbe, ærario, vectigalibus, cunctâ Italiâ, provinciis omnibus, exteris nationibus: si, inquam, his rebus omissis, ipsas causas, quæ inter se confligunt, contendere velimus; ex eo ipso quàm valdè illi jaceant, intelligere possumus. Ex hac enim parte pudor pugnat, illinc petulantia: hinc pudicitia, illinc stuprum: hinc fides, illinc fraudatio: hinc pietas, illinc scelus: hinc constantia, illinc furor: hinc honestas, illinc turpitudo: hinc continentia, illinc libido: denique æquitas, temperantia, fortitudo, pru-*

---

(1) A Mallius. Il ne devoit pas être jeune, puisqu'il avoit servi sous Sylla.

XI. Pour pouvoir donc résister aux excellentes troupes de Catilina, voyons, ROMAINS, ce que nous avons. Opposez d'abord à ce vieux gladiateur (1) estropié, vos Consuls et vos généraux. Produisez ensuite la fleur et la force de toute l'Italie, pour faire tête à ces misérables noyés de dettes. Vous avez de votre côté, et colonies, et villes municipales : tandis que l'ennemi a, pour tout retranchement, quelques monticules couvertes de broussailles. Tant d'autres avantages qui vous rendent si considérables et si puissans, ne doivent pas se mettre *en parallèle avec l'indigence de ce voleur.*

25. Mais sans compter toutes les ressources *que nous avons*, et qui lui manquent, le Sénat, les Chevaliers, le Peuple, la ville, le trésor, les revenus de l'Etat, toute l'Italie, toutes les provinces, les nations étrangères; *sans compter, dis-je*, toutes ces ressources, et à n'examiner que les différens motifs qui nous font prendre les armes; on voit assez où est la supériorité. Ici la pudeur combat, là c'est l'insolence : ici la pudicité, là la débauche : ici la droiture, là la mauvaise foi : ici la piété, là le crime : ici la fermeté, là la fureur : ici l'honneur, là l'infamie : ici le devoir, là la passion. D'une part sont l'équité, la tempérance, la force, la prudence, toutes les vertus armées contre l'iniquité, contre la

dentia, virtutes omnes, certant cum iniquitate,
cum luxuria, cum ignavia, cum temeritate,
cum vitiis omnibus : postremò copiæ cum egestate, bona ratio cum perdita, mens sana cum
amentia, bona denique spes cum omnium rerum
desperatione confligit. In hujusmodi certamine
ac prælio, nonne etiam si hominum studia
deficiant, dii ipsi immortales cogent ab his
præclarissimis virtutibus, tot et tanta vitia
superari ?

XII. Quæ cùm ita sint, Quirites, vos, quemadmodum jam anteà dixi, vestra tecta custodiis vigiliisque defendite : mihi, ut urbi sine
vestro motu, ac sine ullo tumultu, satis
esset præsidii, consultum ac provisum est.
Coloni omnes municipesque vestri certiores à me
facti de hac nocturna excursione Catilinæ,
facilè urbes suas, finesque defendent : gladia-
tores, quam sibi ille maximam manum, et
certissimam fore putavit, quanquam meliore
animo sunt, quàm pars patriciorum, potestate
tamen nostra continebuntur. Q. Metellus,
quem ego prospiciens hoc, in agrum Galli-
canum Picenumque præmisi, aut opprimet
hominem, aut omnes ejus motus conatusque
prohibebit. Reliquis autem de rebus consti-
tuendis, maturandis, agendis, jam ad senatum referemus, quem vocari videtis.

26. Nunc illos, qui in urbe remanserunt,
atque adeò qui contra urbis salutem, omnium-

lubricité, contre la lâcheté, contre la témérité, contre tous les vices. Et pour tout dire enfin, l'abondance est ici en guerre avec la disette, la raison avec l'aveuglement, la sagesse avec la folie, l'espérance la plus juste avec un désespoir total. Quand donc les hommes viendroient à nous manquer, les Dieux immortels ne feront-ils pas que de si grandes vertus écrasent tant de vices si affreux ?

XII. Ainsi, ROMAINS, continuez à bien garder vos maisons. Pour la sûreté de la ville, j'y ai pourvu, sans que cela vous cause ni trouble, ni embarras. J'ai fait savoir dans nos colonies, et dans nos villes municipales, l'évasion nocturne de Catilina ; elles se garantiront aisément de ses insultes. Quoique les Gladiateurs, qui est le corps sur lequel il comptoit davantage, soient mieux intentionnés que beaucoup de Patriciens, je ne laisserai pas d'y avoir l'œil. Prévoyant ce qui est arrivé, j'avois par précaution envoyé Métellus attendre l'ennemi dans Picentin, et dans la contrée des Gaulois, où s'il ne le terrasse pas, du moins il observera ses mouvemens, et rendra tous ses efforts inutiles. A l'égard des autres mesures qu'il nous convient de prendre, je vais en conférer avec le Sénat, dont vous voyez que l'assemblée se forme.

27. Mais auparavant revenons à ceux qui, par l'ordre de Catilina, se tiennent dans

que vestrûm, in urbe à Catilina relicti sunt,
quanquam sunt hostes, tamen quia nati sunt
cives, monitos etiam atque etiam volo. Mea
lenitas adhuc, si cui solutior visa est, hoc
exspectavit, ut id, quod latebat, erumperet.
Quod reliquum est, jam non possum oblivisci,
meam hanc esse patriam, me horum esse consulem : mihi aut cum his vivendum, aut pro
his esse moriendum. Nullus est portæ custos :
si qui exire volunt, consulere sibi possunt.
Qui verò urbe se commoverit, cujus ego non
modò factum, sed inceptum ullum conatumve
contra pratriam deprehendero : sentiet in hac
urbe esse consules vigilantes, esse egregios
magistratus, esse fortem senatum, esse arma,
esse carcerem, quem vindicem nefariorum ac
manifestorum scelerum majores nostri esse va-
luerunt.

XIII. Atque hæc omnia sic agentur, Quirites, ut res maximæ minimo motu, pericula
summa nullo tumultu, bellum intestinum ac
domesticum, post hominum memoriam crude-

---

(1) Il y a en latin, me uno togato duce ; et cette circonstance de n'avoir pas quitté la robe qui se portoit en
temps de paix, toga, pour prendre l'habit qui se portoit
à la guerre, Sagum, paroît à Cicéron une chose si
remarquable, si glorieuse pour lui, qu'il la répète un
million de fois. Tout le monde sait le vers qu'il fit à
cette occasion :

Cedant arma togæ, concedat laurea linguæ.

Rome pour y travailler à notre perte commune. Quoique dès-là ils se déclarent nos ennemis, cependant, puisqu'ils sont nés citoyens, je veux bien les avertir encore une fois, et leur dire que ma douceur, où l'on a cru voir de l'excès, n'a eu pour but que de faire éclorre leurs complots : qu'au reste, je ne saurois présentement oublier que c'est ici ma patrie, que j'y suis Consul, et que je dois ou vivre avec mes compatriotes, ou mourir pour eux. On n'arrête point aux portes, on n'épie point sur les chemins : sortira librement qui voudra. Mais quiconque restera dans Rome, s'il y excite le moindre trouble, si j'apprends qu'il trame, qu'il conçoive quelque entreprise contre la Patrie, il y trouvera, et des Consuls vigilans, et de vertueux magistrats, et un Sénat vigoureux, et des armes, et une prison destinée par nos pères à la punition de ces crimes, où la notoriété se trouve jointe avec l'énormité.

XIII. Tout se passera de telle sorte, ROMAINS, que les plus grands désordres soient apaisés sans bruit ; les plus grands périls, repoussés sans tumulte ; une guerre intestine, la plus dangereuse et la plus cruelle qui fut jamais, terminée par un (1) Général en robe, par moi seul. Je me conduirai de manière qu'il n'y ait pas même, s'il se peut, un des coupables qui porte dans l'enceinte de cette ville, la peine de

lissimum ac maximum, me uno togato duce et imperatore, sedetur. Quod ego sic administrabo, Quirites, ut si ullo modo fieri poterit, ne improbus quidem quisquam in hac urbe pœnam in sceleris sufferat. Sed si vis manisfestæ audaciæ, si impendens patriæ periculum me necessariò de hac animi lenitate deduxerint ; illud profectò perficiam, quod in tanto, et tam insidioso bello vix optandam videtur, ut ne quis bonus intereat, paucorumque pœnâ vos jam omnes salvi esse possitis.

29. Quæ quidem ego neque meâ prudentiâ, neque humanis consiliis fretus polliceor vobis, Quirites : sed multis, et non dubiis deorum immortalium significationibus : quibus ego ducibus in hanc spem sententiamque sum ingressus : qui jam non procul, ut quondam solebant, ab extero hoste, atque longinquo, sed hìc præsentes suo numine atque auxilio sua templa, atque urbis tecta defendunt : quos vos, Quirites, precari, venerari, atque implorare debetis, ut quam urbem pulcherrimam florentissimamque esse voluerunt, hanc omnibus hostium copiis, terra marique superatis, à perditissimorum civium nefaria scelere defendant.

son crime. Ou , si la hardiesse de quelque attentat, si le danger éminent de la Patrie me force à démentir ma douceur , je ferai ce qui passe le vraisemblable au milieu de tant d'embûches secrètes ; je ferai qu'il n'en coûte la vie à pas un seul des bons citoyens , et que le châtiment d'un petit nombre de criminels suffise pour vous sauver tous.

29. Je m'appuie , en vous promettant de si heureux succès , non sur mes soins particuliers , non sur aucune précaution humaine , mais sur de fréquens et indubitables témoignages des Dieux immortels. Ce sont *eux qui m'ont conduit, et je leur dois la* confiance qui m'anime. Ils agissent , non pas au loin , et pour nous secourir dans nos guerres étrangères , commé autrefois , mais ici même et pour défendre leurs temples , et nos maisons. Vous devez , ROMAINS , les prier , leur offrir vos hommages , leur demander qu'après avoir mis cette ville dans un état si florissant, après l'avoir fait triompher de tous ses ennemis sur terre et sur mer , ils la prennent sous leur protection contre ses propres citoyens , coupables du plus horrible attentat.

IN
L. CATILINAM.

ORATIO III.

——

1. R*EMPUBLICAM, Quirites, vitamque om-*
nium vestrûm, bona, fortunas, conjuges, libe-
rosque vestros, atque hoc domicilium clarissimi
imperii, fortunatissimam pulcherrimamque ur-
bem, hodierno die, deorum immortalium summo
erga vos amore, laboribus, consiliis, pericu-
lisque meis, ex flamma atque ferro, ac penè ex
faucibus fati ereptam, et vobis conservatam ac
restitutam videtis.

2. *Et, si non minùs nobis jucundi atque il-*
lustres sunt ii dies, quibus conservamur, quàm
illi, quibus nascimur ✦ quòd salutis certa lætitia
est nascendi incerta conditio, et quòd sine sensu
nascimur, cum voluptate conservamur: profectò,
quoniam illum, qui hanc urbem condidit, Ro-

TROISIÈME
CATILINAIRE,

PRONONCÉE

Devant le Peuple, le 3 décembre 690.

1. ROMAINS, vous voilà hors de péril : votre vie, vos biens, vos femmes, vos enfans n'ont pas été la proie de l'ennemi : cette ville fortunée, le siège d'un Empire si florissant, échappe à la fureur qui se promettoit de l'engloutir : et vous devez cet heureux évènement à l'amour singulier qu'ont pour vous les *Dieux* immortels : vous le devez à ma vigilance, aux mesures que j'ai prises, aux dangers que j'ai courus.

2. S'il est donc vrai que les jours où nous avons été préservés de quelque accident funeste, ne sont pour nous, ni moins précieux, ni moins mémorables que le jour même de notre naissance : et cela, d'autant plus que nous concevons et sentons vivement le prix de notre conservation, au lieu que la naissance, avantage incertain en soi, n'est pas accompagnée de sentiment : je me

mulum, (1) ad deos immortales benevolentiâ,
famaque sustulimus : esse apud vos posterosque
vestros in honore debebit is, qui eamdem hanc
urbem conditam amplificatamque servavit. Nam
totius urbis templis, delubris, tectis, ac mœnibus subjectos propè jam ignes, circumdatosque
restinximus : iidemque gladios in rempublicam
destrictos retudimus, mucronesque eorum à ju-
gulis vestris rejecimus. Quæ quoniam in senatu
illustrata, patefacta, compertaque sunt per me,
vobis jam exponam breviter, Quirites, ut et
quanta, et quàm manifesta, et quâ ratione in-
vestigata, et comprehensa sint ; vos, qui et igno-
ratis, et expectatis, scire possitis.

3. Principio : ut Catilina paucis antè diebus
erupit ex urbe, cum sceleris sui socios : hujusce
nefarii belli acerrimos duces, Romæ reliquisset :
semper vigilavi, et providi, Quirites, quemadmodum in tantis, et tam absconditis insidiis
salvi esse possemus.

II. Nam tum, cùm ex urbe Catilinam ejiciebam (non enim jam vereor hujus verbi invidiam,
cùm illa magis sit timenda, quòd vivus exierit)
sed tum, cùm illum exterminari volebam : aut
reliquam conjuratorum manum simul exituram,
aut eos, qui restitissent, infirmos sine illo ac
debiles fore putabam.

─────────────────────

(1) Il y a en latin : ad Deos immortales benevolentiâs, fa
mâque sustulimus : c'est-à-dire, nous l'avons mis au rang
des Dieux, et par un effet de la bienveillance que nous avons
éue pour lui, et par l'immortalité que nous avons donnée à
son nom. Ainsi, en deux mots, Cicéron fait comprendre
et le motif pour lequel on a déifié Romulus, et la ma-

flatte que nos pères ayant mis (1) le Fondateur de Rome au rang des Dieux immortels, le Conservateur de Rome sera honoré, et de vous, et de votre postérité. J'ai éteint l'incendie prêt à consumer vos temples, vos autels, vos maisons ; et j'ai détourné, j'ai repoussé le glaive qui alloit vous égorger. Après en avoir rendu compte au Sénat, il me reste à satisfaire en peu de mots l'impatience que vous avez, ROMAINS, d'apprendre les particularités de cette conspiration, pour juger de quelle conséquence il étoit de la découvrir, avec quelle certitude la voilà découverte à présent, et par quels moyens elle l'a été.

3. Premièrement donc, depuis le peu de jours que Catilina s'est retiré, laissant dans Rome ceux de ses complices qui étoient à la tête du parti ; mon unique soin a été de pourvoir à vous sauver de tant d'embûches, dressées avec tant de secret.

II. Je m'étois figuré qu'en le chassant, je le verrois suivi de tous les autres factieux ; ou que, s'il nous en demeuroit quelques-uns, il ne leur resteroit après la perte de leur Chef, ni courage, ni force. Je dis, au reste, que je le chassai : et bien loin d'en convenir avec peine, j'ai bien plutôt à craindre qu'on ne me fasse présentement un crime de ne lui avoir pas ôté la vie.

nière dont on l'a déifié. Mais pour dire tout cela en français, il eût fallu alonger excessivement cette période, qui n'est déjà que trop longue.

4. *Atque ego, ut vidi quos maximo furore et scelere esse inflammatos sciebam, eos nobiscum esse, et Romæ remansisse ; in eo omnes dies noctesque comsumpsi, ut, quid agerem, quid molirentur, sentirem ac viderem : ut, quoniam auribus vestris, propter incredibilem magnitudinem sceleris, minorem fidem faceret oratio mea, rem ita comprehenderem, ut tum demum animis saluti vestræ provideretis, cùm oculis maleficium ipsum videretis. Itaque ut comperi, legatos Allobrogum, belli Transalpini, et tumultûs Gallici incitandi causâ, à P. Lentulo esse sollicitatos, eosque in Galliam ad suos cives, eodem itinere, cum litteris mandatisque, ad Catilinam esse missos, comitemque iis adjunctum Vulturcium, atque huic datas esse ad Catilinam litteras : facultatem mihi oblatam putavi, ut quod erat difficillimum, quodque ego semper optabam à diis immortalibus, tota res non solùm à me, sed etiam à senatu, et à vobis manifestò deprehenderetur.*

5. *Itaque hesterno die L. Flaccum, et C. Pontinum prætores fortissimos, atque amantissimos, reipublicæ viros, ad me vocavi, rem omnem exposui: quid fieri placeret, ostendi.*

---

(1) L. Flaccus, pour qui Cicéron, quatre ans après, fit une Oraison que nous avons, et où il parle fort des services que ce Flaccus avoit rendus en cette occasion.

A l'égard de *Pontinus*, que d'autres écrivent *Pontinius*, c'est le même qui dans la suite fut l'un des Lieutenans de Cicéron en Cilicie.

4. Quoiqu'il en soit, quand j'eus vu que son départ n'avoit pas entraîné les plus furieux, je ne m'occupai jour et nuit qu'à épier leurs démarches, pour avoir de quoi vous convaincre que leur attentat, dont l'énormité vous empêchoit d'ajouter foi à mes paroles, n'étoit que trop certain, et pour vous obliger, par l'évidence du péril, à prendre vos sûretés. Ayant enfin appris que les envoyés des Allobroges avoient été sollicités par Lentulus à soulever les Gaules contre nous; qu'en y allant, ils devoient avoir une conférence avec Catilina, *pour qui les lettres et instructions leur avoient été données*, et que Vulturcius, qui lui en portoit aussi, étoit *nommé pour les accompagner;* je crus avoir trouvé l'occasion, qu'à toute heure je demandois aux Dieux immortels, non-seulement d'approfondir moi-même les mystères de la conjuration, mais de pouvoir les dévoiler au Sénat, et au peuple.

5. Hier donc, je fis venir chez moi deux hommes d'un grand courage, d'un zèle admirable, les Préteurs (1) Flaccus et Pontinus. Je leur exposai le fait. Je leur donnai mes ordres. Eux, avec une ardeur infinie pour le bien public, ils se chargèrent de l'exécution; sur le soir se rendirent secrètement au Pont (2) Milvius; se postèrent

_____

(2) Aujourd'hui *Ponte-Mole*, à deux milles de Rome, sur le chemin de Viterbe.

6.

Illi autem, qui omnia de republica praeclara atque egregia sentirent, sine recusatione, ac sine ulla mora negotium susceperunt, et, cùm advesperasceret, occultè ad pontem Milvium pervenerunt: atque ibi in proximis villis ita bipartiti fuerunt, ut Tiberis inter eos et pons interesset. Eodem autem et ipsi sine cujusquam suspicionem, multos fortes viros eduxerunt, et ego ex praefectura Reatina complures delectos adolescentes, quorum operâ utor assiduè in reipublicae praesidio, cum gladiis miseram. Interim tertiâ ferè vigiliâ exactâ, cùm jam pontem Milvium magno comitatu legati Allobrogum ingredi inciperent, unâque Vulturcius, fit in eos impetus: educuntur et ab illis gladii, et à nostris. Res erat praetoribus nota solis, ignorabatur à caeteris.

III. Tum interventu Pontini atque Flacci, pugna, quae erat commissa, sedatur. Litterae, quaecumque erant in eo comitatu, integris signis, praetoribus traduntur: ipsi comprehensi, ad me, cùm jam dilucesceret, deducuntur. Atque horum omnium scelerum improbissimum machinatorem Cimbrum Gabinium, statim ad me, nihildum suspicantem, vocavi. Deinde item arcessitur L. Statilius, et post eum Cethegus. Tardissimè autem Lentulus venit, credo quod literis dandis, praeter consuetudinem, proximâ nocte vigilarat.

---

(1) Anciennement on divisoit la nuit en quatre parties, deux avant minuit, deux après. Chaque partie de trois heures. Ainsi *tertiâ ferè vigiliâ exactâ*, c'est-à-dire, sur les trois heures après minuit.

dans les villages voisins, l'un deçà, l'autre
delà le Tibre. Ils avoient mené avec eux,
sans que personne pût s'en douter, un bon
nombre de braves gens ; et j'y fis trouver
aussi plusieurs jeunes hommes de Réate,
bien choisis et bien armés, qui sont ceux
que tous les jours j'emploie dans les besoins
du Gouvernement. Vers les trois heures (1)
du matin, les envoyés des Allobroges paroissent sur le pont avec une suite nombreuse ; Vulturcius en étoit : à l'instant ils
sont attaqués ; on tire l'épée de part et
d'autre. *Les Préteurs avoient le secret
eux seuls.*

III. Ils se montrent, *le choc finit* : toutes
les lettres, bien cachetées, leur sont re-
mises ; les envoyés avec leur suite, faits
prisonniers, et à la pointe du jour amenés
chez moi. J'ai d'abord envoyé chercher le
détestable artisan de toute cette intrigue,
Gabinius, avant qu'il pût soupçonner que
j'en fusse instruit. Ensuite, j'ai fait venir
Statilius, Céthégus et Lentulus. Pour celui-
ci, il est arrivé un peu tard : apparemment
parce qu'il avoit passé, contre sa coutume, une partie de la nuit à écrire des
lettres.

7. Cùm verò summis ac clarissimis hujus civitatis viris, qui, auditâ re, frequentes ad me mane convenerant, litteras à me priùs aperiri, quàm ad senatum referrem, placeret; ne si nihil esset inventum, temerè à me tantus tumultus injectus civitati videretur, negavi me esse facturum, ut de periculo publico, non ad consilium publicum rem integram deferrem. Etenim, Quirites, si ea, quæ erant ad me delata, reperta non essent: tamen ego non arbitrabar in tantis reipublicæ periculis mihi esse nimiam diligentiam pertimescendam. Senatum frequenter celeriter, ut vidistis, coëgi. Atque interea statim, admonitu Allobrogum C. Sulpicium prætorem, fortem virum, misi, qui ex ædibus Cethegi, si quid telorum esset, efferret. Ex quibus ille maximum sicarum numerum, et gladiorum extulit.

IV. Introduxi Vulturcium sine Gallis : fidem ei publicam, jussu senatûs dedi : hortatus sum, ut ea quæ sciret, sine timore indicaret. Tum ille, cùm vix se ex magno timore recepisset, dixit : à P. Lentulo se habere ad Catilinam mandata et litteras, ut servorum præsidio uteretur, et ad urbem quàm primùm cum

---

(1) Les Allobroges étoient ce que nous appellons les Dauphinois et les Savoyards, ou du moins la plus grande partie du pays qui fait aujourd'hui ces deux Provinces. Et comme ils faisoient partie de la Gaule Transalpine, Cicéron les appelle indifféremment, ou Allobroges, ou Gaulois.

7. Plusieurs personnes, et qui sont du premier rang, ayant accouru chez moi sur cette nouvelle, dès le matin, me conseilloient d'ouvrir ces lettres, afin de ne pas m'exposer à donner l'alarme mal-à-propos, si elles ne contenoient rien d'important. Mais je leur ai remontré que le danger étant public, il falloit que le Conseil public vît le premier de quoi il s'agissoit. Les avis que j'avois reçus, se fussent-ils trouvés faux, on ne pouvoit, dans une affaire de cette nature, me reprocher trop d'attention. A l'heure même j'ai convoqué le Sénat : il s'est assemblé, *comme vous l'avez vu*, en grand nombre, pendant que, sur l'avis des Allobroges, j'ai envoyé le Préteur Sulpicius dans la maison de Céthégus, enlever tout ce qu'il y trouveroit d'armes, et il y trouva quantité de poignards et d'épées.

IV. J'ai fait entrer au Sénat Vulturcius, sans les (1) Gaulois. Je lui ai promis sûreté par l'ordre du Sénat, et je l'ai exhorté à nous dire sans crainte tout ce qu'il savoit. Revenu à peine de sa frayeur, il nous a dit que par les instructions et par les lettres dont Lentulus l'avoit chargé, Catilina étoit averti d'armer les esclaves, et d'avancer incessamment avec son armée, afin que le moment étant venu de mettre le feu à tous les quartiers de la ville, selon le plan qu'ils en avoient dressé, et d'égorger tout ce qu'ils pourroient de citoyens, il se trouvât

exercitu accederet : id autem eo consilio, ut, cùm urbem omnibus ex partibus, quemadmodum descriptum distributumque erat, incendissent, cædemque infinitam civium fecissent, præstò esset ille, qui et fugientes exciperet, et se cum urbanis ducibus conjungeret.

9. *Introducti autem Galli, jusjurandum sibi et litteras à P. Lentulo, Cethego, Statilio ad suam gentem datas esse dixerunt : atque ita sibi ab his, et à L. Cassio esse præscriptum, ut equitatum in Italiam quàm primùm mitterent : pedestres sibi copias non defuturas : Lentulum autem sibi confirmasse, ex fatis Sibyllinis aruspicumque responsis, se esse tertium illum Cornelium, ad quem regnum hujus urbis, atque imperium pervenire esset necesse : Cinnam ante se, et Syllam fuisse : eumdemque dixisse, fatalem hunc esse annum ad interitum hujus urbis atque imperii, qui esset decimus annus, post virginum absolutionem, post Capitolii autem incensionem, vicesimus. Hanc autem Cethego cum cæteris controversiam fuisse dixerunt, quòd Lentulo et aliis, Saturnalibus cædem fieri, atque urbem incendi placeret ; Cethego nimiùm id longum videri.*

---

(1) Une Vestale nommée Fabia, sœur de Térentia, femme de Cicéron, fut accusée de s'être laissé séduire par Catilina ; mais elle trouva le secret de se faire absoudre. Plutarque rapporte ce fait qui, selon la date que nous voyons ici, doit être arrivé en 680.

(2) Arrivé sous le Consulat de Scipion l'Asiatique, et de Norbánus Flaccus, l'an de Rome 670.

sur les chemin, à portée de saisir ceux qui prendroient la fuite, et de rejoindre ses associés dans Rome.

9. Après lui sont entrés les Allobroges, qui nous ont appris ces autres circonstances. Que *Lentulus*, Céthégus et Statilius leur avoient juré une foi inviolable, en leur donnant des lettres pour leur nation. Qu'ils leur avoient fort recommandé, aussi bien que Cassius, de faire promptement couler de la *cavalerie en Italie*, où l'on auroit d'ailleurs des gens de pied suffisamment. Que Lentulus leur avoit assuré qu'il étoit ce troisième Cornélius à qui les oracles des Sybilles et les réponses des Aruspices promettoient la Royauté, dont avant lui on avoit vu Cinna et Sylla en possession. Qu'il leur avoit dit que cette année, la dixième depuis l'absolution (1) des Vestales, et la vingtième depuis l'embrâsement (2) du Capitole, finiroit la destinée de la République. Qu'à l'égard du jour à choisir pour égorger les citoyens, et pour brûler Rome, il y avoit eu contestation, sur ce que Lentulus et les autres vouloient le fixer aux Saturnales, mais que Céthégus trouvoit que c'étoit trop différer.

V. Ac , ne longum sit , Quirites , tabellas proferri jussimus , quæ à quoque dicebantur datæ. Primùm ostendimus Cethego signum : cognovit. Nos linum incidimus : legimus. Erat scriptum ipsius manu ; Allobrogum senatui , et populo, sese, quæ eorum legatis confirmasset, esse facturum : orare , ut item illi facerent, quæ sibi legati eorum recepissent. Tum Cethegus, qui paulò antè aliquid de gladiis , ac sicis , quæ apud ipsum erant deprehensæ , respondisset, dixissetque , se semper bonorum ferramentorum studiosum fuisse : recitatis litteris debilitatus atque abjectus , conscientiâ convictus , repentè conticuit. Introductus Statilius , cognovit manum et signum suum. Recitatæ sunt tabellæ in eamdem ferè sententiam : confessus est.

II. Tum ostendi tabellas Lentulo : et quæsivi , cognosceretne signum ? Annuit. Est verò , inquam , signum quidem notum , imago avi tui , clarissimi viri , qui amavit unicè patriam , et cives suos : quæ quidem te à tanto

---

(1) Quand la lettre étoit pliée , on passoit de part en part un fil , dont on arrêtoit les deux bouts avec de la cire , sur quoi on imprimoit son cachet. Il n'y a pas soixante ans , que c'étoit encore assez l'usage en France , sur-tout pour les personnes de la Cour.

(2) L. Corn. Lentulus Lupus , Consul en l'année de Rome 598.

V. Enfin , pour abréger ce détail, j'ai ordonné que les lettres attribuées à chacun d'eux, fussent produites. J'ai d'abord montré la sienne à Céthégus : il a reconnu son cachet : j'ai coupé (1) le fil, j'ai lu. Il écrivoit de sa main au Sénat et au peuple des Allobroges, que comme il feroit exactement ce qu'il avoit promis à leurs envoyés, il les prioit aussi de faire ce que leurs envoyés avoient promis. Alors Céthégus qui, un peu auparavant, pour se justifier des poignards et des épées qu'on venoit de trouver chez lui , avoit répondu que toute sa vie il avoit été curieux de bonnes armes : alors, dis-je, abattu, interdit, convaincu par sa propre conscience, il a tout-à-coup perdu la parole. On a fait entrer Statilius : il a de même reconnu son cachet, son écriture : on a lu sa lettre, qui portoit à-peu-près les mêmes choses : il a tout avoué.

11. Prenant ensuite la lettre de Lentulus, je lui ai demandé si le cachet lui étoit connu ? Il ne l'a pas nié. Voila en effet, lui ai-je dit, une tête bien connue , c'est celle de votre aïeul (2) homme d'un très-rare mérite , qui aima passionnément sa patrie : cette image , toute muette qu'elle est, devoit bien vous détourner d'un si horrible attentat. On a lu sur-le-champ sa lettre, adressée de même au Sénat et au peuple des Allobroges. Je lui ai dit que s'il avoit quelque chose à dire, il le pou-

scelere etiam muta revocare debuit. Leguntur eâdem ratione ad senatum Allobrogum populumque litterœ. Si quid de his rebus dicere vellet, feci potestatem. Atque ille primò quidem negavit : post autem aliquanto, toto jam indicio exposito atque edito, surrexit, quœsivit à Gallis, quid sibi esset cum iis : quamobrem domum suam venissent ; itemque à Vulturcio. Qui cùm illi breviter, constanterque respondissent : per quem ad eum, quotiesque venissent : quœsissentque ab eo, nihilne secum esset de fatis Sibyllinis locutus : tum ille subitò, scelere demens, quanta conscientiœ vis esset, ostendit. Nam, cùm id posset infitiari, repentè prœter opinionem omnium confessus est. Ita eum non modò ingenium illud, et dicendi exercitatio, quâ semper valuit ; sed etiam propter vim sceleris manifesti atque deprehensi, impudentia, quâ superabat omnes, improbitasque defecit.

12. *Vulturcius verò subitò proferri litteras, atque, aperiri jussit, quas sibi à Lentulo ad Catilinam datas esse dicebat. Atque ibi vehementissimè perturbatus Lentulus, tamen et signum suum, et manum cognovit. Erant autem scriptœ sine nomine, sed ita :* Qui sim, ex eo, quem ad te misi, cognosces. Cura, ut vir sis, et cogita quem in locum sis progressus : et vide, quid jam tibi sit necesse. Cura, ut omnium tibi, auxilia

voit. D'abord il a tout nié. Un moment après, accablé par les preuves qu'on a produites contre lui, il s'est levé, et a demandé aux Gaulois, et à Vulturcius, quelle affaire il avoit avec eux, qui les eût obligés à le voir chez lui ? Ils lui ont répondu avec précision et avec fermeté : lui ont dit par qui, et combien de fois lui-même il *les avoit* fait appeler : lui ont demandé s'il ne leur avoit pas conté la glorieuse destinée que les Sybilles lui promettoient. A ces mots, le trouble de son ame a bien montré jusqu'où va la force de la conscience. Car, *quoiqu'il pût nier ce qu'ils* avançoient, il nous a fort surpris tous en l'avouant. Tel a été son embarras, de se voir pris en flagrant délit, que si son esprit, ni son expérience dans l'art de la parole, ni cette impudence même, qu'il poussoit au souverain degré, ne lui ont été d'aucun secours.

12. Vulturcius, dans ce moment, nous a requis de lire le billet dont il disoit que Lentulus l'avoit chargé pour Catilina. Quoique Lentulus en ait paru déconcerté, il n'a pas laissé de reconnoître sa main et son cachet. Ce billet, qu'il n'avoit point signé, et où il n'avoit point mis d'adresse, été conçu en ces termes : *La personne que je vous envoie, vous apprendra qui je suis. Montrez de quoi un homme de tête est capable, et songez que dans l'état où sont les choses,*

adjungas etiam infimorum. *Gabinius deinde
introductus, cùm primò impudenter respondere
cœpisset, ad extremum nihil ex iis quæ Galli
insimulabant, negavit.*

13. *Ac mihi quidem, Quirites, cùm illa
certissima sunt visa argumenta atque indicia
sceleris, tabellæ, signa, manus, denique
uniuscujusque confessio : tum multò illa cer-
tiora, color, oculi, vultus, taciturnitas. Sic
enim obstupuerant, sic terram intuebantur, sic
furtim nonnumquam inter se aspiciebant, ut
non jam ab aliis indicari, sed indicare se ipsi
viderentur.*

VI. *Indiciis expositis, atque editis, Quirites,
senatum consului, de summa reipublicæ quid
fieri placeret. Dictæ sunt à principibus acer-
rimæ ac fortissimæ sententiæ, quas senatus
sine ulla varietate est consecutus. Et quoniam
nondum est perscriptum, senatûs-consultum,
ex memoria vobis, Quirites, quid senatus
censuerit, exponam.*

14 *Primùm mihi gratiæ verbis amplissimis
aguntur, quod virtute, consilio, providentiâ
meâ, respublica periculis sit maximis liberata :
deindè L. Flaccus, et C. Pontinus prætores,
quòd eorum operâ forti fidelique usus essem,
meritò ac jure laudantur : atque etiam viro*

il ne vous est plus libre de reculer. Cherchez du secours par-tout, et servez-vous même des plus vils sujets. Gabinius, qu'on a fait entrer le dernier, a débuté par nous répondre effrontément ; mais à la fin il est convenu de tout ce que les Gaulois avoient dit.

13. Pour moi, ROMAINS, tout persuadé que j'étois du crime par les lettres, par les cachets, par l'écriture, par l'aveu même des coupables, j'en ai cru voir des preuves encore plus certaines de beaucoup, dans leur air, dans leurs yeux, dans leur silence ; car ils étoient si consternés, ils avoient tellement *les* yeux baissés, et de temps en temps ils se regardoient tellement à la dérobée, qu'ils sembloient être là, non point pour être convaincus par d'autres, mais pour se trahir eux-mêmes.

VI. Les preuves ayant donc toutes été ainsi discutées, j'ai pris l'avis du Sénat sur ce qu'il y avoit à faire dans un cas si pressant. Ceux qui étoient à la tête de la compagnie ont parlé avec toute la fermeté possible, et leur avis a été suivi tout d'une voix. Il n'est pas encore rédigé par écrit, mais je l'ai retenu, et le voici.

14. Premièrement, ROMAINS, on me rend grâces, et dans les termes les plus honorables, d'avoir, par mon courage, par mes conseils, par mes soins, délivré la République d'un si grand péril. On donne aussi de très-justes louanges aux

forti, collegæ meo, laus impertitur, quòd eos, qui hujus conjurationis participes fuissent, à suis et reipublicæ consiliis removisset. Atque ita censuerunt, ut P. Lentulus, cùm se præturâ abdicasset, tum in custodiam traderetur : itemque uti C. Cethegus, L. Statilius, P. Gabinius, qui omnes præsentes erant, in custodiam traderentur : atque idem hoc decretum est in L. Cassium, qui sibi procurationem incendendæ urbis depoposcerat : in M. Cæparium, cui ad sollicitandos pastores, Apuliam esse attributam erat indicatum : in P. Furium, qui ex his coloniis, quas Fesulas L. Sylla deduxit : in Q. Magium Chilonem, qui unà cum hoc Furio, semper erat in hac Allobrogum sollicitatione versatus : in P. Umbrenum, libertinum hominem, à quò primùm Gallos ad Gabinium perductos esse constabat. Atque eâ lenitate senatus est usus, Quirites, ut ex tanta conjuratione tantaque vi ac multitudine domesticorum hostium, novem hominum perditissimorum pœnâ, republicâ conservatâ, reliquorum mentes sanari posse arbitraretur.

15. *Atque etiam supplicatio diis immortalibus, pro singulari eorum merito, meo nomine decreta est, Quirites : quòd mihi primùm post hanc urbem conditam togato contigit : et his decreta verbis est : Quòd urbem incendiis, cæde cives, Italiam bello liberassem. Quæ supplicatio, si cum cæteris con-*

Préteurs Flaccus et Pontinus, pour avoir exécuté mes ordres avec vigueur, et avec fidélité. On loue pareillement la fermeté de mon Collègue, d'avoir été inaccessible et impénétrable pour quiconque avoit part à cette conjuration. Il a été résolu ensuite, que Lentulus, après s'être démis de la préture, seroit gardé à vue ; de même que Céthégus, Statilius, et Gabinius, lesquels étoient tous présens. On a décerné la même peine, et contre Cassius qui avoit brigué la commission de brûler Rome, et contre Céparius, qui s'étoit chargé de soulever *les pâtres de l'Apulie*, et contre Furius, un de ses soldats que Sylla établit à Fésule ; et contre Magius, qui avoit mené de concert avec ce Furius, la négociation des Allobroges ; et contre Umbrenus, affranchi, qui est convaincu de les avoir pour la première fois introduits chez Gabinius. Tellement que parmi tant d'ennemis domestiques, le Sénat veut bien ne faire tomber le châtiment que sur ces neuf scélérats, dont il faut espérer que l'exemple tiendra les autres dans le respect.

15. On a, de plus, ordonné de solennelles actions de grâces aux Dieux immortels en mon nom : honneur, qui depuis que Rome est fondée, ne fut, avant moi, déféré qu'à des guerriers. On s'explique sur mon sujet en ces termes : *Pour avoir garanti la ville d'être brûlée, ses citoyens*

feratur. Quirites, hóc intersit ; quòd cæteræ benè gestâ, hæc unâ, conservatâ republicâ, constituta est. Atque illud, quod faciendum primùm fuit, factum atque transactum est. Nam P. Lentulus, quanquam patefactus indiciis et confessionibus suis, judicio senatûs, non modò prætoris jus, verùm etiam civis amiserat ; tamen magistratu se abdicavit : ut, quæ religio C. Mario, clarissimo viro, non fuerat, quò minùs C. Glauciam, de quo nihil nominatim erat decretum, prætorem occideret, eâ nos religione privato P. Lentulo puniendo liberaremur.

VII. Nunc, quoniam, Quirites, sceleratissimi periculosissimique belli nefarios duces captos jam et comprehensos tenetis, existimare debetis, omnes, Catilinæ copias, omnes spes, atque opes, his depulsis urbis periculis, concidisse. Quem quidem ego cùm ex urbe pellebam, hoc providebam animo, Quirites, remoto Catilina, nec mihi esse P. Lentuli somnum, nec L. Cassii adipem, nec Cethegi furiosam temeritatem pertimescendam. Ille erat unus timendus

---

(1) C. Servilius Glaucia, dont Cicéron parle bien au long dans son Brutus, ch. 62.

massacrés ; *l'Italie , désolée par la guerre.*
Où il est à remarquer que si cet honneur
fut accordé à d'autres , c'étoit pour avoir
utilement servi la République ; et qu'il me
l'est à moi pour l'avoir totalement sauvée.
En dernier lieu , il s'est fait une chose qui
ne souffroit aucun délai. Car , quoique
Lentulus, par les preuves que nous avions
de son crime , par son propre aveu , et
par le jugement même du Sénat, fût déchu
de tous *les droits attachés au rang de*
Préteur , et à la qualité de citoyen, nous
lui avons fait cependant abdiquer la Ma-
gistrature *pour nous délivrer du scrupule*
qu'on pourroit avoir de punir un Magistrat
Romain ; scrupule , dont autrefois le célèbre Marius ne s'embarrassa point, lorsqu'il mit à mort le préteur (1) Servilius,
qui n'étoit personnellement flétri par aucun
décret du Sénat.

VII. Or , tous *les chefs de cette* dangereuse faction , étant arrêtés, et sous
bonne garde , concluez-en , ROMAINS,
que la ville est hors de péril , et que
toutes les forces, toutes les espérances de
Catilina sont évanouies. Je prévoyois bien
en le chassant de Rome , que je n'aurois
guère à redouter, lui absent, ni l'assoupissement d'un Lentulus , ni la pesanteur
d'un Cassius , ni la bouillante étourderie
d'un Céthégus. Il n'y avoit à craindre que
Catilina , mais seulement tant qu'il seroit

ex his omnibus, sed tamdiu, dum mœnibus urbis continebatur. Omnia nôrat, omnium aditus tenebat : appellare, tentare, sollicitare poterat, audebat, erat ei consilium ad facinus aptum : consilio autem neque lingua, neque manus deerat. Jam ad certas res conficiendas certos homines delectos ac descriptos habebat. Neque verò cùm aliquid mandaverat, confectum putabat. Nihil erat, quod non ipse obiret, occurreret, vigilaret, laboraret : frigus, sitim, famem ferre poterat.

17. Hunc ego hominem tam acrem, tam audacem, tam callidum, tam in scelere vigilantem, tam in perditis rebus diligentem, nisi ex domesticis insidiis in castrense latrocinium compulissem, (dicam id, quod sentio, Quirites) non facilè hanc tantam molem mali à cervicibus vestris depulissem. Non ille vobis Saturnalia constituisset, neque tanto antè exitium ac fati diem reipublicæ denuntiasset, neque commisisset, ut signum, ut litteræ suæ testes denique manifesti sceleris deprehenderentur. Quæ nunc, illo absente : sic gesta sunt, ut nullum in privata domo furtum umquam sit tam palam inventum, quàm hæc tanta in rempublicam conjuratio manifestò inventa atque deprehensa est. Quòd si Catilina in urbe ad hanc diem remansisset : quanquam, quoad fuit, omnibus ejus consiliis occurri, atque obstiti, tamen, ut levissimè dicam, dimicandum nobis cum illo fuisset ; neque nos umquam, dum ille in urbe hostis fuisset : tantis periculis rempublicam,

dans l'enceinte de nos murs. Il étoit instruit de tout ; il avoît accès par-tout. Il
pouvoit, il osoit aborder, tenter, solli-
citer qui bon lui sembloit. Il avoit l'art
de diriger un complot, assez d'éloquence
pour séduire, un bras pour exécuter. Il
savoit, entre ses confidens, distinguer à
quoi chacun devoit être employé : mais
ne se contentant pas d'avoir donné ses
ordres, il vouloit tout voir, mettre la
main à tout. Actif, vigilant, infatigable,
ne craignant ni froid, ni faim, ni soif.

17. Je l'avoue, ROMAINS, si je n'avois
pas éloigné un *homme si remuant*, si
déterminé, si audacieux, si rusé, si ap-
pliqué à concerter ses projets, si attentif
à les suivre, j'aurois eu peine à dissiper
la tempête qui vous menaçoit. Il n'eût pas,
sans doute, remis aux Saturnales la ruine
de la République : il ne l'eût pas annoncée
si long-temps auparavant : il n'eût pas
risqué des lettres écrites de sa main, et
cachetées de son cachet, témoins irré-
prochables de son crime. Au lieu qu'en
son absence tout cela s'est fait : mais si
bien que jamais vol domestique ne fut
plus évidemment, plus incontestablement
découvert, que l'a été ce prodigieux attentat. J'avois eu beau me précautionner,
comme j'ai fait, contre un tel ennemi : s'il
fût demeuré à Rome jusqu'à ce jour, nous
aurions été forcés d'en venir aux mains,

tantâ pace , tanto otio , tanto silentio , libe-
rassemus.

VIII. Quanquam hæc omnia , Quirites , ita
sunt a me administrata , ut deorum immorta-
lium nutu atque consilio et gesta , et provisa
esse videantur. Idque cùm conjecturâ consequi
possumus , quòd vix videtur humani consilii
tantarum rerum gubernatio esse potuisse : tum
verò ita præsentes his temporibus opem et auxi-
lium nobis tulerunt , ut eos penè oculis videre
possemus. Nam , ut illa omittam , visas noc-
turno tempore ab occidente faces , ardoremque
cœli ; ut fulminum jactus , ut terræ motus
relinquam ; ut omittam cætera , quæ tam multa
nobis consulibus , facta sunt , ut hæc , quæ
nunc fiunt , canere dii immortales viderentur :
hoc certè , Quirites , quod sum dicturus , neque
prætermittendum , neque relinquendum est.

19. Nam profectò memoriâ tenetis , Cottâ
et Torquato consulibus , complures in Capitolio
turres de cœlo esse percussas ; cùm et simulacra
deorum immortalium depulsa sunt , et statuæ
veterum hominum dejectæ , et legum æra lique-
facta. Tactus est etiam ille , qui hanc urbem
condidit , Romulus : quem inauratum in Capi-
tolio parvum atque lactentem , uberibus lupinis
inhiantem , fuisse meministis. Quo quidem tem-

pour ne rien dire de pis ; et certainement nous n'aurions pu, tandis qu'il auroit été au milieu de nous, pourvoir à notre sûreté avec tant de loisir, de silence et de repos.

VIII. Mais, ROMAINS, ce n'est point à moi, c'est à la puissance et à la sagesse des Dieux immortels, qu'il faut attribuer la conduite que j'ai tenue. On sent bien effectivement, que dans une conjoncture si délicate, la sagesse humaine n'étoit guère capable d'amener de si grands succès : et d'ailleurs les Dieux nous ont assistés d'une manière si marquée, que nous avons pu en quelque façon les voir de nos yeux. Car, pour ne rien dire ici des feux nocturnes qui ont embrâsé le ciel vers l'occident ; pour ne rien dire des foudres, des tremblemens de terre, ni de tant d'autres prodiges arrivés sous mon consulat, et par où il sembloit que les Dieux nous annonçoient ce que nous éprouvons ; il y a un fait encore plus singulier, et qui ne doit pas être passé sous silence.

19. Vous n'avez pas oublié, sans doute, que sous le consulat de Cotta et de Torquatus, les tours du Capitole furent frappées du tonnerre ; les simulacres des Dieux, déplacées ; les statues de nos anciens, renversées ; l'airain où étoient gravées nos lois, fondu. Et même la foudre n'épargna pas cette statue dorée de Romulus votre fondateur, où vous vous souvenez qu'il étoit dans

pore cùm aruspices ex tota Etruria convenissent, cædes, atque incendia, et legum interitum, et bellum civile, ac domesticum et totius urbis atque imperii occasum appropinquare dixerunt, nisi dii immortales omni ratione placari, suo numine propè fata ipsa flexissent.

20. Itaque illorum responsis tunc et ludi decem per dies facti sunt, neque res ulla quæ ad placandum deos pertineret, prætermissa est: iidemque jusserunt, simulacrum Jovis facere majus, et in excelso collocare, et contrà atque antè fuerat, ad orientem convertere : ac se sperare dixerunt, si illud signum quod videtis, solis ortum, et forum curiamque conspiceret, fore, ut ea consilia, quæ clàm essent inita contra salutem urbis atque imperii, illustrarentur, ut à senatu populoque Romano perspici possent. Atque illud ita collocandum consules illi statuerunt : sed tanta fuit operis tarditas, ut neque à superioribus consulibus, neque à nobis ante hodiernum die collocaretur.

_____

(1) Presque tous les anciens regardoient ce qu'ils appeloient le Destin, comme inflexible, et l'effet de ses prétendus arrangemens, comme inévitable. Ils lui soumettoient même leurs Dieux. Mais ne croyons pas que Cicéron ait donné dans une opinion, qui détruiroit entièrement la liberté de l'homme, et d'où il s'ensuivroit que l'homme, soit qu'il fît le bien, soit qu'il fît le mal, ne seroit que l'instrument aveugle, dont une puissance absolue se serviroit, ou plutôt se joueroit à son gré. Il nous est resté de Cicéron une partie de son ouvrage de

l'attitude d'un enfant, qui fait effort pour atteindre aux mamelles d'une louve. On appela de toute l'Etrurie des Aruspices, qui dirent que ces présages annonçoient des massacres, des incendies, le renversement de nos lois, une guerre civile et domestique ; la chute prochaine de Rome et de l'Empire, à moins que les Dieux immortels, appaisés par toutes sortes de moyens, ne voulussent en quelque manière changer (1) l'ordre du Destin.

20. Sur leurs réponses, on célébra durant dix jours des jeux solennels, et l'on n'oublia rien de tout ce qui parut propre à calmer la colère des Dieux. Ils ajouterent qu'il falloit ériger une plus gande statue à Jupiter, l'exhausser, et au lieu qu'on avoit mis l'autre du côté de l'Occident, tourner celle-ci vers l'Orient. Que si cette statue, qui est celle que vous voyez, regardoit le soleil levant, la place publique, le palais, ils espéroient que les desseins formés contre l'Etat seroient découverts, et viendroient à la connoissance du Sénat et du peuple Romain. Dès-lors cet ouvrage fut ordonné par les Consuls : mais on y a travaillé si lentement, et sous les derniers Consuls, et de mon temps, que la statue n'est posée que d'aujourd'hui.

Fato, par où l'on peut voir qu'il embrassoit le sentiment des Académiciens, ennemis jurés des Stoïciens, qui mettoient cette pernicieuse erreur du *Fatum* à la tête de leurs dogmes favoris.

IX. *Hic quis potest esse, Quirites, tam aversus à vero, tam præceps, tam mente captus, qui neget, hæc omnia, quæ videmus, præcipuèque hanc urbem, deorum immortalium nutu atque potestate administrari? Etenim cùm esset ita responsum, cædes, incendia, interritumque reipublicæ comparari, et ea per cives, quæ tum propter magnitudinem scelerum nonnullis incredibilia videbantur, ea non modò cogitata à nefariis civibus, verùm etiam suscepta esse sensistis. Illud verò nonne ita præsens est, ut nutu Jovis Optimi maximi factum esse videatur, ut, cùm hodierno die manè per forum meo jussu et conjurati, et eorum indices in ædem Concordiæ ducerentur, eo ipso tempore signum statueretur? quo collocato, atque ad vos, senatumque converso, omnia et senatus, et vos, quæ erant contra salutem omnium cogitata, illustrata, et patefacta vidistis.*

12. *Quo etiam majore sunt isti odio, supplicioque digni, qui non solùm vestris domiciliis atque tectis, sed etiam deorum templis atque delubris sunt funestos ac nefarios ignes inferre conati. Quibus ego si me restitisse dicam, nimiùm mihi sumam, et non sim ferendus. Ille, ille Jupiter restitit: ille Capitolium, ille hæc templa, ille hanc urbem, ille vos omnes salvos esse voluit. Diis ego immortalibus ducibus hanc mentem, Quirites, voluntatemque suscepi, atque ad hæc tanta indicia*

IX.

IX. Qui seroit donc assez ennemi de la vérité, assez téméraire, assez insensé, pour dire, que tout ce que nous voyons, mais particulièrement cette ville, n'est pas gouverné par la sagesse et par la puissance des Dieux? Car enfin, quand ces Aruspices nous prédisoient des massacres, des incendies, la ruine de l'Etat causée par d'exécrables citoyens, on trouvoit alors le crime trop affreux pour y ajouter foi : et vous le voyez, non-seulement médité, mais presque accompli. Hé comment ne pas reconnoître ici la sensible protection de Jupiter, si l'on fait réflexion, que ce matin, à l'heure même qu'on posoit cette statue, les conjurés, avec leurs dénonciateurs, passoient sur la place, pour aller par mes ordres au temple de la concorde ; et que la statue ayant été posée, et tournée vers le Sénat et de votre côté, à l'instant nous avons eu des preuves incontestables de tout ce qu'ils tramoient ?

22. Aussi cette circonstance doit-elle rendre plus odieux, et dignes d'un plus grand supplice, des scélérats qui s'étoient promis de réduire en cendres, et vos maisons, et les temples mêmes, et les autels. Pourrois-je, sans une présomption insupportable, m'attribuer à moi-même la gloire de les en avoir détournés ? C'est Jupiter, c'est lui, n'en doutez pas, qui leur a opposé sa puissance, qui a voulu sauver le Capitole, sauver ces temples, sauver Rome, vous

perveni. Jam verò illa Allobrogum sollicitatio, sic à Lentulo cæterisque domesticis hostibus, tanta res tam dementer credita et ignotis, et barbaris, commissæque litteræ nunquam essent, profectò, nisi a diis immortalibus huic tantæ audaciæ consilium esset ereptum. Quid verò? ut homines Galli ex civitate malè pacatâ, quæ gens una restat, quæ populo Romano bellum facere et posse, et non nolle videatur, spem imperii et rerum amplissimarum ultrò sibi à patriciis hominibus oblatam negligerent, vestramque salutem suis opibus anteponerent : id nonne divinitùs factum esse putatis ? præsertim qui nos non pugnando, sed tacendo superare potuerunt ?

X. Quamobrem, Quirites, quoniam ad omnia pulvinaria supplicatio decreta est, celebratote illos dies cum conjugibus ac liberis vestris. Nam multi sæpe honores diis immortalibus justi habiti sunt, ac debiti, sed profectò justiores nunquam. Erepti enim estis ex crudelissimo ac miserrimo interitu, et erepti sine cæde, sine sanguine, sine exercitu, sine dimicatione. Togati, me uno togato duce, et imperatore, vicistis.

---

(1) C'est l'équivalent de Togati.

sauver tous. C'est la sagesse des Dieux immortels qui m'a dirigé, et qui m'a fait tomber entre les mains de quoi convaincre si évidemment les coupables. Que dire de cette négociation avec les Allobroges ? Jamais Lentulus et ses complices, si les Dieux ne les avoient pas aveuglés, auroient-ils follement confié leurs lettres, et le secret d'une affaire si importante à des inconnus, à des étrangers ? Mais d'ailleurs, ne regardez-vous pas comme un coup du Ciel, que des Gaulois, que des gens d'une nation peu soumise, et la seule qui ne manque pas de force, ni peut-être de volonté, pour faire la guerre au peuple Romain, aient préféré votre salut à leurs intérêts propres, et fermé l'oreille aux flatteuses espérances, que leur donnoient des Patriciens ? sur-tout dans une conjoncture où ils n'avoit pas besoin de combattre pour nous vaincre ; ils n'avoient qu'à se taire.

X. Ainsi, ROMAINS, puisque l'on a ordonné des actions de grâces dans tous les temples, acquittez-vous de ce pieux devoir avec vos femmes et vos enfans. Les Dieux immortels qui, tant de fois ont reçu des marques de votre reconnoissance, n'en reçurent jamais de mieux méritées. Vous avez été préservés de la mort la plus cruelle et la plus déplorable : mais préservés sans coup férir, sans armée, sans une goutte de sang répandue, sans endosser (1) la cuirasse, et

24 *Etenim recordamini , Quirites , omnes civiles dissensiones , neque solùm eas , quas audistis , sed et has , quas vosmetipsi meministis , et vidistis. L. Sylla P. Sulpicium oppressit : ex urbe ejecit C. Marium , custodem hujus urbis : multosque fortes viros partim ejecit ex civitate , partim interemit. Cn. Octavius , consul , armis ex urbe collegam suum expulit : omnis hic locus acervis corporum , et civium sanguine redundavit. Superavit postea Cinna cum Mario : tum verò , clarissimis viris interfectis , lumina civitatis extincta sunt. Ultus est hujus victoriæ crudelitatem postea Sylla : ne dici quidem opus est , quantâ diminutione civium, et quantâ calamitate reipublicæ. Dissensit M. Lepidus à clarissimo et fortissimo viro Q. Catulo : attulit non tam ipsius interitus reipublicæ luctum , quàm cæterorum.*

25 *Atque illæ dissensiones erant hujusmodi , Quirites , quæ non ad delendam , sed ad commutandam rempublicam pertinerent. Non illi nullam esse rempublicam , sed in ea , quæ esset , se esse principes : neque hanc urbem conflagrare , sed se in hac urbe florere voluerunt. Atque*

---

(1) Le collègue de Cn. Octavius étoit L. Cornélius Cinna , en 667. Voyez Appien , *de Bello Civ.* liv. 1.

sans avoir d'autre Général que moi, qui n'ai pas quitté ma robe.

24. Souvenez-vous de vos anciennes guerres civiles, et de celles qui ont été avant vous, et de celles que vous-mêmes vous avez vues. Sylla fit périt Sulpicius ; il chassa de cette ville Marius, qui en avoit été le défenseur ; et par ses ordres quantité d'hommes vertueux furent les uns massacrés, les autres bannis. Octavius, les armes à la main, força le Consul (1) son collègue à sortir de Rome : et alors cette même place où je parle, fut arrosée de son sang, et jonchée de morts. Cinna reprit le dessus avec Marius, et il en coûta la vie à ce que nous avions de plus illustres personnages. Sylla ensuite vengea cette cruauté : mais à quoi bon dire que ce fut par des cruautés encore plus grandes ? Lépidus, dans le démêlé qu'il eut avec Catulus, non-seulement se perdit lui-même, mais en perdit bien d'autres, qui étoient plus dignes de regret.

25. Or, ces dissensions alloient toutes, non pas à détruire, mais seulement à changer notre gouvernement. Ceux qui les causoient ne souhaitoient pas que la République n'existât plus, mais seulement de s'y voir les maîtres. Ils ne vouloient pas brûler Rome, mais y dominer. Et cependant dans toutes ces guerres, quoique commencées pour des sujets moins considérables que celle-ci, n'ont pu se terminer qu'à la pointe de

illæ tamen omnes dissensiones, quarum nulla exitium reipublicæ quæsivit, ejusmodi fuerunt, ut non reconciliatione concordiæ, sed internecrione civium dijudicatæ sint. In hoc autem uno post hominum memoriam maximo, crudelissimoque bello, quale bellum nulla umquam barbaria cum sua gente gessit, quo in bello lex hæc fuit à Lentulo, Catilina, Cassio, Cethego constituta, ut omnes, qui salvâ urbe salvi esse possent, in hostium numero ducerentur, ita me gessi, Quirites, ut omnes salvi conservaremini : et, cùm hostes vestri tantum civium superfuturum putassent, quantum infinitæ cædi restitisset ; tantum autem urbis, quantum flamma obire non potuisset : et urbem, et cives integros incolumesque servavi.

XI. Quibus pro tantis rebus, Quirites, nullum ego à vobis præmium virtutis, nullum insigne honoris, nullum monumentum laudis postulo, præterquam hujus diei memoriam sempiternam. In animis ego vestris omnes triumphos meos, omnia ornamenta honoris, monumenta gloriæ, laudis insignia, condi et collocari volo. Nihil me mutum potest delectare, nihil tacitum, nihil denique hujusmodi, quod etiam minùs digni assequi possint. Memoriâ vestrâ, Quirites, nostræ res alentur, sermonibus crescent, litterarum monumentis inveterascent, et corroborabuntur : eamdemque diem intelligo, quam spero æternam fore, et ad salutem urbis,

l'épée. Au lieu que dans celle-ci, la plus cruelle et la plus envenimée qui fût jamais ; dans celle-ci, telle que jamais les barbares n'en imaginèrent une semblable entre eux ; dans celle-ci, où Lentulus, Catilina, Cassius, Céthégus s'étoient fait une loi d'avoir pour ennemi quiconque voudroit se conserver avec la patrie ; dans celle-ci enfin, où *l'on aspiroit à ne laisser* de tous nos citoyens, que ce qui pourroit se dérober à un massacre général ; ni de tout Rome, que ce qui pourroit échapper à un incendie universel ; je me suis tellement conduit, *ROMAINS, que j'ai entièrement sauvé,* et les citoyens, et la ville.

XI. Pour toute récompense, l'unique grâce que je vous demande, c'est que vous conserviez un éternel souvenir de cette journée. Voilà le seul monument que je vous prie d'ériger à ma gloire. Insensible à toutes ces statues muettes, et à toutes ces marques d'honneur, qui peuvent quelquefois n'être pas des marques de mérite, je veux que vos cœurs éternisent mes triomphes, qu'ils en soient les dépositaires. Oui, votre souvenir fera valoir mes actions, vos discours en réhausseront l'éclat, vos annales les feront passer de siècle en siècle. Une même journée donnera l'immortalité,

et ad memoriam consulatûs mei , propagatam :
unoque tempore in hac republica duos cives
extitisse , quorum alter fines vestri imperii ,
non terræ , sed cæli regionibus terminaret ; alter
ejusdem imperii domicilium , sedemque servaret.

XII. *Sed quoniam earum rerum , quas ego
gessi , non est eadem fortuna atque conditio , quæ
illorum , qui externa bella gesserunt : quòd
mihi vivendum sit cum illis , quos vici ac subegi ;
isti hostes aut interfectos , aut oppressos reliquerunt : vestrum est , Quirites , si cæteris tecta
sua facta prosunt , mihi meæ ne quando obsint ,
providere. Mentes enim hominum audacissimo-
rum sceleratæ ac nefariæ ne vobis nocere possent , ego providi : ne mihi noceant , vestrum
est providere. Quamquam , Quirites , mihi quidem ipsi nihil jam ab istis noceri potest. Magnum enim est in bonis præsidium , quod mihi
in perpetuum comparatum est : magna in
republica dignitas , quæ me semper tacita de-
fendet : magna vis est conscientiæ , quam qui
negligent , cùm me violare volent , se ipsi indi-
cabunt.*

---

(1) Pompée. Voyez son éloge dans l'admirable Oraison
pro lege Manilia.

et à la République, et à mon Consulat.
On n'oubliera jamais qu'en même-temps
ont vécu deux citoyens Romains ; dont
l'un (1) a porté les confins de votre Empire jusqu'où le soleil borne son cours ;
et dont l'autre a sauvé la capitale et le
siège même de cet Empire.

XII. Mais *entre la guerre intestine que
je viens de terminer, et les guerres étrangères dont vos Généraux se chargent, il
y a cette différence, que pour eux, après
la victoire, ils laissent des ennemis, ou
morts, ou hors d'état de les troubler :* et
que pour moi, j'aurai à passer toute
ma vie avec ceux que j'ai vaincus. Ainsi,
R O M A I N S , faites en sorte que si les
bonnes actions des autres leur sont avan-
tageuses, les miennes du moins ne me
nuisent pas tôt ou tard. J'ai empêché que
des scélérats ne *vous* fissent éprouver leur
fureur : c'est à vous à empêcher qu'ils ne
la tournent contre moi. Par où cependant
pourroient-ils jamais me nuire? Car l'amitié
des gens de bien est un asile inviolable
qui me sera toujours ouvert. J'aurai toujours un appui sûr dans le respect que l'on
porte à la République. Telle est la force
de la conscience, que ceux qui voudront
oublier ce qu'ils me doivent, ne le pour-
ront qu'en se trahissant eux-mêmes.

28. *Et etiam in nobis is animus, Quirites, ut non modò nullius audaciæ cedamus, sed etiam omnes improbos ultro semper lacessamus. Quòd si omnes impetus domesticorum hostium depulsi à vobis, si in me unum converterint, vobis erit providendum, Quirites, quâ conditione posthac eos esse velitis, qui se pro salute vestra obtulerint invidiæ, periculisque omnibus. Mihi quidem ipsi quid est, quod jam ad vitæ fructum possit acquiri, præsertim cùm neque in honore vestro, neque in gloria virtutis, quidquam videam altiùs, quò quidem mihi libeat ascendere?*

29. *Illud perficiam profectò, Quirites, ut ea, quæ gessi in consulatu, privatus tuear, atque ornem: ut, si qua est invidia in conservanda republica suscepta, lædat invidos, mihi valeat ad gloriam. Denique ita me in republica tractabo, ut meminerim semper quæ gesserim, curemque ut ea virtute, non casu, gesta esse videantur. Vos, Quirites, quoniam*

---

(1) Il n'y avoit que la Dictature au-dessus du Consulat: mais n'y ayant de Dictateur que dans un temps de trouble, Cicéron, en bon citoyen, n'aspire point à cette dignité.

Pour lire avec fruit, il faut toujours à la fin d'une Harangue, en faire la récapitulation. Cicéron et Démosthène sont aussi méthodiques, mais cachent plus leur art que nos Orateurs d'aujourd'hui. Une division bien marquée, bien suivie, est bonne dans le genre didactique ou instructif. Hors de là il est rare qu'elle ne rende pas un discours froid, et incapable de produire ces grands

28. Je me sens, d'ailleurs, un courage, qui, loin de succomber aux menaces des criminels, se réveillera toujours à la vue du crime. Mais enfin, si jamais il arrive que les ennemis domestiques, dont je vous ai préservés, réunissent leurs efforts contre moi seul, ce sera pour lors à vous, ROMAINS, de montrer à quoi doivent s'attendre ceux que leur zèle pour votre salut engagera désormais à s'exposer comme j'ai fait. Quant à ce qui me regarde, aujourd'hui qu'il ne m'est, ni possible d'ajouter à ma gloire, ni permis d'ambitionner (1) *de plus grands honneurs, quelle utilité me promettrois-je d'une plus longue vie ?*

29. Il ne me reste qu'à avoir, dans une condition privée, une conduite qui réponde à ce que j'ai fait dans mon Consulat : afin que la haine injuste qui pourroit me persécuter, *donne encore du lustre à mes actions, et ne fasse tort qu'à mes ennemis.* Je ne me démentirai point ; et l'on jugera que la manière dont je viens de me gouverner, n'a pas été l'ouvrage du hasard. Allez, car le jour finit ; allez, ROMAINS, témoigner votre reconnoissance

---

mouvemens, qui demandent que l'Auditeur ne soit point averti de la route par où l'on se propose de le mener. Mais ceci soit dit en passant, et pour ceux qui connoissent l'art.

jam nox est, veneramini illum Jovem, custodem hujus urbis, ac vestrum, atque in vestra tecta discedite : et ea, quamquam jam periculum est depulsum, tamen æquè ac priori nocte, custodiis, vigiliisque defendite. Id ne vobis diutiùs faciendum sit, atque ut in perpetua pace esse possitis, providebo.

à Jupiter votre protecteur. Retirez-vous ensuite dans vos maisons ; et quoique le danger soit passé , ayez soin pourtant qu'elles soient gardées , comme la nuit précédente. Je ferai en sorte que vous ne soyez pas dans cet embarras plus long-temps , et que vous puissiez jouir d'une éternelle paix.

IN

L. CATILINAM.

ORATIO IV.

─────

I. *V*IDEO , Patres conscripti , in me omnium vestrûm ora atque oculos esse conversos. Video vos non solùm de vestro ac reipublicæ, verùm etiam , si id depulsum sit , de meo periculo esse sollicitos. Est mihi jucunda in malis, et grata in dolore , vestra erga me voluntas : sed eam , per deos immortales ! quæso , deponite , atque obliti salutis meæ , de vobis ac de liberis vestris cogitate. Mihi quidem si hæc conditio consulatûs data est , ut omnes acerbitates, omnes dolores , cruciatusque perferrem , feram non solùm fortiter , sed etiam libenter , dummodo meïs laboribus , vobis populoque Romano dignitas , salusque pariatur.

QUATRIÈME
CATILINAIRE,

PRONONCÉE

Devant le Sénat, le 5 décembre 690.

I. **J**E vois, **Pères Conscrits**, tous vos regards attachés sur moi. *Je vois que non-seulement vous êtes occupés du péril qui vous menace, vous et l'Etat; mais que, l'Etat fût-il en sûreté, vous seriez inquiet sur ce qui me touche personnellement.* Au milieu des maux qui m'environnent, il m'est bien doux et bien consolant que vous daigniez y prendre part. Mais, je vous en conjure au nom des Dieux immortels, oubliez mes intérêts propres, et ne songez qu'à vous et à vos enfans. Pour moi, si la destinée de mon Consulat est telle que j'y doive éprouver toute sorte d'amertumes et de souffrances, non-seulement je les supporterai avec fermeté, mais encore avec joie, pourvu que la gloire de la République, et le salut du peuple Romain soient le prix de mes travaux.

2. *Ego sum ille consul, P. C., cui non forum, in quo omnis æquitas continetur : non campus, consularibus auspiciis consecratus; non curia, summum auxilium omnium gentium; non domus, commune perfugium; non lectus, ad quietem datus : non denique hæc sedes honoris, sella curulis, unquam vacua mortis periculo, atque insidiis fuit. Ego multa tacui, multa pertuli, multa concessi, multa meo quodam dolore, in vestro timore, sanavi. Nunc, si hunc exitum consulatûs mei dii immortales esse voluerunt, ut vos, P. C., populumque Romanum ex cæde misera; conjuges, liberosque vestros, virginesque Vestales, ex acerbissima vexatione; templa atque delubra, hanc pulcherrimam patriam omnium nostrûm ex fœdissima flamma; totam Italiam ex bello et vastitate eriperem : quæcumque mihi uni proponetur fortuna, subeatur. Etenim, si P. Lentulus*

_____

(1) M. le P. Bouhier, dans ses Remarques sur le texte latin, explique ceci parfaitement. Sous le Consulat, dit-il, de Cicéron et d'Antoine, le Sénat leur avoit destiné, après leur année, deux Provinces à gouverner; la Macédoine et la Gaule Cisalpine. Le sort ayant donné la première à Cicéron, Antoine en eut beaucoup de chagrin. Car étant accablé de dettes, il avoit envisagé cette riche Province, comme une ressource pour les acquitter. Cicéron qui comprit combien il étoit important de le détacher de Catilina, avec lequel il avoit des liaisons étroites, sacrifiant généreusement ses intérêts à ceux de la République, céda la Macédoine à son Collègue, à condition qu'il abandonneroit Catilina. Mais ce sacrifice qui sauva la République, n'ayant pas laissé de faire de la peine à Cicéron, lui donne lieu de dire ici en mots

2 Rien ne m'a pu mettre, pour un moment, à l'abri des plus affreux périls, ni le Barreau, quoique le centre de l'équité ; ni le champ de Mars, quoique consacré par les auspices des Consuls ; ni le Sénat, quoique le refuge de toutes les Nations ; ni ma propre maison, quoique tout homme regarde sa maison comme un asile : ni mon lit même, quoique ce lit soit destiné au repos ; ni ce siège, enfin, ce siège respectable, où j'ai l'honneur d'être assis. J'ai beaucoup dissimulé, beaucoup toléré, beaucoup (1) cédé ; et le tout pour apporter du remède à vos maux, sans prendre garde à ce qu'il m'en coûtoit. Que les Dieux, si la fin (2) de mon consulat devoit être marquée par la gloire d'avoir préservé du feu, de la guerre, de tous les outrages possibles, le peuple Romain, vos femmes, vos enfans, les Vestales, les temples, les autels, notre florissante patrie ; l'Italie entière ; qu'à ce prix les Dieux ordonnent de moi en particulier ce qu'ils voudront ; j'y souscris. Et puisque (3) Lentulus s'est imaginé, sur la foi de quelques divins, que son

---

couverts, de peur d'offenser Antoine, ce qu'il dit clairement dans son Oraison contre Pison, chap. 2. *Ego Antonium Collegam, cupidum Provinciœ, multa in Republica mollientem, patientiâ, atque obsequio meo mitigavi.*

(2) Elle tomboit au premier de Janvier.

(3) Voyez ci-dessus.

suum nomen, inductus à vatibus, fatale ad perniciem reipublicæ fore putavit : cur ego non læter meum consulatum ad salutem reipublicæ propè fatalem extitisse ?

II. Quare, P. C., consulite vobis, prospicite patriæ, conservate vos, conjuges, liberos, fortunasque vestras, populi Romani nomen salutemque defendite : mihi parcere, ac de me cogitare desinite. Nam primùm debeo sperare, omnes deos, qui huic urbi præsident, pro eo mihi, ac mereor, relaturos gratiam esse. Deinde, si quid obtigerit, æquo animo, paratoque moriar. Neque enim turpis mors forti viro potest accidere, neque immatura consulari, nec misera sapienti. Nec tamen ego sum ille ferreus, qui fratris carissimi, atque amantissimi præsentis mœrore non movear, horumque omnium lacrymis, à quibus me circumsessum videtis. Neque meam mentem non domum sæpe revocat exanimata uxor, abjecta metu filia, et parvulus filius, quem mihi videtur amplecti respublica tamquam obsidem consulatûs mei : neque ille, qui expectans hujus exitum diei, adstat in conspectu meo gener. Moveor his rebus omnibus, sed in eam partem, ut salvi sint vobiscum omnes, etiam si vis aliqua me

(1) C'est-à-dire, comme un gage de sa fidélité à remplir les devoirs d'un Consul. Alors son fils dont la naissance est rapportée dans la première de ses lettres à Atticus, étoit encore au berceau.

nom, par je ne sais quelle facilité, annonçoit votre perte ; ne dois-je pas me réjouir qu'un destin contraire m'ait mis en place pour assurer votre salut ?

II. Pensez donc à vous et à la patrie : conservez vos personnes, vos femmes, vos enfans, vos biens : défendez l'honneur, la vie du peuple Romain : et cessez, PÈRES CONSCRITS, *de vous alarmer pour moi.* Je dois espérer que les Dieux, qui protègent Rome, voudront bien avoir égard à mes services. Mais si la mort se présente à moi, elle me trouvera disposé à la recevoir. *Jamais la mort ne sauroit être,* ni honteuse pour qui a de la fermeté, ni prématurée pour qui a été honoré du Consulat, ni fâcheuse pour un homme sage. Je ne pousse pas cependant la dureté jusqu'à n'être pas ému de la douleur, dont est pénétré à mes yeux un frère qui m'est cher, et à qui je le suis. J'ai peine à soutenir les larmes que je vois répandre autour de moi. Je rentre dans le sein de ma famille, où je trouve une femme consternée, une fille saisie de frayeur, un fils d'un âge encore si tendre, dans qui Rome croit avoir comme un ôtage (1) de mon Consulat. Je vois ici mon gendre, qui attend, non sans une mortelle inquiétude, l'issue de cette journée. Tous ces objets, il faut que je l'avoue, font impression sur moi. Mais ce qu'opère ma sensibilité, c'est

oppresserit potiùs, quàm et illi, et nos unâ cum republica pereamus.

4. *Quare, P. C., incumbite ad reipublicæ salutem : circumspicite omnes procellas, quæ impendent, nisi providetis. Non Tib. Gracchus, qui iterum tribunus plebis fieri voluit ; non C. Gracchus, agrarios concitare conatus est ; non L. Saturninus, qui C. Memmium occidit, in discrimen aliquod, atque in vestræ severitatis judicium adducitur. Tenentur ii, qui ad urbis incendium, ad vestram omnium cædem, ad Catilinam accipiendum, Romæ restiterunt. Tenentur litteræ, signa, manus, denique uniuscujusque confessio. Sollicitantur Allobroges : servitia excitantur : Catilina arcessitur : id est initum consilium, ut, interfectis omnibus, nemo ad deplorandum quidem reipublicæ nomen, atque ad lamentandam tanti imperii calamitatem relinquatur.*

III. *Hæc omnia indices detulerunt, rei confessi sunt, vos multis jam judiciis judicastis. Primùm, quòd mihi gratias egistis singularibus verbis ; et mea virtute atque diligentia,*

---

(1) Voyez Appien, *de Bello Civ.* liv. 1.

que j'aime mieux sauver au prix de mon
sang , et la République et ma famille ,
que de les voir englouties avec moi l'une
et l'autre dans le même précipice.

4. Ainsi songez, PÈRES CONSCRITS, aux
intérêts de la République, et voyez quelles
tempêtes foudront sur elle , si vous ne les
détournez. Il s'agit ici de prononcer sur
la peine *due*, non pas à ce Gracchus ,
qui brigua une seconde fois la charge de
Tribun du Peuple ; non pas à cet autre
Gracchus , qui , au sujet des terres dont
il demandoit un nouveau partage, excita
une sédition ; non pas à Saturninus , par
l'ordre de qui Memmius (1) fut assassiné ,
mais à des gens qui se tenoient dans Rome
pour y mettre le feu , pour vous y égorger
tous, pour y recevoir Catilina. On a leurs
lettres , leurs cachets , leur écriture , leur
aveu. Ils soulèvent les Allobroges , ils su-
bornent les esclaves , *ils appellent* Catilina.
Ils méditent un tel carnage , qu'il ne puisse
rester personne pour déplorer l'extinction
du nom Romain, et la chute d'un si grand
Empire.

III. Voilà ce que les dénonciateurs ont
rapporté. Voilà ce que les coupables ont
reconnu. Voilà ce que déjà vous-même, vous
avez jugé ; soit en me remerciant, et dans
les termes les plus honorables, d'avoir, par
ma vigilance, par l'assiduité de mes soins,
manifesté cette affreuse conjuration ; soit

perditorum hominum patefactam esse conjura-
tionem decrevistis. Deinde quòd P. Lentulum ,
ut se abdicaret præturâ , coëgistis : tum quòd
eum , et. cæteros , de quibus judicastis , in
custodiam dandos censuistis : maximèque quòd
meo nomine supplicationem decrevistis, qui honos
togato habitus ante me est nemini. Postremò ,
hesterno die præmia legatis Allobrogum, Ti-
toque Vulturcio dedistis amplissima. Quæ sunt
omnia ejusmodi , ut ii , qui in custodiam no-
minatim dati sunt , sine ulla dubitatione à
vobis damnati esse videantur.

6. *Sed ego institui referre ad vos , P. C.*
tamquam integrum , et de facto , quid judi-
cetis ; et de pœna , quid censeatis. Illa præ-
dicam , quæ sunt consulis. Ego magnum in
republica versati furorem , et nova quædam
misceri, et concitari mala jampridem videbam :
sed hanc tantam , tam exitiosam haberi con-
jurationem à civibus , numquam putavi. Nunc ,
quidquid est , quocumque vestræ se mentes in-
clinant , atque sententiæ , statuendum vobis
ante noctem est. Quantum facinus ad vos de-
latum sit , videtis. Huic si paucos putatis af-
fines esse , vehementer erratis. Latiùs opinione
disseminatum est hoc malum : manavit non
solùm per Italiam , verùm etiam transcendit
Alpes, et obscurè serpens , multas jam pro-
vincias occupavit. Id opprimi sustentando , ac
prolatando , nullo pacto potest. Quacumque
ratione placet, celeriter vobis vindicandum est.

en donnant ordre à Lentulus d'abdiquer
la Préture : soit en l'arrêtant prisonnier,
de même que ses complices : soit en faisant
rendre grâces pour moi aux Dieux immortels, honneur qui n'avoit été fait avant
moi, qu'à des Guerriers : enfin, soit en
décernant hier aux envoyés des Allobroges,
et à Vulturcius, de très-grandes récom-
penses. Par là, sans doute, vous avez bien
fait voir que la condamnation de ceux qui
sont arrêtés nommément, étoit déjà toute
décidée.

6. Mais je vais, PÈRES CONSCRITS, vous
exposer cette affaire tout de nouveau, et
reprendre vos avis sur la punition des coupables, après que j'aurai dit là-dessus ce que
je dois en qualité de Consul. Je voyois depuis long-temps, à la vérité, qu'il se préparoit des mouvemens parmi nous, et que la
fureur s'emparoit de certains esprits : mais
je n'avois pu me figurer que des citoyens
fussent capables d'aller si loin. Présentement,
de quelque côté que vous penchiez, il faut
se déterminer avant la nuit. Vous concevez
l'énormité du crime : détrompez-vous, si
vous y croyez peu de personnes impliquées.
On ne s'imagine pas jusqu'où la contagion
s'est répandue : elle n'a pas seulement in-
fecté l'Italie, elle a passé les Alpes, et
s'est sourdement glissée dans plusieurs de
nos provinces. Vous n'en arrêterez pas le
cours en différant, en temporisant. Quel-

IV. *Video duas adhuc esse sententias : unam*
D. Silani, qui censet eos , qui hæc delere
conati sunt , morte esse multandos : alteram
C. Cæsaris, qui mortis pœnam removet, cæte-
rorum suppliciorum omnes acerbitates amplec-
titur. Uterque, et pro sua dignitate , et pro
rerum magnitudine in summa severitate , ver-
satur. Alter eos , qui nos omnes , qui populum
Romanum vitâ privare conati sunt , qui delere
imperium , qui populi Romani nomen extin-
guere , punctum temporis frui vitâ , et hoc
communi spiritu, non putat oportere : atque
hoc genus pœnæ sæpe in improbos cives in
hac republica esse usurpatum recordatur. Alter
intelligit, mortem à diis immortalibus non esse
supplicii causâ constitutam : sed aut necessi-
tatem naturæ , aut laborum ac miseriarum
quietem esse. Itaque eam sapientes nunquam
inviti, fortes etiam sæpe libenter oppetiverunt.
Vincula verò, et ea sempiterna , certè ad sin-
gularem pœnam nefarii sceleris inventa sunt ;
iraque municipiis dispertiri jubet. Habere videtur
ista res iniquitatem , si imperare velis : difficul-
tatem, si rogare. Decernatur tamen, si placet.
Ego enim suscipiam , et , ut spero, reperiam,

---

(1) Silanus avoit opiné le premier, parce qu'il étoit
consul désigné. On peut voir Aulu-Gelle, liv. IV, ch. 10,
sur l'ordre qui s'observoit dans le Sénat Romain.

que

que parti que vous preniez, il doit être prompt.

IV. Or les deux opinions, qui jusqu'ici partagent le Sénat, sont celle de Silanus, qui condamne les coupables à perdre la vie; et celle de César, qui, excepté la mort, les condamne à toute autre peine. *Ils ont l'un et l'autre opiné, comme il convient à des personnes de leur rang, et avec toute la sévérité requise en pareil cas.* Pour (1) le premier, lorsqu'il ne juge pas qu'on doive laisser un moment de vie à des scélerats, qui ont voulu ensevelir le *nom Romain, anéantir notre Empire;* c'est qu'en effet il voit que souvent nos pères ont employé ce genre de peine contre de méchans citoyens. Quant au second, il est persuadé que de soi la mort n'est point une peine imposée aux hommes par les Dieux immortels; que c'est plutôt ou une indispensable loi de la nature, ou la fin de nos travaux et de nos misères; que par cette raison elle a toujours été soufferte tranquillement par les sages, souvent même avec joie par des ames courageuses : mais que certainement une prison et une prison perpétuelle, est une peine inventée exprès pour punir les grands crimes. Il faut, conclut de-là César, tenir nos coupables en prison, et les disperser dans les villes municipales. Mais de commander que ces villes s'en chargent, il me paroît que cela est dur;

qui id, quòd salutis omnium causâ statueritis, non putet esse suæ dignitatis recusare.

8. *Adjungit gravem pœnam municipibus, si quis eorum vincula ruperit : horribiles custodias circumdat, et digna scelere hominum perditorum sancit, ne quis eorum pœnam, quos condemnat, aut per senatum, aut per populum levare possit. Eripit etiam spem, quæ sola hominem in miseriis consolari solet. Bona prætereà publicari jubet : vitam solam relinquit nefariis hominibus : quam si eripuisset, multas uno dolore, animi atque corporis, et omnes scelerum pœnas ademisset. Itaque ut aliqua in vita formido improbis esset posita, apud inferos ejusmodi quædam illi antiqui supplicia impiis constituta esse voluerunt : quòd videlicet intelligebant, his remotis non esse mortem ipsam pertimescendam.*

V. *Nunc*, P. C., *ego meâ video quid intersit. Si eritis secuti sententiam C. Cæsaris : quoniam hanc is in republica viam, quæ popularis habetur, secutus est, fortasse minùs erunt, hoc auctore et cognitore hujusce sententiæ, mihi*

et si l'on ne fait que les en prier, elles
s'y rendront difficilement. Ordonnez pourtant ce qu'il vous plaira. Je m'y confor-
merai, et je trouverai, du moins je l'espère, des gens qui tiendront à honneur
d'exécuter ce que vous aurez cru nécessaire pour le salut public.

8. César ajoute que chaque ville répondra,
sous de grièves peines, des prisonniers à
elle confiés : il les condamne à une cap-
tivité horrible : il veut, et c'étoit une précaution à prendre contre de si grands criminels, que jamais on ne puisse demander
leur grâce, *ni au Sénat, ni au Peuple* :
il leur ravit jusqu'à l'espérance, seule con-
solation des misérables : il ordonne la confiscation de leurs biens : il ne leur laisse
que la vie. Sans doute, de peur qu'en la
leur ôtant, ce ne fût mettre fin par un
tourment seul, à tous leurs maux, et
d'esprit et de corps. Aussi nos anciens,
pour effrayer les méchans, ont-ils enseigné
que dans les enfers il se retrouve d'autres
tourmens : et cela parce qu'ils comprenoient
que pour qui n'auroit pas ces autres supplices à craindre, la mort toute seule ne
seroit pas un objet de terreur.

V. A ne consulter que mon intérêt particulier, je dois souhaiter, PÈRES CONS-
CRITS, que vous suiviez l'opinion de César,
parce que César étant de ceux que l'on
croit portés pour le peuple, j'aurai peut-

populares impetus pertimescendi. Sin illam alteram : nescio, an amplius mihi negotii contrahatur. Sed tamen meorum periculorum rationes utilitas reipublicæ vincat. Habemus enim à C. Cæsare, sicut ipsius dignitas, et majorum ejus amplitudo postulabat, sententiam, tanquam obsidem perpetuæ in rempublicam voluntatis. Intellectum est, quid intersit inter lenitatem concionatorum, et animum verè popularem, saluti populi consulentem.

10. *Video de istis, qui populares haberi volunt, abesse non neminem, ne de capite videlicet civium Romanorum sententiam ferat. Is et nudius tertius in custodiam cives Romanos dedit, et supplicationem mihi decrevit, et indices hesterno die maximis præmiis affecit. Jam hoc nemini dubium est, qui reo custodiam, quæsitori gratulationem, indici præmium decrevit, quid de tota re et causa judicarit. At verò C. Cæsar intelligit, legem Semproniam esse de civibus Romanis constitutam : qui autem reipublicæ sit hostis, eum civem esse nullo modo posse : denique ipsum latorem legis Semproniæ, jussu populi pœnas reipublicæ dependisse. Idem etiam ipsum Lentulum largitorem, et prodigum, non putat, cùm de pernicie populi Romani, exitio hujus urbis, tam acerbè,*

être moins de contradictions à craindre,
quand je proposerai un avis, dont on saura
qu'il est l'auteur. Je ne sais si l'avis contraire ne me jette pas dans de plus grands
embarras. Quoi qu'il en soit, le bien public
doit l'emporter sur mon intérêt personnel.
Au reste, l'opinion de César est digne certainement d'un citoyen tel que lui, dans
qui se réunissent le mérite et la naissance :
c'est un gage qu'il donne à la République,
de son éternel attachement : par-là nous
avons vu quelle différence il y avoit entre
un flatteur de la multitude, et un homme
vraiment populaire, vraiment ami du bien
public.

10. Mais parmi ceux qui veulent passer
pour populaires, je m'aperçois qu'il nous
en manque ici un, qui s'est absenté, sans
doute, pour ne point se trouver dans
l'occasion de condamner des citoyens Romains à la mort. Avant-hier, cependant,
son avis fut qu'on devoit les mettre en prison,
et rendre en mon honneur de solennelles
actions de grâces aux Dieux. Hier encore
il demanda que les dénonciateurs fussent
magnifiquement récompensés. Or c'est assez
faire entendre comment il pense sur ce sujet.
Pour César, il sait très-bien que la loi Sem-
pronia est faite en faveur des citoyens Romains, mais que tout homme qui se déclare
contre la patrie, perd absolument la qualité
de citoyen ; et qu'enfin cette loi n'eut pas

tamque crudeliter cogitarit , appellari posse popularem. Itaque homo mitissimus , atque lenissimus , non dubitat , P. Lentulum æternis tenebris vinculisque mandare , et sancit in posterum , ne quis hujus supplicio levando se jactare , et in pernicie populi Romani posthac popularis esse possit. Adjungit etiam publicationem bonorum , ut omnes animi cruciatus , et corporis , etiam egestas ac mendicitas consequatur.

VI. Quamobrem sive hoc statueritis : dederitis mihi comitem ad concionem, populo Romano carum atque jucundum. Sive Silani sententiam sequi malueritis : facilè me , atque vos à crudelitatis vituperatione defendetis ; atque obtinebo, eam multò leviorem fuisse. Quamquam, P. C., quæ potest esse in tanti sceleris immanitate puniendâ crudelitas ? Ego enim de meo sensu judico. Nam ita mihi salvâ republicâ vobiscum perfrui liceat , ut ego, quòd in hac causa vehementior sum , non atrocitate animi moveor, (quis enim est me mitior ?) sed singulari quadam humanitate, et misericordiâ. Videor enim hanc mihi urbem videre, lucem orbis terrarum , atque arcem omnium gentium , subitò uno incendio concidentem : cerno animo sepulta in patria miseros atque insepultos acervos civium : versatur mihi ante

lieu à l'égard même de son auteur. Il ne croit pas non plus qu'on puisse, sur des largesses outrées, et sur de folles profusions, regarder Lentulus comme ami du peuple, tandis qu'on lui voit de si horribles desseins contre l'Etat. Ainsi, quoique très-humain et très-doux il ne laisse pas de le condamner à finir ses jours dans une obscure prison : il défend que jamais, dans la vue de plaire au peuple, on propose d'adoucir ses peines : et afin que la pauvreté mette le comble à sa misère, il ordonne la confiscation de ses biens.

VI. *Que vous embrassiez donc l'opinion de César*, je me verrai accompagné d'un homme cher au peuple Romain, et qui m'en fera plus volontiers écouter. Que vous suiviez au contraire le sentiment de Silanus, il me sera aisé de faire voir que c'est au fond le parti le plus doux, et qu'en cela ni vous ni moi ne sommes trop sévères. Mais quel excès de sévérité à craindre, dans le cas d'un crime si énorme ? J'en juge par l'impression qu'il fait sur moi. Car enfin, si je fais ici paroître un peu de chaleur, je proteste que ce qui m'anime, c'est un pur mouvement de pitié. Peut-on être plus porté que je le suis à la douceur ? Mais je me représente cette superbe ville, l'ornement de l'univers, et l'appui de toutes les nations, en proie à un subit embrasement. Je m'imagine voir dans toutes nos rues de tas de citoyens

oculos aspectus Cethegi , et furor , in vestra cæde bacchantis.

12. *Cùm verò mihi proposui regnantem Lentulum , sicut ipse se ex fatis sperasse confessus est ; purpuratum esse hunc Gabinium ; cum exercitu venisse Catilinam ; tum lamentationem matrumfamiliâs , tum fugam virginum atque puerorum , ac vexationem virginum Vestalium , perhorresco : et , quia mihi vehementer ac videntur misera atque miseranda , idcirco in eos , qui ea perficere voluerunt me severum vehementemque præbeo. Etenim quæro , si quis paterfamiliâs , liberis suis à servo interfectis , uxore occisa , incensa domo , supplicium de servo non quàm acerbissimum sumpserit : utrùm is clemens , ac misericors , an inhumanissimus et crudelissimus esse videatur ? Mihi verò importunus ac ferreus , qui non dolore ac cruciatu nocentis , suum dolorem cruciatumque lenierit. Sic nos in his hominibus , qui nos , qui conjuges , qui liberos nostros trucidare voluerunt : qui singulasque uniuscujus nostrûm domos , et hoc universum reipublicæ domicilium delere conati sunt : qui id egerunt , ut gentem Allobrogum in vestigiis hujus urbis , atque in cinere deflagrati imperii collocarent : si vehementissimi fuerimus , misericordes habebimur : sin remissiores esse voluerimus , summæ nobis crudelitatis in patriæ , civiumque pernicie fama subeunda est.*

massacrés, et sans sépulture. Je me mets devant les yeux un Céthégus, dont la fureur se baigne dans votre sang.

12. Je me figure Lentulus le sceptre à la main, selon la destinée dont il se vantoit; Gabinius honoré de la pourpre; Catilina entrant dans Rome à la tête d'une armée; les mères poussant des cris lamentables; les filles, les enfans prenant la fuite; les Vestales exposées à l'insolence du soldat. J'en frémis : et plus ces horreurs doivent exciter notre compassion, plus mon zèle s'allume contre des scélérats, qui ont prétendu nous *réduire à de si affreuses* extrémités. Quoi, si un esclave avoit brûlé la maison, et poignardé la femme et les enfans de son maître, diroit-on de son maître, lorsqu'il le punit avec la dernière rigueur, que *c'est le plus cruel de tous les hommes*; ou que *c'est un cœur sensible et plein de pitié?* Pour moi, je le croirois de bronze, *s'il ne cherchoit pas à noyer une partie de sa* douleur dans le sang de son esclave. A l'égard donc des scélérats qui ont voulu égorger, qui ont voulu massacrer nos femmes et nos enfans, mettre le feu à toutes nos maisons, détruire Rome de fond en comble, livrer cet Empire à des Allobroges, et les établir sur les ruines, sur les cendres de cette ville; la sévérité fera voir que nous sommes touchés de compassion; et il paroîtroit, si nous étions moins vifs sur ce point, qu'il y a de

8. *

13. *Nisi verò cuipiam L. Cæsar, vir fortissimus, et amantissimus reipublicæ, crudelior nudius tertius visus est, cùm sororis suæ, fœminæ electissimæ, virum præsentem, et audientem, vitâ privandum esse dixit : cùm avum jussu consulis interfectum, filiumque ejus impuberem, legatum à patre missum, in carcere necatum esse dixit. Quorum, quod simile factum ? quod initum delendæ reipublicæ consilium ? Largitionis voluntas tum in republica versata est, et partium quædam contentio. Atque illo tempore hujus avus Lentuli, clarissimus vir, armatus Gracchum est persecutus : ille etiam grave tum vulnus accepit, ne quid de summa dignitate reipublicæ minueretur. Hic ad evertenda fundamenta reipublicæ Gallos arcessivit, servitia concitavit, Catilinam evocavit, attribuit nos trucidandos Cethego, cæteros cives interficiendos Gabinio, urbem inflammandam Cassio, totam Italiam vastandam diripiendamque Catilinæ. Vereamini, censeo, ne in hoc scelere tam immani ac nefando nimis aliquid severè statuisse videamini ; cùm multò magis sit verendum, ne remissione pœnæ cru-*

_____

(1) L. Julius César. Ils est nommé dans mon texte. Mais je crains, si je le nommois, qu'un lecteur peu attentif, et qui n'a pas toujours la patience de lire une remarque au bas de la page, ne le confondît avec C. Julius César, dont il est souvent parlé dans le cours de cette harangue.

la cruauté à être si peu sensibles aux malheurs extrêmes de la Patrie.

13. Traiterons-nous de sanguinaire et d'inhumain le beau-frère (1) même de Lentulus, pour lui avoir dit en face avant-hier, qu'il méritoit de perdre la vie, et qu'autrefois, sur de moindres accusations, Fulvius son aïeul, et un des fils de Fulvius encore à *la fleur de l'âge*, n'avoient pu éviter le dernier supplice ? Tout le crime (2) de ce jeune homme étoit d'être venu par l'ordre exprès de son père, parler au Sénat : Fulvius , de quoi l'accusoit-on ? *D'avoir voulu, comme Lentulus,* sapper les fondemens de cet Empire ? Il ne s'agissoit que d'une dispute, où l'un des partis vouloit que l'on fît des largesses, l'autre s'y op-posoit. Alors l'illustre aïeul de Lentulus, ne pouvant souffrir que la République perdît de ses droits, poursuivit Gracchus les armes à la main, et reçut une dange-reuse blessure. Aujourd'hui pour la détruire cette même République, le petit-fils ap-pelle les Gaulois, excite les esclaves à la révolte, commande à Céthégus d'égorger les Sénateurs , charge Gabinius de faire main-basse sur tous les autres citoyens, ordonne à Cassius de brûler Rome, livre toute l'Italie à la fureur de Catilina, et

---

(2) Voyez Appien, *de Bello Civ.* liv. 1.

deles in patriam, quàm ne severitate animad-
versionis nimis vehementes in acerbissimos hostes
fuisse videamur.

VII. Sed ea quæ exaudio, P. C., dissimu-
lare non possum. Jactantur enim voces, quæ
perveniunt ad aures meas, eorum, vereri vi-
dentur, ut habeam satis præsidii ad ea, quæ
vos statueritis hodierno die, transigenda : Omnia
et provisa, et parata, et constituta sunt,
P. C., cùm meâ summâ carâ atque dili-
gentiâ; tum multo etiam majore populi Ro-
mani ad summum imperium retinendum, et
ad communes fortunas conservandas voluntate.
Omnes adsunt omnium ordinum homines, om-
nium denique ætatum : plenum est forum,
plena templa circa forum, pleni omnes aditus
hujus loci ac templi. Causa enim est post
urbem conditam hæc inventa sola, in qua omnes
sentirent unum atque idem, præter eos, qui
cùm sibi viderent esse pereundum, cum omnibus
potiùs, quàm soli, perire voluerunt. Hosce ego
homines excipio, et secerno libenter : neque enim
in improborum civium, sed in acerbissimorum
hostium numero habendos puto. Cæteri verò,
dii immortales ! quâ frequentiâ, quo studio,
quâ virtute ad communem dignitatem salutem-
que consentiunt ?

15. Quid ego hîc equites Romanos comme-
morem ? qui vobis ita summam ordinis consi-
liique concedunt, ut vobiscum de amore reipu-

vous craindrez, après un attentat si horrible, qu'on ne vous reproche trop de sévérité? Ah? bien plutôt craignez que moins de sévérité envers les coupables ne passe pour une cruauté envers la Patrie.

VII. Mais j'apprends qu'il se répand un bruit, dont je ne saurois me taire. On paroît avoir peur que je ne manque de force et de secours, lorsqu'il faudra exécuter ce que vous aurez conclu. Tout est déjà réglé, PÈRES CONSCRITS; j'ai pourvu à tout : et l'ardeur du peuple Romain à se défendre lui-même, et à sauver l'empire, passe encore mes soins et ma vigilance. Toutes les conditions, tous les âges se réunissent. On ne voit que citoyens assemblés, et sur la place, et dans les temples qui sont aux environs, et le long de toutes les avenues par où l'on peut aborder où nous sommes. C'est depuis que Rome est fondée, la seule affaire où l'on ait généralement été d'accord, si vous exceptez ceux que je regarde, non pas comme citoyens, mais comme ennemis; ces traîtres qui, près de périr, et ne voulant pas périr eux seuls, ont cherché à ensevelir leur Patrie avec eux. Pour tous les autres, quelle unanimité, quel courage, quelle émulation !

15. Parlerai-je des Chevaliers Romains? Ils ne vous disputent pas l'autorité; mais pour le zèle, ils ne voudroient pas vous céder.

blicæ certent ; quos ex multorum annorum dissensione ad hujus ordinis societatem concordiamque revocatos, hodiernus dies vobiscum, atque hæc causa conjungit : quam conjunctionem si in consulatu confirmatam meo, perpetuam in republica tenuerimus ; confirmo vobis, nullum posthac malum civile ac domesticum ad ullam reipublicæ partem esse venturum. Pari studio defendendæ reipublicæ convenisse video tribunos ærarios, fortissimos viros : scribas item universos : quos cùm casu hic dies ad ærarium frequentasset, video ab expectatione sortis ad communem salutem esse conversos. Omnis ingenuorum adest multitudo, etiam tenuissimorum. Quis est enim, cui non hæc templa aspectus urbis, possessio libertatis, lux denique hæc ipsa, et hoc commune patriæ solum, cùm sit carum, tum verò dulce atque jucundum ?

VIII. Operæ pretium est, P. C., libertinorum hominum studia cognoscere ; qui fortunâ suâ civitatis jus consecuti, hanc verè suam patriam esse judicant : quam quidam hinc nati, et summo nati loco, non patriam suam, sed urbem hostium esse judicaverunt. Sed quid ego hujusce ordinis homines commemorem, quos privatæ fortunæ, quos communis respublica, quos denique libertas ea, quæ dulcissima est,

---

(1) Il y a dans le latin, *ab expectatione sortis* : Mais cela demanderoit un éclaircissement peu nécessaire ici, et pour lequel je renvoie au Cicéron de M. le Dauphin;

Il ne s'agit plus de leurs anciens démêlés avec le Sénat : une cause commune rapproche les deux partis : et si cette réunion, qui se fait sous mon Consulat, est constante, j'ose dire que jamais dissension, jamais guerre ne se rallumera entre les différens corps, dont la République est composée. Tous les Tribuns du Trésor nous marquent le même dévouement. Tous les Secrétaires, pour qui c'est aujourd'hui par hasard jour d'assemblée au Trésor, ont d'abord accouru (1) où les appeloit le salut commun. Tout ce qu'il y a d'habitans nés libres, même ceux de la condition la plus basse, ont accouru. Hé ! qui n'aimeroit à se maintenir en possession de sa liberté ? Pour qui ces temples, cette ville, ce séjour commun des Romains, ne seroient-ils pas des objets intéressans ?

VIII. On voit dans les Affranchis, qui ont été assez sages et assez heureux pour obtenir d'avoir part à nos privilèges ; on leur voit, PÈRES CONSCRITS, une ardeur merveilleuse à défendre Rome, qu'ils regardent comme leur patrie véritable ; tandis que des citoyens, et des citoyens d'une haute naissance, la regardent comme une ville ennemie. Mais à quoi bon parler des personnes qui ont leur propre liberté à conserver, et dont la fortune tient par tant d'endroits à celle de la République ? On ne voit pas un esclave, pour peu que sa condition même

ad salutem patriæ defendendam excitavit? servus est nemo, qui modò tolerabili conditione sit servitutis, qui non audaciam civium perhorrescat : qui non hæc stare cupiat : qui non tantum, quantum audet et quantum potest, conferat ad communem salutem voluntatis.

17. Quare si quem vestrûm fortè commovet hoc, quod auditum est, leonem quemdam Lentuli concursare circum tabernas, pretio, sperantem sollicitari posse animos egentium atque imperitorum : est id quidem cœptum atque tentatum, sed nulli sunt inventi tam aut fortunâ miseri, aut voluntate perditi, qui non ipsum illum sellæ, atque operis, et quæstûs quotidiani locum ; qui non cubile, ac lectulum suum qui denique non cursum hunc otiosum vitæ suæ, salvum esse velint. Multò verò maxima pars eorum, qui in tabernis sunt ; immo verò (id enim potiùs est dicendum) genus hoc universum amantissimum est otii : etenim omne eorum instrumentum, omnis opera ac quæstus frequentiâ civium sustinetur, aliud otio : quorum si quæstus, occlusis tabernis, minui solet, quid tandem incensis futurum est ? Quæ cùm ita sint, P. C., vobis populi Romani præsidia non desunt : vos ne populo Romano deesse videamini, providete.

IX. Habetis consulem ex plurimis periculis, et insidiis, atque ex mediâ morte non ad vitam suam, sed ad salutem vestram reservatum : omnes ordines ad conservandam rempublicam mente, voluntate, studio, virtute, voce,

soit tolérable, qui n'ait les rebelles en horreur, qui ne souhaite le salut de Rome, et qui ne se fasse un devoir de concourir à le procurer, autant qu'il l'ose et qu'il le peut.

17. Ainsi ne vous effrayez point du bruit qui court, que Lentulus a envoyé de boutique en *boutique un infâme ministre de* ses voluptés, pour tâcher de séduire les artisans pauvres et simples. Il est vrai qu'on leur a offert de l'argent, mais en vain. Rien n'a pu l'emporter sur leur devoir, ni sur *l'attachement qu'ils ont à leur* commerce ordinaire, à leur petit logement, à leur vie douce et paisible. Presque tous, disons mieux, absolument tous les ouvriers, tous les marchands aiment la paix : c'est de la paix que dépend leur travail, leur gain, la multitude des acheteurs : et si, leurs boutiques fermées, ils ne gagnent rien, que seroit-ce quand le feu y auroit été mis ? Puis donc que le peuple Romain ne vous manque pas, PÈRES CONSCRITS, ne donnez pas lieu de croire que vous manquiez au peuple Romain.

IX. Vous avez un Consul qui a déjà vu la mort de près, et qui a évité tant de pièges, tant de périls, moins pour alonger ses jours que pour assurer les vôtres. Toutes les compagnies pensent, parlent, agissent de même.

consentiunt : obsessa facibus et telis impiæ conjurationis, vobis supplex manus tendit patria communis : vobis se, vobis vitam omnium civium, vobis arcem, et Capitolium, vobis aras Penatium, vobis illum ignem Vestæ perpetuum ac omnia templa deorum, atque delubra, vobis muros, atque urbis tecta commendat. Præterea de vestra vita, de conjugum vestrarum ac liberorum anima, de fortunis omnium sedibus, de focis vestris, hodierno die vobis judicandum est.

19. *Habetis ducem, memorem vestri, oblitum sui ; quæ non semper facultas datur ; habetis omnes ordines, omnes homines, universum populum Romanum, id quod in civili causa hodierno die primùm videmur, unum atque idem sentientem. Cogitate, quantis laboribus fundatum imperium, quanta virtute stabilitam libertatem, quantâ deorum benignitate auctas exaggeratasque fortunas una nox penè delerit. Id ne umquam posthac non modò confici, sed ne cogitari quidem possit à civibus, hodierno die providendum est. Atque hæc non ut vos, qui mihi studio penè præcurritis, excitarem, locutus sum, sed ut mea vox, quæ debet esse in republica princeps, officio functa consulari videretur.*

X. *Nunc ante quàm ad sententiam redeo :*

Votre Patrie, environnée de torches ardentes, en butte à la rage des Conjurés, vous tend les bras, vous recommande instamment la vie de ses citoyens, le feu éternel de Vesta, le Capitole, les Dieux Pénates, ses temples, ses murs, ses maisons. Au jugement que vous allez rendre, est attachée votre vie, la vie de vos femmes et de vos enfans, la fortune entière des Romains.

19. Vous avez, ce qui n'est pas toujours, un Chef qui *pense* à vous, qui s'oublie personnellement : et ce qui ne s'est jamais vu dans une dissension publique, toutes les diverses Compagnies, tout le peuple Romain n'a qu'un même esprit. Quels travaux a-t-il fallu pour fonder cet Empire ! Quelle valeur pour l'affermir ! Quelle protection des Dieux pour le porter à ce haut point de puissance et de gloire ! Tout a été presque renversé dans une nuit. Il faut, par l'arrêt que vous rendrez, faire en sorte que jamais rien de semblable ne soit exécuté, ni même imaginé parmi nous. Au reste, si je vous parle ainsi, ce n'est point en vue d'émouvoir votre zèle : il me prévient, et il me serviroit à moi-même d'exemple : mais, en qualité de Consul, obligé à porter la parole je n'ai point voulu manquer à un de mes devoirs.

X. Avant que de recueillir les voix, j'ai,

de me pauca dicam. Ego, quanta manus est conjuratorum, quam videtis esse permagnam, tantam me inimicorum multitudinem suscepisse video ; sed eam esse judico turpem, et infirmam, et contemptam, et abjectam. Quòd si aliquando alicujus furore et scelere concitata manus ista plus valuerit, quàm vestra, ac reipublicæ dignitas ; me tamen meorum factorum atque consiliorum numquam, P.C., pænitebit. Etenim mors, quam illi mihi fortasse minitantur, omnibus sempiternum, vobis est parata : vitæ tantam laudem, quantâ vos me vestris decretis honestastis, nemo est assecutus. Cæteris enim semper bene gestæ, mihi uni conservatæ reipublicæ gratulationem decrevistis.

21 Sit Scipio clarus, ille, cujus consilio

---

(1) Voilà ce que Cicéron a répété mille fois ; et il y a des gens qui voudroient en conclure qu'il étoit bouffi d'orgueil. Apparemment ils ne connoissent pas l'opuscule de Plutarque, dont Amiot rend ainsi le titre : *Comment on se peut louer soi-même sans encourir envie, ni repréhension.* Je renvoie à la courte analyse que Madame Dacier en a faite dans ses *Causes de la corruption du Goût.* vous y verrez dans quelles occasions il est permis, ou plutôt ordonné aux *Hommes d'Etat,* mais sur-tout dans une République, d'exalter leur sage conduite et leurs glorieux succès. On y cite l'exemple de Périclès, d'Epaminondas, de Scipion, de Thémistocle, de Phocion, etc. Si la théorie de Plutarque est puisée dans le bon sens, il est clair que Cicéron s'est fréquemment vu dans la nécessité de la réduire en pratique : et puisqu'alors, il n'a rappelé ses louanges, ni hors de propos, ni sans fondement ; il est donc inattaquable en qualité d'*Homme d'Etat.*

PÈRES CONSCRITS, un mot à dire sur mon sujet. Je comprends que tout ce qu'il y a de conjurés, et vous savez quel prodigieux nombre, c'est autant d'ennemis que je me suis attirés. Je les crois méprisables au dernier point ; cependant, s'il arrive qu'un jour ils l'emportent sur votre autorité et sur celle de la République, je n'aurai point de regret d'avoir pensé et agi comme j'ai fait. Ils me menacent peut-être de la mort : mais la mort est pour tous les hommes ; au lieu que personne n'avoit reçu, au même titre que moi, les honneurs dont j'ai été *comblé par vos décrets. Si d'autres en reçurent de semblables, c'est pour avoir bien servi la République : mais moi, c'est pour l'avoir sauvée.

21 Qu'on (1) célèbre Scipion, celui qui par sa prudence et par sa valeur contraignit Annibal de retourner en Afrique, et d'abandonner l'Italie : qu'on accable de louanges

---

Mais en qualité d'*homme de lettres*, seroit-il tombé dans les pièges de la vanité ? Quand il parle de ses talens, ou de ses écrits, c'est toujours d'un ton sage et modeste. Orateur, Philosophe, Poëte et bel-esprit orné de tout ce que les Arts et les Sciences avoient produit jusqu'à son temps, il paroît n'avoir connu aucune de ces misérables petitesses, si familières à la plupart de ceux qui se croient quelque chose de ce qu'il étoit. Tout respire chez lui cette vérité : Que plus un homme aura de connoissance, moins il sera plein de lui-même, parce que ses yeux intérieurs, en lui faisant voir ce qu'il possède, lui feront voir aussi, et bien mieux encore, ce qui lui manque.

*atque virtute Annibal in Africam redire,
atque ex Italia decedere coactus est : ornetur
alter eximia laude Africanus, qui duas urbes,
huic imperio infestissimas, Carthaginem Nu-
mantiamque delevit : habeatur vir egregius, L.
Paulus, ille, cujus currum rex potentissimus
quondam et nobilissimus, Perses honestavit :
sit in æterna gloria Marius, qui bis Italiam
obsidione et metu servitutis liberavit : antepo-
natur omnibus Pompeius, cujus res gestæ,
atque virtutes, iisdem, quibus solis cursus,
regionibus ac terminis continentur. Erit profectò inter horum laudes aliquid loci nostræ
gloriæ : nisi fortè majus est patefacere nobis
provincias, quò exire possimus, quàm curare,
ut etiam illi, qui absunt, habeant, quò vic-
tores revertantur.*

*22. Quanquam est uno loco conditio melior
externæ victoriæ, quàm domesticæ : quòd hostes
alienigenæ aut oppressi, serviunt, aut recepti,
beneficio se obligatos putant : qui autem ex
numero civium dementiâ aliquâ depravati hostes
patriæ semel esse cœperunt, eos, cùm à pernicie reipublicæ repuleris, nec vi coërcere,
nec beneficio placare possis. Quare mihi cum
perditis civibus æternum bellum susceptum esse
video : quod ego vestro, bonorumque omnium
auxilio, memoriaque tantorum periculorum,*

---

(1) Paul Emile, surnommé le *Macédonique* pour avoir
vaincu Persée, Roi de Macédoine, et fait de son royaume
une Province de l'Empire Romain.

cet autre Scipion, qui a détruit Carthage et Numance, deux cruelles ennemies de Rome : qu'on exalte la gloire (2) de Paulus, dont Persée grand et puissant Roi, honora le triomphe : que jamais ne périsse la mémoire de Marius, qui deux fois délivra Rome de l'invasion des barbares : qu'on leur préfère à tous Pompée, dont les admirables exploits n'ont point d'autres bornes, que les bornes mêmes du soleil : mon nom trouvera place parmi tous ces noms illustres, à moins qu'on ne juge qu'il y a plus de mérite à nous étendre par des conquêtes, *qu'à faire que nos Conquérans*, à leur retour, puissent retrouver la ville où ils reçoivent le prix de leurs travaux.

22. Il est vrai que les victoires étrangères ont un avantage sur les victoires domestiques. Car si des étrangers sont une fois subjugués, ils deviennent nos esclaves ; ou si on les reçoit dans notre alliance, ils le regardent comme une grâce qu'on veut bien leur faire. Mais des citoyens assez furieux pour se révolter contre leur patrie, si vous empêchez qu'ils ne réussissent dans leur dessein, vous ne pouvez les contenir par la crainte, ni les regagner par des bienfaits. Ainsi je me vois, pour toute ma vie, d'implacables ennemis ; mais dont, après tout, la vengeance n'est à craindre, ni pour moi, ni pour les miens, parce

quæ non modò in hoc populo, qui servatus est, sed etiam in omnium gentium sermonibus ac mentibus semper hærebit, à me, atque meis facilè propulsati posse confido. Neque ulla profectò tanta vis reperietur, quæ conjunctionem vestram, equitumque Romanorum, et tantam conspirationem bonorum omnium perfringere et labefactare possit.

XI. *Quæ cùm ita sint, P. C., pro imperio, pro exercitu, pro provincia, quam neglexi, pro triumpho, cœterisque laudis insignibus, quæ sunt à me propter urbis vestræque salutis custodiam, repudiata, pro clientelis, hospitiisque provinciabus, quæ tamen urbanis opibus non minore labore tueor, quàm comparo : pro his igitur omnibus rebus, et pro meis in vos singularibus studiis, proque hac, quam conspicitis, ad conservandam rempublicam diligentiâ, nihil aliud à vobis, nisi hujus temporis, totiusque mei consulatûs memoriam postulo : quæ dum erit vestris mentibus infixa ; firmissimo me muro septum esse arbitrabor. Quòd*

___

(1) Voyez ci-après, Remarque 1.

(2) Puisqu'on ne parle que pour être entendu, c'est inutilement que je chercherois à rendre *pro clientelis, hospitiisque provinciabus.* Il s'agit des droits attribués à un proconsul, tant sur ses *Clients* que sur les *Hôtes*, dans

que

que j'ai un appui sûr dans votre protection, dans les sentimens que les gens de bien auront toujours pour moi, et dans le souvenir qui se conservera des périls que j'ai courus; périls éternellement mémorables, non-seulement parmi le peuple que j'ai sauvé, mais parmi toutes les nations du monde. Oui, je l'espère, mes ennemis ne formeront jamais une puissance capable de résister au Sénat, uni avec les Chevaliers Romains, et soutenu de tout ce qu'il y a de citoyens, qui ont de bonnes intentions.

XI. Pour avoir donc (1) volontairement cédé ma province; pour avoir renoncé à la gloire de commander une de vos armées, et à l'espérance de mériter les honneurs du triomphe; pour avoir, en un mot, sacrifié (2) tous mes intérêts aux vôtres; le seul dédommagement que je vous demande, c'est que vous conserviez la mémoire de mon Consulat, et de mes services. Tant qu'elle subsistera dans vos cœurs, elle me tiendra lieu d'un bouclier impénétrable. Que si l'iniquité prévaut, et que mes espérances soient trompées, je vous recommande mon fils, ce jeune enfant. Je croirai, non-seu-

la province qu'il gouverne. Or nous n'avons ni dans notre langue, ni dans nos coutumes, rien d'équivalent. Toute obscurité est insupportable dans quelque ouvrage que ce. puisse être : mais sur-tout dans un Orateur.

si meam spem vis improborum fefellerit, atquĕ superaverit ; commendo vobis parvum meum filium : cui profectò satis erit præsidii, non solùm ad salutem, verùm etiam ad dignitatem, si ejus, qui hæc omnia suo solus periculo conservaverit, illum esse filium memineritis.

24. Quapropter de summa salute vestra, populique Romani, P. C., de vestris conjugibus ac liberis, de aris ac focis, de fanis ac templis, de totius urbis tectis, ac sedibus, de imperio, de libertate, de salute Italiæ, deque universa republica decernite diligenter, ut instituistis, ac fortiter. Habetis enim consulem, qui et parere vestris decretis non dubitet, et ea quæ statueritis, quoad vivet, defendere et per se ipsum præstare possit.

FINIS.

lement sa vie, mais sa fortune en sûreté, tant que vous n'oublierez point que son père a sauvé la Patrie lui seul, et s'est lui seul exposé à toutes sortes de risques pour la sauver.

24. Opinez donc, PÈRES CONSCRITS, *comme vous avez déjà commencé, avec zèle, avec fermeté,* dans une conjoncture d'où dépend la conservation de vos personnes, celle du peuple Romain, de vos enfans, de vos temples, de vos autels, de votre *Empire*, de votre *liberté*, de l'Italie entière, de toute la République. Vous avez un Consul, qui, jusqu'à la mort, ne manquera ni de courage pour se charger de vos ordres, ni de force pour les faire exécuter.

FIN.

PHILIPPIQUES

DE

DÉMOSTHÈNE.

ARGUMENT

DES

PHILIPPIQUES.

———

PHILIPPE, roi de Macédoine, et par conséquent voisin de la Grèce, partagée en tant de Républiques, dont les intérêts étoient si différens, se proposa d'envahir les unes, d'affoiblir les autres, et de les gouverner toutes à son gré. Celle d'Athènes étoit, à juger d'elle alors sur ce qu'elle avoit été autrefois, la plus capable de traverser son ambition. Mais ne conservant plus le même goût pour les travaux de la guerre, et ne s'étant pas opposée, faute de vigilance, aux premières conquêtes de Philippe, elle commençoit à perdre toute espérance de pouvoir lui résister, lorsque Démosthène entreprit de relever le courage des Athéniens, et de les porter à prendre enfin des résolutions dignes d'eux, en leur faisant voir :

I. Qu'ils pouvoient vaincre Philippe; et il le prouve par des raisons tirées, ou de ce qu'ils ont fait autrefois eux-mêmes, ou de ce que Philippe a fait.

II. Comment ils pouvoient le vaincre; et il entre dans les détails des moyens.

Une troisième proposition, qu'ils devoient l'entreprendre, n'est point prouvée à part : elle n'en avoit pas besoin : mais Démosthène y revient toujours.

Tel est le plan de la première Philippique. Quatre ou cinq ans après, Philippe signa un Traité de paix avec les Athéniens ; traité captieux, et qui n'eut d'autre effet que de suspendre le cours des hostilités trop marquées. A quelque temps de là, Messène et Argos, protégées hautement par Philippe, donnèrent de l'ombrage à Lacédémone, qui ré-

clama le secours d'Athènes. On at-
tendoit des Ambassadeurs de part et
d'autre : il falloit délibérer sur la
réponse qu'il y auroit à leur faire :
et ce fut à cette occasion que Démosthène fit la seconde Philippique, où
il entreprend de prouver :

I. Que les Athéniens doivent se défier
de Philippe, comme de leur ennemi.

II. Que Philippe a des raisons essen-
tielles pour être leur ennemi.

III. Qu'il faut faire punir comme
traîtres, ceux qui les ont engagés à
faire la paix avec Philippe.

*Philippe, dont le bon sens et le
bon goût sont connus par bien d'autres
endroits, dit ingénument, après avoir
lu ce discours :* * J'aurois moi-même
donné ma voix à Démosthène, pour
me faire déclarer la guerre, et je l'aurois
nommé général.

*Je ne donne point l'analyse des
deux dernières Philippiques ; car*

---

* On peut voir l'*Histoire de Philippe*, par Olivier,
Tome II, page 156.

9. *

elles ne contiennent que les mêmes
vérités, mises dans un nouveau jour :
et d'ailleurs il est à propos que chacun
fasse soi-même ces sortes d'analyses,
parce que c'est le seul moyen de bien
découvrir l'art de l'orateur. Il n'y a
de bon orateur que celui qui est bon
logicien. Commençons par examiner
qu'est-ce qu'on veut nous prouver, et
quelles preuves on emploie ; si elles
sont claires, solides, concluantes.
Voilà ce qui regarde la logique. L'art
de l'éloquence consiste à mettre ces
preuves dans l'ordre qui peut faire le
plus d'impression, et à les exposer
de la manière la plus capable de
nous frapper et de nous plaire. Démosthène gagnera beaucoup à être
vu, non-seulement comme orateur,
mais comme logicien.

Peut-être qu'à le lire superficiel-
lement, on croira trouver qu'il se
répète. On ne s'arrêtera qu'à l'uni-
formité de la matière, sans prendre
garde à la diversité des tours. Mais

souvenons-nous premièrement que ces quatre discours furent prononcés de loin à loin, puisqu'il y a, entre le premier et le dernier, un intervalle de sept années; et secondement qu'ils sont faits pour le peuple d'Athènes. Or le peuple se corrige-t-il ? et ne sait-on pas qu'il faut cent et cent fois lui rappeler la même idée, si l'on veut qu'elle puisse lui entrer dans l'esprit ?

TABLE,

Où les trois Olympiades, qui sont à compter de la première à la dernière Philippique, sont réduites à des calculs plus connus.

OLYMPIA-DES.		ANS DE ROME.	AVANT J. C.
107.	1	403	350
	2	404	349
	3	405	348
	4	406	347
108.	1	407	346
	2	408	345
	3	409	344
	4	410	343
109.	1	411	342
	2	412	341
	3	413	340
	4	414	339

PREMIÈRE PHILIPPIQUE,

PRONONCÉE

La première année de l'Olymp. 107.

ATHÉNIENS, si l'objet de cette délibération étoit quelque chose de nouveau, j'aurois attendu que plusieurs (1) de mes Anciens eussent parlé : et alors, s'ils m'avoient paru ouvrir un bon avis, j'y aurois souscrit par mon silence : ou, pensant autrement qu'eux, j'aurois cherché à vous faire entendre mes raisons.

---

(1) Quand le Peuple étoit assemblé, un Héraut crioit, *Quelqu'un au-dessus de cinquante ans veut-il parler ? Et qui encore ? Chacun à son tour.* Après quoi, selon la loi de Solon, c'étoit aux plus anciens à parler les premiers. Mais du temps de Démosthène, cette loi ne s'observoit plus à la rigueur. Il n'étoit que dans sa trentième année, lorsqu'il prononça cette Harangue, qui, à beaucoup près, ne fut pas son coup d'essai.

Mais puisqu'il s'agit d'une affaire déjà rebattue tant de fois, vous serez, je m'en flatte, assez équitables, pour me pardonner d'avoir saisi la parole. Car enfin, si jusqu'ici l'on vous avoit bien conseillés, vous n'en seriez pas réduits à consulter encore.

Premièrement donc, ATHÉNIENS, ne vous découragez point, quelque mauvais que vous paroisse votre état présent. Car de la même cause qui vous a perdus, on doit en tirer des motifs d'espérance.

Que veux-je dire ? Que si vous êtes dans une situation fâcheuse, c'est uniquement parce que vous n'avez pas fait ce que vous deviez.

Vous auriez sujet de ne rien espérer, s'il étoit bien vrai que, pour prévenir vos disgraces, vous eussiez fait en vain tous vos efforts.

Aujourd'hui, et vous qui l'avez entendu conter, et vous qui l'avez vu de vos yeux, ressouvenez-vous de ce haut degré où (2) Lacédémone avoit porté sa puissance, il n'y a pas long-temps, et avec quel courage, avec quel soin de votre honneur, vous sûtes, les armes à la main, la contenir dans les bornes de la justice.

Pourquoi en rappeler la mémoire ? Pour vous montrer, ATHÉNIENS, pour vous faire bien sentir que la vigilance peut vous mettre au-dessus de tout danger ; mais que l'inaction vous perdra toujours.

Vous avez ici un exemple de l'un et de l'autre : de ce que fait la vigilance, puisqu'alors elle vous rendit supérieurs

---

(1) *Lacédémone* ou *Sparte*, car c'est la même République sous ces deux noms, alloit à subjuguer tous les autres peuples de la Grèce. Elle avoit rasé les murs d'Athènes, et pris la *Cadmée* qui étoit la citadelle de Thèbes. Elle avoit réduit les *Argiens* et les *Corinthiens* à se faire honneur d'être ses alliés de nom, et ses sujets en effet. Thèbes, pour secouer le joug, excita la guerre appelée *Béotique*, où les Athéniens eurent la meilleure part, et contribuèrent le plus à la défaite des Lacédémoniens. La *Cadmée* avoit été prise * la troisième année de l'Olympiade 99. Quatre ans après elle fut reprise. De-là, jusqu'au temps où parle Démosthène, il n'y a donc que vingt-cinq ans ; et par conséquent une bonne partie de ses auditeurs pouvoit avoir vu la guerre Béotique.

* *Petav. Rat. Temp. part.* 1. *lib.* 3, c, 10.

aux plus grandes forces des Lacédémoniens : de ce que fait l'inaction, puis qu'aujourd'hui elle donne lieu à d'insolens procédés, qui vous causent de vives alarmes.

Philippe, dira-t-on, à la tête d'une armée nombreuse, et après nous avoir enlevé tant de places, n'est pas facile à vaincre.

Je le sais, ATHÉNIENS, mais aussi n'oublions pas que nous fûmes autrefois les maîtres, et de Pydne, et de Potidée, et de Méthone, et de toutes les contrées (1) voisines. Il a été un

_____

(1) Pour entendre Démosthène, c'est à tout moment une nécessité de se mettre devant les yeux la Carte de l'ancienne Grèce; sans quoi l'on ne sauroit bien sentir la force de son raisonnement. Mais la forme de ce volume ne permettant guère d'y faire entrer une carte de géographie, je pouvois y suppléer de deux manières : ou par des Notes mises au bas des pages, ou par une Table générale, contenant les noms des pays, villes et autres lieux, dont Démosthène fait mention. De ces deux manières j'ai préféré la seconde, pour n'avoir pas à répéter souvent les mêmes notes ; et d'ailleurs, parce que le moins qu'on peut couper le texte d'un Orateur, c'est toujours le mieux. On trouvera donc à la fin des quatre Philippiques, cette Table dont je parle, et qui servira également pour toutes. Je me contenterai d'y rapporter en simple Géographe, le nom et la situation des villes. Car, de conter leur histoire en Commentateur, ce ne seroit jamais fait. Il n'y a en Grèce, ni bourgade, ni ruisseau, ni montagne, qui ne pût fournir un volume.

temps , ne l'oublions point, que la plupart des peuples qui sont présentement livrés à Philippe , et qui étoient autrefois indépendans , furent moins jaloux de son amitié que de la nôtre.

Dans ce temps-là s'il eût craint, se *voyant sans alliés, de se commettre* avec une République maîtresse alors des places qui commandent ses frontières , il n'eût tenté aucune des entreprises qu'il a finies , et certainement sa puissance ne fût pas allée où nous la voyons. Mais toutes ces places , il les regarda comme autant de prix (1) exposés à la vue des combattans , et destinés au vainqueur. Il savoit que , *selon le cours ordinaire de la nature ,* les absens sont dépouillés par les présens ; et ceux qui manquent d'attention , par ceux qui ne craignent ni travaux ni périls. De-là ses grands progrès. Il a tout conquis : ou ce

(1) Image tirée de ce qui se pratiquoit aux Jeux solennels , où l'on étaloit aux yeux des Athlètes , les prix destinés aux victorieux.

qu'il n'a point conquis, il l'a eu à titre d'alliance ; car on embrasse toujours le parti où l'on voit le plus de force, et le plus d'activité.

Vous donc, ATHÉNIENS, si dès aujourd'hui, puisque vous ne l'avez pas fait plutôt, vous raisonnez de même que Philippe ; si chacun de vous, dans le besoin présent, veut concourir au bien public de bonne foi, et autant qu'il le peut, les *riches* en contribuant de leurs deniers, les jeunes en prenant *les* armes ; et pour tout dire en un mot, si chacun veut agir comme pour soi, et ne plus espérer que, pendant qu'il se tiendra oisif, d'autres agiront : bientôt avec l'aide des Dieux, et vous réparerez des pertes qui ne sauroient être imputées qu'à votre négligence, et vous serez vengés de Philippe.

Car ne vous figurez pas que sa félicité soit immuable, comme celle d'un Dieu. Il y a des gens qui le haïssent, il y en a qui le craignent, il y en a

qui lui portent envie, même parmi
ceux qui lui parroissent le plus dévoués.
En effet, vous ne devez pas supposer
que ceux qui l'environnent, soient
exempts de passions humaines. Mais,
parce qu'ils ne se sentent pas soutenus,
ils n'éclatent point ; et l'on ne doit
s'en prendre qu'à cette lenteur, qu'à
cette mollesse, dont je vous dis qu'il
faut aujourd'hui même vous corriger.

Voyez, ATHÉNIENS, où est montée
l'arrogance de Philippe. Cet homme
ne vous donne point à choisir entre la
paix ou la guerre ; il vous menace,
et même, dit-on, avec une hauteur
outrageante ; son avidité n'est point
encore assouvie de tout ce qu'il a conquis : il avance toujours, et pendant
que vous temporisez nonchalamment,
il vous enveloppe de tous côtés.

Quand donc vous porterez-vous à
votre devoir ? Attendez-vous quelque
évènement ? Voulez-vous que la nécessité vous y force? Mais, ATHÉNIENS,
quelle autre idée vous faites-vous de

ce qui se passe ? Pour des hommes libres , je ne connois point de plus pressante nécessité, que celle d'effacer l'ignominie , dont eux-mêmes ils se sont couverts.

Tout (1) ce que vous avez à faire, est-ce, dites-moi, de vous demander l'un à l'autre, en vous promenant sur une place publique : *Qu'y a-t-il de nouveau ?* Hé qu'y auroit-il de plus nouveau, que de voir qu'un Macédonien subjugue les Athéniens , et fait la loi à toute la Grèce.

Philippe (2) *est-il mort ? Non, mais il est malade.* Hé qu'il meure, ou qu'il vive , que vous importe ? Quand vous ne l'auriez plus, bientôt, ATHÉNIENS , vous vous seriez fait un autre Philippe, si vous ne changiez pas de conduite. Car il est devenu ce qu'il est, non pas tant par ses propres forces, que par votre négligence.

_____

(1) Voyez sur cet endroit, les réflexions de Longin, Traité du Sublime , ch. XVI.
(2) Dialogue entre deux Nouvellistes.

A la vérité, s'il arrivoit (1) de certains accidens, et que la fortune qui veille toujours plus que nous-mêmes sur nos intérêts, voulût, ainsi que je le souhaite, achever son ouvrage, vous pourriez tout dans le trouble d'une révolution subite, pourvu que vous fussiez à portée de vous en prévaloir. Mais n'ayant rien d'arrêté ni dans vos préparatifs, ni dans vos projets ; quand même d'heureuses conjonctures vous ouvriroient actuellement les portes d'Amphipolis, vous n'y entreriez pas.

Je n'insiste donc pas davantage sur la nécessité où nous sommes tous, et

---

(1) S'il arrivoit que Philippe *mourût*. On voit assez que c'est là le sens ; mais il falloit l'envelopper, comme a fait Démosthène, pour ne pas pécher contre cette bienséance, dont Cicéron veut que l'Orateur fasse sa première loi. Car il y avoit des choses que les Anciens n'osoient exprimer qu'en termes obscurs, ou adoucis, pour ne point prononcer ce qu'ils appeloient *verba male ominata*, des paroles sinistres. On n'osoit dire à quelqu'un : *S'il vous arrive d'être tué, si vous venez à mourir.* On enveloppoit, autant qu'on le pouvoit, l'idée triste et odieuse d'une mort prochaine, ou même éloignée. Les Grecs disoient, EI TI PAΘOIΣ ; les Romains, *Si quid humanitus contingat.*

dont je vous crois pleinement convaincus, de nous tenir prêts à bien faire dans l'occasion.

Mais, quels doivent être nos préparatifs ? Que nous faut-il de troupes ? Quels subsides pour les faire subsister ? Quels moyens, en un mot, avons-nous à prendre, et les plus prompts, et les plus sûrs ? J'entrerai dans ce détail, après vous avoir demandé une grâce, qui est, ATHÉNIENS, que, pour vous déterminer sur ce que j'ai à dire, vous attendiez que j'aie tout dit. Jusque-là suspendez votre jugement, et si je vous parois d'abord exiger de nouveaux apprêts, ne croyez point que par-là j'éloigne la décision des affaires.

Je n'approuve pas, il est vrai, la précipitation de ceux qui veulent que promptement, à l'instant même, on marche à l'ennemi. Car nos forces, dans l'état où elles sont, ne nous le permettent pas. Mais à quoi présentement un Orateur doit s'attacher, c'est à vous faire entendre ce qu'il vous faut de troupes, la qualité dont il vous les faut, et les moyens de fournir à leur entretien, jusqu'à ce que nous ayons, ou fait une paix avantageuse, ou remporté une pleine victoire, et mis d'une ou d'autre façon Athènes en sûreté pour jamais. Or voilà ce que porte mon avis. Permis à qui voudra, d'en ouvrir un autre. Pour moi, je promets beaucoup : le détail va faire voir si c'est sans fondement : vous en serez juges.

Premièrement je dis, ATHÉNIENS, qu'il faut armer cinquante galères, et vous résoudre à les monter en personne, quand il sera temps. Que de plus il faut pour la moitié de votre cavalerie, un nombre suffisant d'autres navires : et que tout cela soit toujours à portée de s'opposer aux irruptions soudaines que Philippe a coutume de faire aux Thermopyles, dans la Chersonèse, à Olynthe, par-tout où il veut. Car mettons-lui bien cette idée dans l'esprit, que nous sortons de notre assoupissement ; et que, comme autrefois dans l'Eubée, à Haliarte, et depuis peu encore aux Thermopyles, il va, peut-être, nous voir fondre sur lui.

Quand même vous en feriez moins que je ne dis, votre appareil de guerre ne laissera pas d'avoir son utilité, en ce que l'ennemi venant à l'apprendre (et il l'apprendra exactement, car il n'a parmi nous, il n'a que trop d'émissaires), venant, dis-je, à l'apprendre, ou il en aura une peur capable de le tenir dans le devoir ; ou, s'il n'en fait nul cas, vous irez par mer à la première occasion, sans qu'aucun obstacle vous arrête, le surprendre en Macédoine.

Outre les préparatifs dont je viens de parler, et dont il faut que vous approuviez le plan : vous avez besoin de troupes, que vous puissiez avoir toujours à la main, pour harceler l'ennemi sans relâche. Je ne veux pour cela, ni dix mille, ni vingt mille étrangers.

étrangers. Point de ces grandes (1) armées en papier. Je demande des troupes composées d'Athéniens qui dépendent absolument, ou d'un seul chef, ou de plusieurs, à votre choix ; et que vous ayez soin de fournir à leur subsistance.

Mais de quelle espèce faut-il ces troupes ? En quel nombre ? Comment les faire subsister ? Je répondrai à tout, et par ordre.

---

(1) Il y a dans le Grec EPISTOLIMAÏOUS DUNAMEÏS ; et M. de Tourreil dit que dans tout Démosthène il n'y a point d'endroit, qui exerce plus les commentateurs, que celui-ci. On peut voir dans les remarques de ce savant Traducteur, les quatre différentes manières dont *Pollux*, *Phavorius*, *Wolfius*, et *Henri Etienne* ont expliqué cet EPISTOLIMAÏOUS. Pour moi, sans autre finesse, je m'attache à une expression simple, qui me paroît aller droit à la pensée de Démosthène, et faire sentir le ridicule amer qu'il a prétendu y jeter. Athènes, dans un besoin, écrivoit de tous côtés, pour avoir des soldats : on lui répondoit qu'ici on lui en fourniroit tel nombre, là tel nombre ; mais à la fin il se trouvoit que ce n'étoient point des hommes effectifs. Il y avoit beaucoup à rabattre du nombre promis, et d'autant plus qu'Athènes, comme on le voit par cette harangue, ne payoit point ces étrangers, ou les payoit mal. Ainsi ces *grandes armées* n'étoient complètes que dans les lettres écrites pour les demander d'une part, et pour les promettre de l'autre. Voilà, ou je me trompe fort, ce que Démosthène appelle DUNAMEÏS EPISTOLIMAÏOUS, *des armées qui n'existent qu'en papier.*

Pour ce qui est donc des (1) étrangers à enrôler, ne retombez pas dans une faute, qui souvent vous a nui. C'est d'aller toujours au-delà du nécessaire. Une magnificence outrée dans vos décrets, mais l'exécution nulle. Il vaut mieux commencer par peu ; et quand on voit que ce peu ne suffit pas, y ajouter.

Or je dis qu'en tout il vous faut deux mille hommes de pied, dont cinq cents seront Athéniens, que vous prendrez d'un âge (2) sortable, et que vous engagerez pour un certain temps, non pas bien long, mais

---

(1) On appelloit *Etranger* à Athènes, tout ce qui n'étoit point de l'Attique même : et *Barbare*, tout ce qui n'étoit point Grec.

(2) Par une loi de Solon, mais qui n'étoit plus en vigueur du temps de Démosthène, aucun citoyen n'étoit exempt du service. Il étoit d'abord employé sur les côtes de l'Attique, depuis l'âge de dix-huit ans jusques à vingt ; et après il alloit servir au loin. Quant au temps où il avoit droit de quitter, plusieurs auteurs le fixent à quarante ans. Tout citoyen, au reste, lorsqu'il entroit au service, devoit prêter serment de fidélité. On peut en voir la formule dans l'Onomasticon de Pollux, liv. 8, chap. 9.

limité comme vous le jugerez convenir; après quoi d'autres les remplaceront.

Joignons-y deux cents cavaliers, dont pour le moins cinquante soient Athéniens. Ils serviront aux mêmes conditions que l'infanterie, et vous leur fournirez les bâtimens nécessaires pour embarquer leurs chevaux.

Que faut-il encore ? Une escorte de dix vaisseaux légers, afin que nos troupes, en faisant leur trajet, ne soient pas inquiétées par la flotte de Philippe.

Mais ces troupes comment subsisteront-elles ? C'est un point que je toucherai, du moment que je vous aurai dit pourquoi je me borne à un si petit nombre de soldats, et pourquoi je veux que des Athéniens servent en personne.

Je me borne à ce petit nombre de soldats, dans l'impossibilité où nous sommes de mettre actuellement sur pied une armée, qui ose risquer une bataille.

Tout ce que nous pouvons, c'est d'infester le pays ennemi par nos courses. Pour cette espèce de guerre, par où il faut commencer, n'ayons point trop de troupes, car elles manqueroient d'argent et de vivres : mais aussi, n'en ayons pas trop peu.

Je demande qu'avec les étrangers on mêle de nos citoyens, et qu'ils s'embarquent tous ensemble ; parce qu'autrefois, quand vous aviez des troupes étrangères à Corinthe, où Polistrate, Iphicrate, Chabrias, et d'autres encore les commandoient en votre nom, plusieurs Athéniens joignirent l'armée : et ainsi réunis, citoyens et étrangers, vous triomphâtes des Lacédémoniens.

Mais depuis que des étrangers sont employés seuls à faire la guerre pour vous, il n'y a que l'ami, que l'allié, qui souffrent de leurs hostilités. L'ennemi cependant va toujours en se fortifiant. Et ces étrangers, à peine voient-ils la guerre commencée, qu'ils désertent.

Ils vont chez (1) Artabaze, et par-tout ailleurs plutôt que de rester à votre service. Le chef les suit avec raison; car ne les payant pas, il n'a point à leur commander.

Que veux-je donc? Que pour ôter, et au chef, et aux soldats, tout prétexte de mécontentement, il y ait toujours de quoi payer; et qu'avec les étrangers on mêle des citoyens qui aient l'œil sur la conduite du chef.

Aujourd'hui, en vérité, notre politique est risible. Car si l'on vous demandoit : ATHÉNIENS, êtes-vous en paix? *Par Jupiter, non*, diriez-vous, *nous sommes en guerre avec Philippe.* Hé n'avez-vous pas effectivement nommé de vos citoyens, pour exercer toutes

---

(1) Athènes avoit dans l'Hellespont une armée toute composée d'étrangers; ils n'étoient point payés; ils quittèrent sans autre formalité, pour aller joindre Artabaze, Satrape de l'Asie mineure, révolté contre son maître le Roi de Perse, et ils furent suivis de Charès, Athénien, leur Général.

(1) les charges nécessaires dans une armée ?

Mais de ces officiers, hors le seul que vous envoyez où est votre armée, tous les autres que font-ils? Ils servent ici à décorer (2) vos fêtes avec vos Sacrificateurs.

Tels que des Statuaires en argile, vous faites des guerriers pour la montre, non pour le service.

Quoi, pour pouvoir dire qu'une armée est celle d'Athènes, ne faudroit-il pas que les principaux Officiers qui s'y trouvent, fussent Athéniens ?

Pour aller au secours de Lemnos, vous prenez le Général de votre Cavalerie : et au contraire, vous laissez à Ménélas, à un étranger, le commandement des troupes destinées à vous

---

(1) J'ai mieux aimé me servir ici d'une expression vague, que d'employer les termes de la Milice moderne. Car, de les mettre dans la bouche de Démosthène, c'est tomber à-peu-près dans la faute que feroit un Peintre, qui, sans avoir égard à ce qu'on appelle *costume*, peindroit Alexandre ou César en perruque, et en justaucorps brodé.

(2) Parce que ces Officiers y avoient un rang, et y paroissoient avec les habits et les autres ornemens convenables à leurs dignités.

défendre vous-mêmes. Je ne vous dis
point ceci pour attaquer le mérite de
(1) Ménélas. Je dis seulement que le
Général de votre armée, quel qu'il fût,
devoit être pris d'entre vous.

Peut-être jugez-vous que j'ai raison
jusqu'ici : mais vous êtes dans l'impatience de savoir où trouver des fonds,
et ce qu'il en faut. Vous allez l'apprendre.

Toute l'armée que je vous propose

---

(1) M. de Tourreil dit que ce Ménélas étoit le frère de
Philippe. Mais quoique Philippe et Ménélas fussent nés
de mères différentes, et qu'ils ne vécussent pas en bonne
amitié, cependant il n'est guère vraisemblable qu'Athènes
eût voulu se fier si fort au frère de son ennemi. J'aime
donc mieux croire avec M. Lucchésini, que le Ménélas
dont il est ici question, est un homme inconnu d'ailleurs.

Voici, au reste, la pensée de Démosthène ; elle n'a
besoin d'éclaircissement que pour ceux qui n'ont pas
devant les yeux la Carte de la Grèce. Quand il s'agit,
dit-il, d'aller au secours de Lemnos, qui est une île fort
éloignée de vous, vous y envoyez des troupes commandées
par un Athénien : et aujourd'hui c'est à un étranger que
que vous confiez les troupes qui gardent vos frontières, et
qui défendent le pas des Thermopyles. Il n'y a pas de raison
à ne point prendre pour vous-mêmes, et pour ce qui vous
touche de plus près, les précautions que vous prenez pour
vos alliés.

J'ai lu ici, APH UMON EDEÏ KEXEIROTONÈMENON
EINAI TEUTON, au lieu que toutes les éditions portent :
UPH UMON, etc. Un changement si léger ne sera point
blâmé, je m'en flatte, par ceux qui voudront prendre
le fil du raisonnement.

de lever, vous coûtera pour les vivres seulement un peu au-delà de quatre-vingt-dix talens : savoir, pour les dix vaisseaux légers, quarante talens, à vingt mines par mois pour chaque vaisseau, autant pour les deux mille hommes de pied, à dix drachmes (1) par mois pour chaque *soldat* : enfin pour les deux cents chevaux, douze talens, à trente drachmes par mois pour chacun d'eux.

Mais de pourvoir seulement aux vivres, c'est peu, dira-t-on. Et moi, pourvu que notre armée n'en manque point, je suis assuré que la guerre lui procurera d'elle-même tout le reste, sans que ni Grecs ni alliés en souffrent. Je m'embarquerai, si l'on veut : et au

---

(1) Une *Drachme*, selon M. Dacier, pesoit ce que nous appelons un Gros ; et il met le gros d'argent à dix sous.

Une *Mine* valoit cent drachmes ; et par conséquent cinquante livres Tournois.

Un *Talent* valoit soixante mines ; et par conséquent trois mille livres Tournois.

Ainsi la somme totale que Démosthène demande pour l'entretien de son armée, se monte à deux cent soixante et dix mille livres, en supposant toujours que le gros est à dix sous.

cas que le succès me démente, ma tête en répondra.

Mais enfin, la somme que j'ai dite, comment la faire ? Le voici :

[*On lit ici le mémoire de Démosthène sur le subside qu'il veut être ordonné, et après la lecture, il reprend son discours.*]

Telle est, ATHÉNIENS, l'idée que j'ai conçue. Quand vous irez aux opinions, arrêtez-vous au parti le plus avantageux, et faites qu'enfin on batte Philippe, non plus avec des décrets et des lettres seulement, mais à main armée.

Pour mieux délibérer, et sur cette guerre, et sur les préparatifs, il vous est important, ATHÉNIENS, de considérer la situation du pays où il faut que vous portiez vos armes. Remarquez à cet égard comme Philippe profite des vents et des saisons, pour l'arrangement de ses desseins. Tandis que les vents (1) Etésiens règnent, ou quand l'hiver est venu : c'est alors qu'il ouvre la guerre, parce qu'il nous sait dans l'impossibilité d'aller à lui. Vous avez donc besoin de troupes qui soient toujours prêtes, toujours à portée. Car de croire que dans l'occasion vous n'avez qu'à ramasser des soldats, et les faire partir, c'est vouloir n'y être jamais à temps.

Vous pourrez faire hiverner vos troupes à *Lemnos*, à *Thase*, à *Sciathe*, et dans les autres îles voisines, qui ont des ports, abondance de vivres, tout ce qu'il faut à des gens de guerre.

Vos (2) vaisseaux étant à l'abri dans

---

(1) Vents du nord, contraires par conséquent pour aller d'Athènes en Macédoine. Toutes les années régulièrement ils se lèvent* deux jours après que le soleil est entré au signe du Lion, et ils règnent quarante jours de suite. Ils se calment toujours sur le soir, pour ne reparoître qu'avec l'aurore, et de-là vient que sur mer on les appelle *les dormeurs.*

* *Plin II.* 47.

(2) Wolfius dit sur cet endroit : *Locus videtur corruptus, et vatem potiùs quàm interpretem postulare.* Il rapporte ensuite la pensée de Mélanchton, celle de Paul Manuce, la sienne propre, et il ajoute : *Ego meam dubitationem, ac potiùs ignorationem ingenuè confiteor.* Que cette candeur me charme dans un Savant ! Pour moi, au milieu de ces ténèbres, je me suis laissé guider par M. Lucchésini, et j'ai pris à-peu-près le sens qu'il propose dans ses Notes sur la Traduction de Wolfius.

ces ports, et vos soldats ne s'éloignant point des villes maritimes, il vous sera aisé de profiter du vent, pour mettre à la voile sans nul risque.

Quant aux entreprises, elles dépendent des conjonctures, et il faut s'en reposer sur celui que vous aurez revêtu de votre autorité.

Mais pour vous, ATHÉNIENS, votre affaire est d'accomplir ce qui est porté dans le mémoire qu'on vous a lu. Si vous faites les fonds que je demande, et c'est par où il faut commencer, si ensuite, quand vous aurez votre infanterie, vos galères, et votre cavalerie, vous exigez de toute l'armée, par une loi expresse, la continuité du service; et qu'enfin vous faisant vous-mêmes les trésoriers et les distributeurs de vos fonds, vous obligez le Chef de vos troupes à vous rendre compte de sa conduite, vous cesserez dès-lors, et de toujours délibérer, et de ne rien faire.

Par-là en même-temps, vous retrancherez à Philippe le plus fort de ses revenus. Comment ? En le mettant hors d'état de continuer ses pirateries, qui appauvrissent vos alliés, et qui lui apportent de quoi soutenir la guerre qu'il vous fait.

Que gagnerez-vous encore ? De n'être plus exposés à *ses insultes* : comme quand il surprit Lemnos et Imbros, d'où il emmena vos citoyens captifs : comme quand à Géreste, ayant enveloppé vos vaisseaux, il fit des prises inestimables : comme quand il descendit à Marathon, et vous enleva la galère (1) sacrée.

Toutes ces insultes, vous n'avez pu les empêcher, parce que le secours que vous auriez eu dessein d'envoyer, seroit arrivé trop tard.

_____

(1) Ils avoient deux galères sacrées, l'une desquelles passoit pour être celle où Thésée s'étoit embarqué, lorsqu'il alla en Crète attaquer le Minotaure. On ne les faisoit voguer que pour de grandes causes, et avec de grandes cérémonies. A la superstition près, ces deux galères étoient à Athènes ce qu'est aujourd'hui le Bucentaure à Venise.

Pourquoi vos (1) Panathénées et vos Bacchanales, dont la somptuosité passe tout ce que l'on voit ailleurs, et qui vous coûtent plus que jamais flotte ne vous coûta : pourquoi, ATHÉNIENS, ces deux fêtes ne manquent-elles point d'être célébrées au temps prescrit, soit que des personnes intelligentes, soit que des ignorans s'en mêlent ; et qu'au contraire toutes vos flottes, témoin celle qui alloit à Méthone, celle qui alloit à Pagase, celle qui alloit à Potidée, n'arrivèrent jamais qu'après coup ?

Parce qu'à l'égard de vos fêtes, les lois ont pourvu à tout, en sorte que long-temps auparavant, chacun sait qui est proposé dans sa tribu, et sur les Musiciens et sur les Athlètes : quand,

---

(1) *Panathénées*, fêtes en l'honneur de Minerve, Déesse tutélaire d'Athènes et de toute l'Attique.

Bacchanales, fêtes, comme on le voit assez par leur nom, en l'honneur de Bacchus.

Tant d'Auteurs nous ont décrit les unes et les autres, que ce seroit peine perdue de le faire encore ici. J'avertirai seulement que dans mon texte il y a un mot grec, qui fait voir que ceux à qui étoit annuellement commise l'ordonnance de ces deux Fêtes, se tiroient au sort.

par les mains de qui, et combien un acteur doit toucher, et ce qu'il doit faire. Tout a été prévu, vu ; tout a été réglé avec soin.

Mais pour vos armemens, point (1) de règle, point de lois, point d'ordre. Au premier bruit de quelque mouvement, on établit des (2) armateurs, on leur souffre de proposer des échanges, on rêve aux moyens de trouver des fonds.

---

(1) Voici le Grec, ATAKTA, AORISTA, ADIORTHOTA APANTA, où il est aisé de remarquer ce fréquent concours de Voyelles ; et qui plus est, de la même Voyelle, la plus sonore de toutes. *Je ne pouvois faire que de vains efforts pour l'imiter en notre langue.* Mais pour se mettre plus au fait, on peut consulter Victorius, *Var. Lect.* XXIII, 12.

(2) Je rends ainsi TRERARÆSOS, parce qu'en effet ces *Triérarques* étoient des particuliers, que la République, dans certains cas, obligeoit d'armer une galère à leurs dépens. On jetoit pour cela les yeux sur les citoyens estimés les plus riches. Mais ce qu'il y avoit de singulier, c'est que le citoyen nommé pour être du nombre des Triérarques, pouvoit offrir d'échanger ses biens contre ceux d'un autre citoyen, qu'il prétendoit être plus riche que lui, et plus en état, par conséquent, de soutenir les frais nécessaires. Auquel cas ce dernier étoit obligé, ou d'accepter l'échange, ou d'armer à ses dépens. Voilà ce qu'entend Démosthène par ces mots : *On leur souffre de proposer des échanges,* ANTIDOSTEIS. Il est vrai que, dans l'intention de Solon, cette loi étoit sage ; car elle mettoit les plus riches dans la nécessité de porter les charges publiques. Mais dans la pratique, elle tiroit à conséquence, parce que les disputes qui naissoient au sujet de ces échanges, retardoient à contre-temps le service de l'Etat.

Ensuite, on fait un décret pour obliger les étrangers et les affranchis à s'embarquer ; et s'ils ne suffisent pas, on y supplée par des citoyens. Pendant tous ces délais, les places que vous alliez secourir, sont prises. On a perdu en préparatifs, le temps où il falloit agir. Car l'occasion, et c'est elle qui décide, ne consulte point notre lenteur. Vous comptiez sur le succès de vos soldats ; et les conjonctures qu'ils trouvent en arrivant, *leur font sentir qu'ils ne peuvent rien.*

Aussi voit-on que Philippe, dans une lettre qu'il écrit aux Eubéens, vous traité avec le dernier mépris.

[*Ici Démosthène fait lire cette lettre, qui n'est point venue jusqu'à nous, et il continue ensuite son discours.*]

Vous ne vous êtes que trop attirés une partie de ces outrages, dont il vous est dur, ATHÉNIENS, d'entendre le récit. A la vérité, si de supprimer des choses attristantes, c'étoit faire qu'elles ne fussent pas, nous ne devrions nous étudier qu'à plaire dans nos discours. Mais si c'est réellement vous perdre, que de vous flatter à contre-temps, il vous est honteux, ATHÉNIENS, d'aimer à être séduits, de reculer toute opération nécessaire, *sous prétexte qu'elle* ne vous est pas agréable, et de ne vouloir pas comprendre qu'à la guerre il faut, non point se laisser commander aux événemens, mais les prévenir. Que comme un Général marche à la tête de ses troupes, aussi de sages *Politiques* doivent-ils marcher, si j'ose ainsi dire, à la tête des affaires ; en sorte qu'ils n'attendent pas l'évènement, pour savoir quelles mesures ils ont à prendre, mais que les mesures qu'ils ont prises, amènent l'évènement.

Vous êtes, ATHÉNIENS, les plus forts de tous les Grecs en vaisseaux, en cavalerie, en infanterie, en revenus : et vous ne savez vous prévaloir de rien à propos.

Vous faites dans vos guerres avec Philippe, comme fait un Barbare, quand il lutte. S'il reçoit un coup, il y porte aussitôt la main. Le frappe-t-on ailleurs ? Il y porte la main encore. Mais de parer le coup qu'on lui destine, ou de prévenir son antagoniste, il n'en a pas l'adresse, et même il n'y pense pas. Vous pareillement, si vous entendez dire que Philippe s'est jeté sur la Chersonèse, vous y envoyez du secours : s'il est aux Thermopyles, vous y courez : s'il tourne de quelqu'autre côté, vous le suivez, à droite, à gauche, comme si vous étiez à ses ordres. Jamais de projet arrêté, jamais de précaution. Vous attendez qu'une mauvaise nouvelle vous mette en mouvement.

Autrefois, peut-être, vous pouviez sans risque vous gouverner ainsi, mais le moment décisif est venu ; il faut une autre conduite.

Pour moi, ATHÉNIENS, je me persuade que cette humeur inquiète qui dévore Philippe, lui est inspirée par

quelque Dieu sensible à notre honte.
Car si, content de ce qu'il a envahi,
Philippe devoit s'en tenir là, et renoncer à de nouveaux projets ; quelques-
uns de vous, ou je me trompe fort,
consentiroient à oublier qu'il nous a
couverts d'ignominie, et que nous
sommes l'opprobre des Grecs. Mais
heureusement rien ne l'assouvit ; son
ambition croît toujours, et peut-être
vous réveillera-t-il enfin, à moins que
vous ne vous soyez entièrement livrés
au désespoir.

On ne pense point, et c'est ce que
j'admire, on ne s'indigne point de voir
qu'une guerre commencée pour nous
venger des outrages que Philippe nous
a faits, se termine par souhaiter qu'il
cesse de nous en faire. Mais non, il ne
cessera pas, s'il n'y est contraint.

Et nous attendrons tranquillement ?
Vous croirez que tout ira bien, pourvu
que vous fassiez partir des galères
vides, et qu'un téméraire vous réponde
du succès ? Nous ne nous embar-

querons pas ? Il n'y aura pas de nos citoyens qui prennent les armes, et qui par leur présence animent enfin l'étranger ? Notre flotte ne descendra pas chez l'ennemi ?

Par où l'aborder, dira-t-on ? Hé la guerre, ATHÉNIENS, la guerre elle-même (1) vous en découvrira les endroits foibles, si vous les cherchez.

Mais si, renfermés dans vos murailles, vous n'avez d'attention que pour des harangueurs, qui se déchirent perpétuellement les uns les autres, vous ne ferez jamais rien d'utile.

Quelque part que marchent nos troupes, si elles sont, je ne dis point toutes composées, mais du moins mêlées de citoyens, je m'assure que la bienveillance des Dieux et de la fortune combattra pour nous. Mais quand il n'y a d'Athénien que le Général ;

_____

(1) Voyez encore ici Longin, ch. XVI. Tolius dans ses Notes sur Longin, rapporte ce passage de Tacite, Liv. II. *Aperiet et recludet contecta et tumescentia victricium partium vulnera bellum ipsum.* Mais le style de l'Historien vaut-il celui de l'Orateur ?

et quand on le fait partir avec un décret frivole, et avec des espérances dont il n'a pour garant que la tribune; rien de ce qui doit se faire, ne se fait.

Autant que ces sortes d'armemens excitent la risée de vos ennemis, autant ils consternent vos alliés. Car un homme seul ne sauroit, non, il ne sauroit porter tout le fait dont vous le chargez. Il ne pourra que donner de belles paroles, et quand il aura été battu, en rejeter la faute sur l'un ou sur l'autre. Toutes vos entreprises ont échoué par-là. Et devez-vous effectivement vous promettre un autre succès? Vous donnez à de pauvres étrangers un Chef qui n'a pas de quoi les payer; il succombe; aussitôt on vient hardiment vous en faire ici de fausses relations; et vous, sur des ouï-dire, vous l'absolvez ou le condamnez au hasard.

Or le remède quel est-il? Que vous-mêmes, ATHÉNIENS, vous alliez servir en personne; et qu'après avoir été les inspecteurs de vos Généraux durant la campagne, vous soyez leurs juges au retour.

Vous ne devez point vous fier à de simples rapports ; il faut voir de vos yeux ce qui se passe dans vos armées, et sur-tout aujourd'hui qu'il ne reste nul honneur parmi ceux qui les commandent. Trop lâches pour exposer une seule fois leur vie dans les combats, ils ne craignent point de l'exposer deux et trois fois dans vos jugemens ; et ils préfèrent à une fin glorieuse le sort d'un brigand et d'un scélérat. Car à des scélérats, c'est une sentence qui leur ôte la vie ; mais à des guerriers, ce doit être l'épée de l'ennemi.

Quelques-uns de vos nouvellistes répandent que Philippe travaille avec Lacédémone à ruiner Thèbes, et à changer le gouvernement de nos Républiques : d'autres, qu'il a envoyé un Ambassadeur au (1) Roi : d'autres, qu'il

_____

(1) Ainsi nommoit-on tout court, le Roi de Perse ; ou quelquefois on disoit : *le Grand Roi.*

fortifie des places en Illyrie : chacun de nous invente sa fable, et la promène. Pour moi, de par les Dieux, je veux bien croire, ATHÉNIENS, qu'enivré de ses grands exploits, il se laisse aller à de pareilles rêveries, d'autant plus que dans toute la Grèce il ne voit personne qui lui fasse tête. Mais, de par Jupiter, je ne croirai point qu'il mène ses projets de telle sorte, que nos plus sottes gens les pénètrent ; or nos plus sottes gens, ce sont nos faiseurs de nouvelles.

Mais si laissant leurs songes à part, nous considérons que Philippe est notre ennemi ; qu'il s'empare de nos biens ; que depuis long-tems il nous outrage ; que tous les secours dont nous nous étions flattés, ont tourné contre nous ; qu'il ne nous reste d'espérance qu'en nous-mêmes ; que pour différer à porter la guerre au loin, nous nous exposons à l'avoir dans l'Attique ; si nous faisons, dis-je, toutes ces réflexions, alors nous connoîtrons nos véritables devoirs, et nous fermerons l'oreille à de vains discours. Car il ne faut point que frivoles conjectures nous arrêtent, quand il est clair que si nous manquons de prévoyance et d'activité, nous périrons.

Pour moi, qui jamais ne cherchai à vous plaire, si ce n'est autant que vos intérêts me l'ont permis, je viens de vous dire librement, et sans adoucissement, ma pensée. Heureux si, comme il vous est salutaire de recevoir les meilleurs conseils, il l'étoit de même à l'Orateur de vous les donner. J'en aurois redoublé ma confiance, si je l'avois cru. Mais enfin, de quelque manière que vous preniez mon opinion, il m'a suffi de la croire avantageuse, pour me sentir obligé à vous la dire. Puisse l'emporter celle qui doit vous être la plus utile à tous!

SECONDE

SECONDE PHILIPPIQUE,

PRONONCÉE

La première année de l'Olymp. 109.

Quand on invective devant vous contre Philippe, qui tous les jours, au mépris de la (1) paix qu'il vous a jurée, se porte à de nouveaux attentats : je vois, Athéniens, que l'Orateur ne manque point d'être applaudi, et que ses discours vous paroissent l'équité, la raison même ; mais qu'au fond ils n'opèrent rien d'utile, aucun fruit digne de l'attention que vous leur prêtez.

Tel est même l'état de nos affaires, que plus on vous montre clairement, et la mauvaise foi de Philippe à l'égard

---

(1) Philippe avoit fait sa paix avec Athènes la seconde année de l'Olympiade 108.

II.

d'Athènes en particulier, et les pièges qu'il tend à la liberté de tous les Grecs en général ; plus on se trouve embarrassé à vous bien conseiller.

Quand il s'agit, en effet, de réprimer des usurpateurs ; ce qu'il faut, ATHÉNIENS, ce sont les œuvres, c'est la force, mais non pas de simples paroles. Cependant vos Orateurs, dans la crainte de vous déplaire, et d'en porter la peine, n'osent prendre sur eux de vous proposer ce qu'il faudroit : en sorte qu'ils se bornent à vous représenter ce qu'il y a dans la conduite de Philippe, et d'injurieux et de violent.

Vous, tranquillement assis, vous trouvez, soit dans vos lumières, soit dans nos harangues, de quoi raisonner mieux que Philippe, selon les principes de la justice. Mais aujourd'hui qu'il s'agit de repousser vivement ses efforts, une énorme indolence vous retient. De-là, et c'en est une suite nécessaire, il arrive que vous et lui, dans ce qui fait l'objet de votre étude, vous réussissez, lui, à bien faire ; vous, à bien parler.

Suffit-il dans l'état où nous sommes, d'alléguer que la justice est toute entière de notre côté ? Rien de si facile. Mais est-il temps de pourvoir à ce que nos affaires prennent un autre cours, de peur qu'insensiblement le mal n'augmente, et qu'enfin l'on ne tombe sur nous avec des forces tellement supérieures, que nous ne puissions même nous mettre en défense ? Dès-lors, changement de méthode dans nos délibérations, nous devons absolument, et Orateurs, et Auditeurs, préférer aux conseils agréables et commodes, les conseils qui vont au bien et qui peuvent nous sauver.

Premièrement donc, à considérer les progrès de Philippe, et combien sa domination s'est accrue, si quelqu'un de vous, ATHÉNIENS, se figure que vous n'avez point à vous en alarmer, et que dans toutes ses démarches il n'y a rien qui vous regarde : pour moi surpris que l'on pense de la sorte, et bien convaincu que Philippe est notre ennemi, je vous conjure tous d'écouter sur quoi je fonde mon opinion, afin que vous jugiez qu'est-ce qui doit prudemment vous régler, ou mes défiances, ou la sécurité de ses gens hardis, qui comptent sur la *foi de Philippe*.

Après la conclusion de la paix, devenu maîtres des Thermopyles, et gouvernant à son gré la Phocide, en faveur de qui a-t-il fait usage de son pouvoir? En faveur, non pas d'Athènes, mais de Thèbes.

Pourquoi? parce que rapportant tout, non pas au maintien de la paix; non pas aux lois de l'équité, mais à son agrandissement seul, il a parfaitement compris que, ni par promesses, ni par bienfaits, il n'engageroit une République, qui, comme la vôtre, s'est toujours conduite par des principes d'honneur, à lui sacrifier, dans la vue de vos intérêts particuliers, quelqu'un des autres Grecs : mais que s'il attentoit jamais à leur liberté, aussitôt le zèle de la justice, la crainte de l'ignominie, et l'attention que vous croyez devoir au salut public, vous mettroient les armes à la main, comme si vous étiez vous-mêmes personnellement attaqués.

Quant aux Thébains, Philippe savoit, ce que l'évènement a bien fait voir, que pour leur utilité propre, ils étoient gens à lui laisser faire tout ce qu'il voudroit : et non-seulement à ne point le traverser, mais, s'il le commandoit, à l'assister de leurs forces.

Aujourd'hui encore, parce qu'il a la même opinion, et des Messéniens, et des Argiens, il les comble de faveurs.

Rien ne peut, ATHÉNIENS, mieux faire votre éloge. On voit par-là que vous êtes jugés seuls incapables de trahir la cause commune des Grecs, et d'échanger contre quelque avantage, contre quelque bienfait que ce fût, la gloire d'être leurs vengeurs.

Philippe, non-seulement sur ce qui se passe aujourd'hui, mais encore sur ce qui s'est fait autrefois, a dû en effet se former cette idée de vous, et une idée toute contraire des Argiens et des Thébains. Car il a lu, je n'en doute pas, il a entendu dire qu'Alexandre, un de ses (1) ancêtres, ayant été autrefois envoyé à nos pères, pour leur offrir l'empire de toute la Grèce, à condition qu'ils obéiroient au (2) Roi : eux plutôt que d'écouter cette proposition, ils abandonnèrent leur ville, s'exposèrent courageusemeut à souffrir les plus grands maux, et firent ensuite (3) ces prodiges, que tout le monde aime à raconter, mais que personne n'a pu raconter dignement. Aussi dois-je par cette raison m'en taire. Car il y a véritablement quelque chose de si grand,

---

(1) Avant Alexandre-le-Grand, fils de Philippe, il y avoit deux autres Alexandres, dont l'un * fut le dixième, et l'autre le dix-huitième Rci de Macédoine.

(2) Voyez ci-dessus, pag. 207. Rem. 5.

(3) Ici Démosthène indique le combat naval de Salamine, donné la première année de l'Olympiade 75, et deux autres batailles aussi mémorables, l'une par terre à Platée, l'autre par mer auprès de Micale, données l'année suivante, et toutes deux le même jour, qui fut le vingt-cinq de Septembre. On peut en voir le détail dans Hérodote, liv. 7 et 8.

* Petav. Rat. Temp. part. II. lib. 2, c. 14.

que nulle expression n'y sauroit atteindre.

Philippe, au contraire, sait que dans cette même occasion, et les Thébains marchèrent sous les enseignes du Barbare, et les Argiens ne firent aucune résistance.

Par-là il conçoit que les uns et les autres, contens de trouver leur utilité particulière, ne songeront point aux intérêts communs des Grecs. Qu'en vous choisissant pour amis, il se mettoit dans la nécessité de ne rien faire que de juste. Mais qu'en s'attachant les autres, il aura des mercenaires prêts à seconder tous ses desseins.

Tel est donc le motif de la préférence qu'il leur a donnée, et leur donne encore sur vous. Elle ne vient ni de ce qu'il nous suppose inférieurs en forces navales, car le contraire lui est connu : ni de ce que, content de se voir bien établi au milieu des terres, il dédaigne l'empire de la mer, et le commerce des ports : ni enfin de ce que les protestations, les promesses, par où il nous a éblouis pour avoir la paix, sont effacés de sa mémoire.

Mais ces promesses, dira-t-on, il ne les oublie point : et s'il a épousé les intérêts des Thébains, il ne l'a fait certainement, ni par ambition, ni par aucun des motifs que je lui attribue; il l'a fait parce qu'il a cru que la justice devoit le faire pencher de leur côté.

Entre tous les prétextes imaginables, c'est précisément le seul qu'on ne sauroit alléguer. Quoi! lui qui ordonne aux Lacédémoniens d'abandonner Messène; il nous persuadera que la justice étoit sa règle, lorsqu'il mettoit les Thébains en possession d'Orchomène, et de Coronée ?

Mais, dira-t-on encore, il y fut contraint; et lorsqu'inopinément il se vit entre la cavalerie Thessalienne, et l'infanterie Thébaine, il ne put que condescendre à ce qu'on vouloit de lui.

Voilà, en effet, tout ce qui reste à dire en sa faveur. Et pour le rendre croyable, on répand que les Thébains deviennent suspects à Philippe, et que même il va fortifier Elatée. Oui sans doute, il s'y prépare, et il s'y préparera encore long-temps, ou je me trompe fort. Mais un autre de ses desseins, et dont il ne diffère pas l'exécution, car il s'en occupe actuellement, c'est de joindre ses forces à celles d'Argos et de Messène, pour fondre sur Lacédémone. Déjà il envoie des troupes étrangères, il fournit de l'argent, et il est attendu en personne avec une puissante armée. Quelle apparence donc, que d'un côté il détruise Lacédémone, ennemie de Thèbes, et que d'un autre côté il pense à rétablir (1) la Phocide, qu'il avoit détruite en faveur des Thébains ?

---

(1) Le fameux Temple de Delphes étoit dans la Phocide. Quelques habitans de cette contrée ayant labouré une portion des terres d'Apollon, les Amphyctions les mirent à l'amende. Ce fut l'occasion d'une guerre qui partagea toute la Grèce, et qui dura neuf à dix ans. On l'appela *la guerre sacrée.* Pour en soutenir la dépense, les Phocéens, montagnards aguerris, mais pauvres, parce que leur pays étoit sans commerce, et produisoit peu, se déterminèrent à piller le Temple d'Apollon. Il y avoit un trésor immense. Crésus lui seul, le riche Crésus

Pour moi, non-seulement je suis convaincu que si Philippe avoit ci-devant agi par contrainte, ou s'il tenoit présentement les Thébains pour suspects, il ne poursuivroit pas leurs ennemis avec tant de chaleur : mais de la conduite qu'il tient aujourd'hui, je conclus que dans tout ce qu'il a fait auparavant, il n'a rien fait que de dessein prémédité. Or quiconque voudra en juger sainement, verra que son dessein est de ruiner Athènes, et que c'est même une

---

y avoit envoyé pour couvrir le principal endroit du Temple six vingt tuiles d'or, dont chacune pesoit deux talens. En un mot si nous en croyons Diodore de Sicile, on fondit en or et en argent pour dix mille talens au moins : c'est-à-dire, selon le calcul de M. Dacier, pour trente millions de livres tournois. Les Thébains, voisins des Phocéens, et leurs ennemis irréconciliables, étoient de tous les Grecs les plus acharnés à cette guerre. Ils appelèrent Philippe à leur secours, et Philippe encore plus intéressé qu'eux à détruire les Phocéens, parce qu'ils étoient amis d'Athènes, et maîtres des Thermopyles, se chargea volontiers de signaler en cette occasion sa piété. Il poussa l'ardeur de son zèle pour Apollon, jusqu'à exterminer toutes les villes de la Phocide, n'y laisser que des villages réduits à soixante feux, et, qui pis est, condamner ces misérables à un tribut annuel exigible pendant autant d'années qu'il en faudroit pour faire les dix mille talens qui avoient été volés au Temple de Delphes. cette fameuse guerre commença, selon Pausanias, la dernière année de l'Olympiade 105, et finit au commencement de l'Olympiade 108.

sorte de nécessité pour lui d'en venir à bout. Raisonnez, en effet. Il veut dominer. Il ne voit que vous qui puissiez lui être un obstacle. Vous avez depuis long-temps à vous plaindre de lui. Il le sait, à n'en pouvoir douter. Car il retient les places qu'il vous a prises, *Amphipolis et Potidée*, qui lui servent à couvrir ses frontières, et sans lesquelles il ne se croiroit pas chez lui en sûreté. *Ainsi l'un et l'autre lui sont connus, et qu'il cherche à vous perdre, et que vous n'êtes pas à vous en apercevoir.* Vous croyant donc des gens sensés, il présume que vous lui portez une haine très-juste, et qu'à la première occasion, s'il ne vous prévient, il s'en trouvera mal. Plein de cette idée, qui allume son courroux, il ne s'endort point, il épie le moment de vous surprendre, il se fait des créatures parmi les Thébains, il acquiert leurs amis du Péloponnèse, tous esprits qu'il croit en même-temps, et trop mercenaires pour ne pas goûter leur situation

présente , et trop (1) épais pour con-
jecturer quel sera l'avenir.

Pour peu cependant que l'on ait de
prudence, le passé fournit des exemples,
qui dévoilent assez l'avenir : exemples
que j'eus occasion de citer, et aux Messéniens , et aux Argiens , mais qu'il ne
sera peut-être pas inutile de vous re-
mettre à vous-mêmes devant les yeux.

« Pensez-vous , dis-je aux Messé-
» niens, que les Olynthiens n'eussent
» pas souffert impatiemment quiconque
» leur eût parlé mal de Philippe, dans
» un temps où il leur cédoit Anthé-
» munte , place dont jusque-là tous
» les Rois de Macédoine avoient été
» si jaloux ? Dans un temps où déclaré
» contre nous en leur faveur , il leur
» donnoit Potidée avec toutes les terres
» qui en dépendent , après en avoir
» chassé notre colonie ? Auroient-ils

(1) On sait jusqu'à quel point les Béotiens passoient
pour épais parmi les autres Grecs. *Bœotum in crasso jurares
aëre natum.* Pindare cependant étoit de Thèbes , et Plutarque de Chéronée. Il y a des lieux où l'éducation
manque : les dons naturels ne manquent nulle part.

» craint alors une révolution, ou écouté
» qu'il l'eût prédite ? Point du tout.
» Les voilà cependant, après avoir peu
» joui du bien d'autrui, dépouillés du
» leur propre pour long-temps ; et
» non-seulement ils ont été subjugués
» et honteusement chassés par Philippe,
» mais ils se sont trahis et vendus eux-
» mêmes les uns les autres. Tant il est
» peu sûr à des Républiques de se fa-
» miliariser avec des Tyrans !

» Aux Thessaliens, que leur est-il
» arrivé ? Quand Philippe leur donnoit
» Nicée et Magnésie, et qu'il chassoit
» leurs Tyrans, se figuroient-ils qu'un
» jour, comme en effet nous le voyons,
» il les asserviroit à des (1) Tétrarques ?
» Quand il les rétablissoit dans leurs
» droits (2) d'Amphyctions, croyoient-
» ils qu'un jour il s'empareroit chez eux

(1) *Tétrarque*, Gouverneur, Commandant, qui a toute autorité dans la quatrième partie d'un Etat. Je suis la leçon d'Harpocration.

(2) On appeloit *Amphyctions*, les Députés que les divers peuples de la Grèce envoyoient à une assemblée générale, qui se tenoit deux fois l'année en Automne,

» des deniers publics ? voilà pourtant
» ce qui s'est fait, et aux yeux de toute
» la Grèce.

    » Vous donc, ajoutai-je, qui savez
» ce que c'est que Philippe, lorsqu'il
» donne et qu'il promet : évitez, si vous
» êtes sages, de savoir ce que c'est,
» lorsqu'il trompe et qu'il trahit.

    » Pour mettre les villes hors d'insulte,
» on a inventé des remparts, des mu-
» railles, des fossés, toutes sortes de
» fortifications, qui exigent de grands
» travaux, et de frais immenses. Aux
» gens sages, la nature elle-même leur

---

dans le temple de Cérès, tout près des Thermopyles,
au printemps, dans le Temple de Delphes. Aujourd'hui
nous appellerions cette assemblée, *Etats-généraux* de la
Grèce. Ils traitoient de toute affaire concernant la Reli-
gion et l'Etat avec plein pouvoir.

  Or les deux Temples où ils s'assembloient, étant,
pour ainsi dire, sous la main des Phocéens, ceux-ci,
pendant la guerre sacrée, dont j'ai déjà parlé, n'y
laissèrent point venir les Thessaliens, unis contre eux
avec les Thébains. Philippe n'eut pas plutôt réduit la
Phocide, qu'il fit rétablir les Thessaliens dans leurs
droits d'Amphyctions ; et c'est ce que Démosthène dit ici.
Mais en même-temps, Philippe ne s'oublia pas. Il se fit
aussi donner droit de séance dans cette assemblée, et
par-là il en devint le maître. Jusqu'alors la Macédoine
n'avoit point été comprise dans la Grèce ; c'étoit un
gouvernement des mœurs, une langue toute différente :
et Démosthène tranche le mot, il traite Philippe de
Barbare.

» donne une arme défensive, qui est à
» tous d'un grand secours : mais prin-
» cipalement aux villes libres pour se
» défendre des Tyrans. Quelle est cette
» arme ? La défiance. Portez-là tou-
» jours avec vous : jamais ne vous en
» dessaisissez, et jamais vous ne courrez
» de péril.

  » Votre but enfin, n'est-ce pas la
» liberté ? Mais ne sentez-vous donc
» point qu'il n'y a pas même jusqu'aux
» noms que porte Philippe, qui ne
» soient incompatibles avec elle ? Car
» tout Monarque, tout Tyran est en-
» nemi de la liberté et des lois. Prenez
» garde qu'en cherchant à n'avoir point
» la guerre, vous ne trouviez un
» maître ».

  Après ce discours, qui parut sensé,
les Messéniens m'applaudirent fort : ils
entendirent les autres (1) Députés leur

_____

(1) Athènes voyant qu'après la guerre sacrée, Philippe
songeoit à envahir le Péloponnèse, Démosthène avec
d'autres Députés alla, par ordre de la République, à
Argos et à Messène, pour les avertir de se tenir sur
leurs gardes.

tenir plus d'une fois le même langage
en ma présence, et vraisemblablement
encore depuis mon départ : ils ne cessèrent pourtant, ni de compter sur
l'amitié de Philippe, ni d'ajouter foi
à ses promesses.

Que des Messéniens, que des gens
du Péloponnèse fassent le contraire de
ce qu'ils approuvent, il n'y a rien là
d'étonnant. Mais vous-mêmes, qui, et
par vos propres lumières, et par les
conseils de vos Orateurs, voyez comme
on vous tend des piéges, comme on
vous investit de toutes parts ; vous allez
par votre inaction, à ce que j'en crois,
vous laisser conduire, sans y penser,
dans le même gouffre. Ainsi l'indolence,
ainsi le plaisir présent l'emporte sur
l'utilité à venir.

Vous verrez donc, si vous êtes sages,
quelles mesures il vous conviendra de
prendre.

Quant aux réponses qu'on attend de
vous, et sur lesquelles vous avez pré-

sentement à vous déterminer, voici (1) mon avis.

[On lit, l'avis de Démosthène, et après il reprend son discours.]

Vous devriez, ATHÉNIENS, citer ici ceux qui, sur les promesses dont ils étoient les porteurs, vous ont engagés à conclure la paix. Car il est certain,

---

(1) Aucune édition ne porte qu'il y ait ici un Mémoire à lire. Aucun Traducteur, aucun Scoliaste n'en a senti la nécessité. Ainsi ce n'est pas sans une très-grande et très-juste défiance de moi-même, que je propose une idée qui m'est particulière.

Je crois donc qu'en cet endroit, quoique les Copistes aient négligé d'en avertir, Démosthène produit son Mémoire ; et voici sur quelles raisons je me fonde.

Premièrement, il dit dans les termes du monde les plus clairs : *Pour ce que vous avez à répondre présentement, je vais à l'heure même vous le dire.* Or il n'en dit pas un mot dans le reste de sa Harangue. Peut-on raisonnablement le soupçonner d'avoir tout d'un coup oublié l'essentiel ?

Mais de plus, si l'on ne suppose pas que son discours est coupé ici par la lecture d'un Mémoire, on y trouvera un *hiatus* affreux, qui nous obligera de supposer une lacune.

Enfin, sans un Mémoire instructif, qui renferme un détail pratique, on aura raison de se figurer avec M. de Tourreil, que cette Harangue est *une invective vague*, du moins *en apparence.*

Rien de moins vague. C'est un discours très-suivi, et qu'on peut hardiment mettre à la coupelle de la dialectique.

que si nous avions prévu la conduite
de Philippe, je n'aurois pas accepté
d'aller en ambassade vers lui, ni vous
n'auriez consenti à terminer la guerre.
Mais les effets, depuis qu'il a obtenu
la paix, sont bien éloignés de ce qu'on
avoit promis.

Vous devriez encore citer d'autres
gens. Et qui ? ceux qui me repro-
choient (1) d'être un buveur d'eau, et
par conséquent un homme chagrin et
difficile, lorsqu'après la paix conclue,
et au retour de ma seconde ambassade,
où j'étois allé pour la prestation des
sermens, je publiois hautement que
vous étiez trompés ; que la suite des
événemens vous le feroit bien voir ; et

---

(1) On apprend de Démosthène, dans sa Harangue
de falsa legatione, que ce reproche lui fut fait par un
nommé Philocrate, homme vendu à Philippe. Un jour,
après que Démosthène eut fortement excité le peuple à
ne point conclure la paix, ce Philocrate monta dans la
Tribune, et débuta brusquement par dire : *Il n'est pas
étonnant, Athéniens, que Démosthène et moi nous pensions
différemment ; car il boit de l'eau, et moi je bois du vin.*
Un tel début fit beaucoup rire le peuple d'Athènes, qui,
pour être plus spirituel qu'un autre, ne laisse pas d'être
peuple.

qu'il ne falloit abandonner, ni les Thermopyles ni la Phocide. Au contraire,
ils soutenoient eux, que Philippe, du
moment qu'il se verroit maître des
Thermopyles, feroit aveuglément tout
ce que vous souhaiteriez ; qu'il forti-
fieroit Thespie et Platée, réprimeroit
l'insolence des Thébains, perceroit la
Chersonèse (1) à ses dépens, et vous
donneroit l'Eubée et Orope en échange
d'Amphipolis. Car tout cela vous fut dit
ici, dans cette tribune; et vous ne l'avez
pas oublié, je le sais bien, quoique
vous soyez d'ailleurs si prompts à
oublier le tort qu'on vous fait.

Pour comble d'ignominie, vous
avez, sur de frivoles (2) promesses,

_____

(1) La chersonèse de Thrace ne tenoit au continent
que par une langue de terre d'environ cinq mille pas. Or,
pour la mettre à couvert des incursions ; quelqu'un avoit
imaginé de percer cette langue de terre. Philippe qui savoit
qu'Athènes portoit vivement les intérêts de la Chersonèse,
fit semblant de vouloir exécuter ce projet.

(2) Wolfius et M. de Tourreil ont donné ici dans un
contre-sens, dont j'ai été garanti par les doctes Remarque de M. Lucchésini sur la Traduction de Wolfius. Car
il est juste qu'en nommant ceux qui ont failli, je nomme
celui qui m'a empêché de les imiter.

lié par votre traité vos descendans
même. Tant on vous a séduits !

Mais à quel propos rappeler ces réflexions ? Pouquoi veux-je que vos
perfides conseillers soient cités ? Je
vais , le Ciel m'en soit témoin, vous
parler sans déguisement , et à cœur
ouvert. En vous faisant cette demande,
ma vue n'est point d'obtenir que devant eux, pour les injures dont autrefois ils me chargèrent, vous me donniez
présentement des louanges. Ils sauroient faire valoir cet affront, comme
un nouveau moyen de s'attirer des
largesses de Philippe. Ce n'est pas que
je cherche non plus à me répandre
en vains discours. Mais le motif qui
m'anime , c'est que les entreprises de
Philippe me font envisager un avenir
encore plus triste pour vous, que ne
l'est le présent. Car je vois les choses
s'acheminer. Puissent mes conjonctures
être fausses ! mais je crains que déjà le
moment fatal ne soit pas loin.

Quand il sera donc venu , et que

vous serez pleinement instruits de vos
calamités, non plus par la voix de vos
Orateurs, mais par une expérience actuelle ; transportés alors de colère, vous
courrez sans doute à la vengeance. Or
je vois qu'en pareil cas souvent on se
jette, non pas sur les coupables, mais
sur les premiers qui se rencontrent. A
moins donc que ceux de vos ambassadeurs, qui savent vous avoir vendus
à Philippe, ne confessent leur préva-
rication, il est à craindre qu'un jour
la peine due à leur crime, ne tombe
sur ceux qui auront pris à tâche d'en
détourner les funestes effets.

Ainsi, pendant que l'état de nos affaires nous permet encore de conférer
ensemble sur nos intérêts communs, je
vous demande à tous, quelque connoissance que vous puissiez en avoir
d'ailleurs, de vous bien informer, et
de vous bien ressouvenir quel est
l'homme, par les conseils de qui la
Phocide et les Thermopyles ont été
abandonnés : et qui par cette trahison,

ouvrant à Philippe le chemin du Péloponnèse et de l'Attique, vous réduit
présentement à délibérer, non plus sur
les intérêts des autres Grecs, ni sur des
affaires étrangères, mais sur les moyens
de vous défendre vous-mêmes, et de
n'avoir pas la guerre jusque dans le sein
de votre patrie.

En quelque temps que commence
cette guerre, qui ne pourra qu'exciter
parmi nous un murmure universel,
datez-la du jour que *la paix fut conclue*.
Car si ce jour-là vous n'aviez pas été
séduits, Athènes seroit tranquille. Par
mer, Philippe n'étoit point assez fort
pour descendre dans l'Attique : par
terre, il n'eût pu franchir les Thermopyles, ni traverser la Phocide : il
eût par-conséquent été contraint, ou
d'observer pacifiquement les règles de
l'équité, ou de s'engager dans une
guerre aussi hasardeuse pour lui, que
celle qui l'avoit forcé à rechercher la
paix.

J'en ai dit assez pour vous faire sentir
à quels périls on vous a exposés.
Fassent tous les Dieux que vous n'en
ayez pas de preuves plus évidentes !
Car quelque supplice qu'ait mérité un
traître , si cependant , pour le juger
coupable, vous attendez que les maux
publics attestent sa trahison , je désire
qu'il ne soit point puni.

———

TROISIÈME

TROISIÈME PHILIPPIQUE,

PRONONCÉE

La troisième année de l'Olymp. 109.

Quoique dans la plupart de vos assemblées, ATHÉNIENS, on vous représente quelles sont les entreprises de Philippe, et contre vous, et contre les autres Grecs, depuis son traité de paix; quoique vous soyez tous forcésd'avouer, mais pourtant sans l'avouer tous, qu'il faut nécessairement réprimer et punir son audace; je vois cependant vos affaires tourner si mal, que, si je l'ose dire avec vérité, mais trop durement peut-être, vos Orateurs eussent-ils résolu de vous donner les plus mauvais conseils, et vous de les suivre, vous ne seriez pas tombés dans un état plus déplorable que celui où je vous crois.

Plusieurs causes ont sans doute con-
couru à votre ruine. Ce n'est ni une faute
ni deux qui ont pu vous amener là.
Mais à en bien juger, le mal est principalement venu de vos Orateurs, qui
cherchent plus à vous flatter qu'à vous
instruire. Contens d'être honorés et
applaudis, quelques-uns ne se mettent
point l'avenir devant les yeux; et ils
voudroient que leur exemple fût une
loi pour vous. D'autres, en accusant,
en calomniant ceux qui sont à la tête
des affaires, ne font par-là que *soulever
Athènes contre Athènes*; et pendant
qu'ils l'occupent à se venger sur elle-
même, elle laisse pleine liberté à Philippe. Ainsi se conduit-on : et de là
toutes nos fautes, tous nos revers.

Que je puisse donc, ATHÉNIENS,
vous dire la vérité, sans allumer votre
courroux. Pensez, je vous prie, que
nous sommes dans Athènes, où l'usage
est que sur toute autre matière on soit
maître de parler librement; où, de
votre aveu, l'étranger jouit de ce privi-

lège ; où l'esclave même est moins
contraint dans ses discours , que le
citoyen ne l'est ailleurs. Vous n'avez
banni la liberté , que de vos délibérations. Ici fiers et délicats, vous n'écoutez que ce qui vous fait plaisir , et vous
touchez cependant aux plus affreuses
extrémités !

Vous sentez-vous encore aujourd'hui
dans les mêmes dispositions ? Je n'ai
qu'à me taire. Mais , si vous pouvez
souffrir qu'éloigné de toute flatterie, je
vous tienne un discours utile , me voici
prêt à parler. Car enfin, quelque grand
que soit l'embarras où vous vous trouvez , et quelques pertes que votre indolence vous ait déjà values ; cependant,
si vous vous donnez les mouvemens
nécessaires , vous pouvez encore vous
rétablir.

J'avance d'abord une proposition
capable de vous étonner, mais qui n'en
est pas moins vraie. Oui , ce qui nous
a perdus , c'est ce qui doit relever nos
espérances. Que veux-je dire ? Que

vous n'avez rien fait, absolument rien, pour détourner ce qui vous est arrivé de fâcheux. Que si, malgré tous vos efforts, les mêmes choses vous étoient arrivées, je n'y verrois point de ressource. Jusqu'à présent Philippe a triomphé, *non point d'Athènes*, mais de votre paresse, mais de votre inaction : et vous, ATHÉNIENS, vous n'avez pas été battus, puisque vous n'êtes pas même sortis de vos murailles.

Or, si nous étions tous unanimement d'accord sur ce point, que Philippe, sans égard à son Traité de paix, est véritablemnt armé contre nous ; mon devoir se borneroit ici à vous proposer les plus faciles et les plus sûrs moyens de le ranger à la raison. Mais dans le temps même qu'il prend des villes, retient plusieurs de nos places, opprime tous les Grecs, nous avons ici des personnes assez peu éclairées pour souffrir qu'on dise que c'est nous, au contraire, qui cherchons à rallumer une guerre éteinte. J'ai donc des précautions à prendre, et il faut que d'abord j'attaque cette opinion, de peur qu'un jour celui de vos Orateurs qui vous aura conseillé avec raison de travailler à vous défendre, ne soit accusé de vous avoir mal-à-propos excités à prendre les armes.

Je le déclare hautement, et c'est par où je commence. Vous est-il libre de choisir entre la paix et la guerre ? Vous en croyez-vous les maîtres ? Prenez la paix. Voilà mon avis ; et pour aller au-devant de toute supercherie, je demande que celui de vos Orateurs qui juge qu'effectivement la paix dépend de vous, se lie dans toutes (1) les formes.

Mais quand un homme a les armes à la main, quand il se montre à la tête d'une armée nombreuse, et qu'avec ce beau mot de Paix, dont il veut nous

_____

(1) C'est-à-dire, qu'il donne son avis par écrit, et qu'en conséquence on fasse un Décret, où sera le nom de cet Orateur, afin que l'on sache positivement à qui s'en prendre, si ce Décret a de fâcheuses suites.

éblouir, il nous fait éprouver ce que la guerre a de plus réel ; avons-nous d'autre parti à prendre, que celui de le repousser ?

Permis à vous, en le repoussant avec vigueur, de vous donner, comme lui, pour fidèles observateurs de la paix.

Mais regarder comme un temps de paix, le temps où par la prise de toutes les places qui nous environnent, il s'aplanit un chemin pour venir à nous, c'est folie : ou du moins cette paix-là est bien celle d'Athènes avec Philippe, mais non pas celle de Philippe avec Athènes.

Voilà, en effet, ce qu'il tâche d'obtenir avec l'or qu'il répand ; le pouvoir de vous faire la guerre, sans que vous la lui fassiez.

Attendons-nous que lui-même il avoue qu'il nous fait la guerre ? Quelle simplicité ! Il n'en conviendroit pas encore, fût-il dans le cœur de l'Attique, et jusque dans le Pirée. Jugeons-en par la conduite qu'il a tenue avec d'autres Peuples.

Quand il se vit (1) à quarante stades d'Olynthe, il faut, dit-il aux Olynthiens, de deux choses l'une ; que vous me cédiez Olynthe, ou que je vous cède la Macédoine. Jusqu'alors, s'il apprenoit qu'ils eussent le moindre soupçon, il se justifioit auprès d'eux par ses ambassadeurs, et se plaignoit amèrement de ce qu'il leur étoit suspect. Comment a-t-il surpris les Phocéens ? Il alloit en apparence les voir comme ses alliés et ses amis : il étoit accompagné de leurs propres ambassadeurs : nos politiques soutenoient que ce voyage menaçoit Thèbes. Tout récemment encore, sous ce même prétexte d'alliance et d'amitié, il est entré dans la Thessalie, et y a pris la ville de Phérès. Enfin, à l'égard de ces malheureux Oritains, comment en a-t-il usé ? Il leur fit dire que, sur le rapport qu'on lui avoit fait des factions qui troubloient leur ville, il avoit

_____

(1) Quarante stades font cinq mille pas.

bien voulu, par un effet de sa bienveillance pour eux, leur envoyer des
troupes : et qu'il étoit d'un bon allié,
d'un véritable ami, de ne point les
abandonner en de telles conjonctures.

Pensez-vous donc, ATHÉNIENS,
qu'un homme qui a mieux aimé employer l'artifice *que la force ouverte*,
avec des peuples dont le pouvoir seroit
allé, non à former des entreprises contre
lui, mais peut-être à se précautionner
contre *les siennes*, pensez-vous, dis-je,
qu'avec vous, et sur-tout lorsqu'il vous
sait volontairement dans l'erreur, il en
viendra jamais à une déclaration de
guerre dans les formes ? Assurément
non. Il seroit le plus imbécille de tous
les hommes, si, pendant que vous fermez les yeux sur lui, et que vous êtes
occupés à vous accuser, à vous détruire
les uns les autres, il alloit lui-même
terminer vos querelles, en vous aver-
tissant de tourner vos armes contre lui
seul, et ôtant à ces mercenaires, qui
tâchent ici de vous prouver l'innocence

de ses desseins, tout moyen de vous tromper plus long-temps.

Mais pour décider si l'on est, ou en paix, ou en guerre, fût-il jamais personne de sensé, qui eût plus d'égard aux paroles qu'aux faits? Personne. Or nous venions seulement de traiter avec Philippe; *notre Général* (1) ne marchoit pas encore, nos gens n'étoient pas encore arrivés dans la Chersonèse : et *déjà Philippe s'emparoit de Serrie et de Dorisque* ; déjà il chassoit nos garnisons, et du fort de Serrie, et du Mont-Sacré. Tout cela, quand? Après nous avoir juré la paix.

On me dira : Qu'étoit-ce que ces places, et par où devoient-elles nous intéresser? Une autre fois nous examinerons cette question. Mais ce que j'ai présentement à dire là-dessus, c'est

_____

(1) Diopithe, Chef de la Colonie que les Athéniens avoient envoyée dans la Chersonèse, depuis que cette presqu'île leur avoit été cédée par Chersoblepte, comme nous le verrons dans la Remarque suivante. Il étoit père du fameux Ménandre, poëte comique, qui a été l'Original de Térence.

qu'en matière de serment, les petites choses n'obligent pas moins que les grandes. Poursuivons.

Aujourd'hui qu'il envoie des troupes dans la Chersonèse, dont le Roi de Perse et tous les Grecs nous ont reconnus pour maîtres légitimes, et qu'à ce sujet il nous écrit des lettres où il prend ouvertement (1) le parti des rebelles, que fait-il ? Selon lui, ce n'est pas rompre la paix. Pour moi, non-seulement je regarde ce qu'il fait actuellement dans la Chersonèse, comme un acte d'hostilité ; mais quand je vois qu'il a voulu surprendre Mégare, qu'il n'oublie rien pour établir la tyrannie dans l'Eubée, qu'il se jette sur la Thrace, qu'il trame de sourdes pratiques dans

---

(1) Chersoblepte, Roi de Thrace, dans la cession qu'il avoit faite de la Chersonèse aux Athéniens, s'étoit réservé la ville de Cardie, la plus considérable de cette presqu'île. Mais quand Philippe eut dépouillé Chersoblepte de son Royaume, ce qui arriva la seconde année de l'Olympiade 109, les habitans de Cardie, pour ne point tomber, comme le reste de la Chersonèse, entre les mains des Athéniens, eurent recours à Philippe, qui ne manqua pas de les prendre sous sa protection.

le Péloponnèse , et que tout ce qu'il entreprend, c'est toujours à main armée, je soutiens qu'il nous fait la guerre.

Peut-être direz-vous que ceux qui approchent des batteries d'une place , n'ont point rompu la paix , tant qu'ils ne les ont pas encore dressées au pied du mur. Mais non. Car qui prépare tout ce qu'il faut pour me faire périr, je le crois dès-lors mon ennemi , quoiqu'il n'ait encore lancé ni flèche , ni dard.

Que ne risquez-vous donc pas, lorsque Philippe vous aura enlevé l'Hellespont, lorsqu'il sera maître de Mégare et de l'Eubée , lorsqu'il aura tout le Péloponnèse dans ses intérêts ? Hé comment pourrois-je vous dire qu'un homme qui dispose une semblable batterie contre vous , n'est pas votre ennemi?

Oui , à compter du jour même qu'il extermina les Phocéens , je prétends qu'il vous a fait la guerre.

Traversez donc ses desseins, si vous êtes sages. Pour peu que vous différiez , vous le voudrez trop tard. Je pense si différemment des autres, que mon avis est de ne pas perdre un moment à délibérer, ni sur la Chersonèse, ni sur Byzance; mais qu'il faut voler à leur secours, les mettre à couvert de tout accident, et pourvoir à ce que les troupes que nous y avons ne manquent de rien. Après quoi nous chercherons les moyens de sauver la Grèce entière, menacée du plus grand péril.

Voici, ATHÉNIENS, ce qui me fait prendre l'alarme. Pesez, je vous prie, mes raisons, *afin que*, si elles vous paroissent solides, vos propres intérêts vous fassent agir, quand ceux d'autrui ne vous ébranleroient pas : et au contraire, si ce ne sont que des terreurs paniques, regardez-moi comme un homme en délire, indigne, dès-à-présent, et pour toujours, d'être écouté.

Je ne vous représenterai point que Philippe, originairement petit et foible, alla toujours en s'agrandissant ; qu'aujourd'hui les Grecs sont en proie à la défiance, à la discorde ; et qu'après ce qu'il a conquis, on auroit moins à s'étonner de lui voir subjuguer tout le reste de la Grèce, que de voir ce qu'il est devenu, du peu qu'il étoit. Je laisse à part ces sortes de réflexions, pour ne m'attacher qu'à un seul point, qui est que tous les Grecs, à commencer par vous, lui ont accordé un droit, de tout temps la source de toutes nos guerres. Et ce droit, quel est-il? De faire tout ce qui lui plaît, ruiner, piller, usurper, tyranniser.

Vous fûtes (1) les arbitres de la Grèce pendant soixante et treize ans : les Lacédémoniens (2) après vous la gouvernèrent pendant vingt-neuf : dans ces derniers temps, et depuis la bataille (3) de Leuctres, les Thébains y ont eu aussi quelque supériorité. Mais la

---

(1) Depuis la dernière année de l'Olympiade 75, jusqu'à la dernière de la 93.

(2) Depuis la dernière année de l'Olympiade 93, jusqu'à la dernière de la centième.

(3) Donnée la seconde année de l'Olympiade 102 : et les Thébains, huit ans après, eurent encore l'avantage sur les Lacédémoniens dans le combat de Mantinée.

Grèce ne vous donna jamais, ni à vous, ni à d'autres, un pouvoir sans bornes. Quelqu'un avoit-il à se plaindre des Athéniens? Tous les autres Grecs, sans nul mécontentement personnel, se joignoient à l'offensé, et le vengeoient. On traita de même les Lacédémoniens, devenus les dépositaires de l'autorité. Toutes les fois qu'ils voulurent abuser de leur pouvoir, et introduire des nouveautés, le reste de la Grèce prit les armes contre eux. Jusque-là même, et cet exemple suffit, qu'Athènes et Sparte en sont venues aux mains l'une contre l'autre, sans avoir d'ailleurs nulle raison d'être mal ensemble, mais uniquement pour obliger celle des deux qui avoit tort, à rendre justice.

Tout ce qu'il y eut cependant de fautes commises, soit par les Lacédémoniens, soit par nos aïeux, durant un siècle qu'ils ont commandé, tout cela ensemble n'approche pas de ce qu'a fait Philippe, depuis moins de treize ans qu'il a commencé à être quelque chose.

Tout cela, dis-je, n'est rien au prix de ses attentats, comme il est aisé de le faire voir en peu de mots.

Je ne citerai, ni Olynthe, ni Méthonne, ni Apollonie, ni trente-deux villes de Thrace, qu'il a toutes détruites avec tant de fureur, qu'à les voir on douteroit si elles furent jamais habitées. Je ne dis rien des Phocéens, ce peuple si puissant, dont à peine reste-t-il quelque vestige. Mais où en sont les Thessaliens ? Philippe n'a-t-il pas usurpé leurs places, et aboli leurs républiques, en soumettant tout le pays à des (1) Tétrarques, pour imposer le joug de la servitude, non à quelque canton en particulier, mais à la nation entière ? Toute l'Eubée, cette île qui a Thèbes et Athènes pour voisins, ne l'a-t-il pas livrée à des tyrans ? Ses lettres portent en termes formels : *Je sais vivre en paix avec ceux qui veulent m'obéir.* Et non content de l'écrire, il agit conséquem-

_____

(1) Voyez ci-dessus, pag. 253, Rem. 1.

ment. Il se jette sur l'Hellespont. Il tomba peu auparavant sur Ambracie. Il est maître d'Elis, cette grande et importante ville du Péloponnèse. Il a voulu surprendre Mégare. En un mot, ni la Grèce, ni les terres habitées par les Barbares, rien ne peut assouvir son avidité.

Tout ce que nous sommes de Grecs, nous le savons, nous le voyons, et sans indignation! Au lieu de nous envoyer des ambassadeurs les uns aux autres, nous nous enterrons chacun dans nos villes, ne prenant aucune résolution, ne travaillant point à nous réunir contre l'ennemi commun, spectateurs tranquilles de ses progrès. On diroit que chacun regarde comme un temps gagné pour soi, le temps que Philippe met à la destruction d'un autre. Personne cependant n'ignore, que semblable à une fièvre contagieuse, il viendra tôt ou tard fondre sur celui-là même, qui présentement se croit le plus éloigné du péril.

Au reste, si les Grecs ont eu quelquefois à souffrir de vous ou des Lacédémoniens, ils avoient du moins l'agrément d'avoir des maîtres qui étoient Grecs aussi bien qu'eux, et dont les fautes pouvoient être comparées à celles d'un fils de famille. On blâme ce jeune homme opulent ; sa conduite lui attire de justes reproches ; mais elle ne fait pas qu'on lui dispute les droits de sa naissance. Que si un esclave au contraire, si un enfant dissipoit le bien d'autrui ; avec quelle indignation, avec quels murmures le verroit-on ? Où sont-ils donc vos murmures ? Où est l'indignation que vous faites éclater au sujet de Philippe, qui, loin d'être Grec, loin de tenir aux Grecs par aucun endroit, loin même d'avoir une origine illustre parmi les Barbares, est un misérable Macédonien, sorti d'un lieu d'où il ne vint jamais un bon esclave ?

Hé ! quel outrage vous épargne-t-il ? Après avoir saccagé nos villes, il pré-

side aux jeux (1) Pythiques, où les
Grecs ont droit eux seuls de paroître :
et lui absent, il envoie ses esclaves (2)
y présider. Tous les passages de la Grèce
lui sont ouverts, puisque la garnison
des Thermopyles est à lui. Il s'est arrogé
(3) les honneurs du Temple, honneurs
qui n'appartenoient pas même à tous
les Grecs : il nous en a frustrés, nous,
les Thessaliens, les Doriens, tous les
autres Amphictyons. Il réforme à son
gré le gouvernement de la Thessalie. Il
envoie des troupes, et dans Porthmos,
pour en chasser les Erétriens ; et dans
Orée, pour la faire plier sous un (4)
Tyran.

Voilà ce que souffrent les Grecs.
Voilà ce qu'ils voient du même œil
qu'on regarde tomber la grêle : chacun

---

(1) Jeux célébrés à l'honneur d'Apollon.

(2) Tout sujet d'un Roi n'étoit qu'un esclave aux yeux
de ces anciens Républicains.

(3) Philippe, après avoir terminé *cette guerre sacrée*,
dont j'ai parlé ci-dessus, pag. 249, R. 1, se fit transporter le droit qu'avoient les Phocéens, maîtres du Temple, de consulter l'Oracle les premiers. J'ai évité d'être
ici trop littéral, de peur d'être obscur.

(4) *Philistide*, nommé dans le texte.

pour la détourner de dessus ses terres,
faisant des vœux, et rien de plus. Telle
est l'insensibilité de la Grèce, que non-
seulement les injures faites à la nation
en général ne trouvent point de vengeur,
mais que personne même ne venge les
injures qu'il reçoit personnellement.
Ambracie et Leucade, villes qui appartiennent aux Corinthiens, Philippe ne
les a-t-il pas envahies? Celle de Naupacte
ne l'a-t-il pas enlevée aux Achéens, et
promise aux Etoliens? Thèbes ne l'a-
t-elle pas laissé s'emparer d'Echine?
Actuellement ne marche-t-il pas contre
Byzance? de qui alliée? d'Athènes. Je
supprime le reste. Mais Cardie, la prin-
cipale ville de la Chersonèse, n'est-
elle pas entre ses mains?

Outragés au point que nous le sommes tous en général et en particulier,
nous temporisons : la mollesse nous
endort : nous en sommes de part et
d'autre à nous regarder : un esprit de
défiance règne par-tout. Mais enfin, si
cet homme traite avec tant de hauteur

la Grèce entière, que sera-ce, quand il nous aura tous asservis les uns après les autres ?

Quelle est donc, ATHÉNIENS, la source de tout ceci ? Car les Grecs n'ont pu, sans y être déterminés par quelque puissant motif, passer de ce violent amour qu'ils eurent autrefois pour la liberté, au goût qu'ils marquent aujourd'hui pour l'esclavage.

Autrefois il y eut dans le cœur de nos peuples, il y eut ce qui n'y est plus ; ce *qui alors brava l'opulence des Perses* ; ce qui maintint la Grèce libre ; ce qui nous rendit invincibles et sur terre et sur mer. Depuis que cela n'est plus, tout a changé de face parmi nous. Qu'étoit-ce donc ? Rien de mystérieux, point d'artifice, mais une haine universelle et implacable contre tout mercenaire, contre tout homme capable de se prêter à qui eût cherché à nous asservir, ou à nous corrompre. Accepter un présent, c'étoit alors un crime capital, puni avec la dernière rigueur, et irrémissiblement. Alors ni vos Orateurs ni vos généraux ne vendoient ces occasions heureuses, qui, souvent refusées aux plus vaillans et aux plus attentifs, sont accordées par la fortune aux lâches et aux négligens. Alors on ne vendoit ni la *concorde qui doit régner entre les* Grecs, ni la défiance où ils doivent être des Barbares, ni l'horreur due aux Tyrans, ni enfin aucun des appuis de notre liberté. Aujourd'hui tout cela se négocie, comme en plein marché. Tout est sacrifié à un sordide intérét. On porte envie à ceux qui reçoivent : s'ils l'avouent, on ne fait qu'en rire : s'ils en sont convaincus, on leur pardonne : et c'est se rendre odieux que de s'élever contre de tels abus, principe de tous nos maux. Car du reste nous sommes aujourd'hui plus puissans que *nous le* fûmes jamais, en vaisseaux, en troupes, en revenus, en tout. Mais le trafic de nos mercenaires détruit, renverse, anéantit toutes nos forces.

Pour juger du présent, vous n'avez

qu'à ouvrir les yeux. Mais que nos pères
aient bien autrement pensé, c'est ce
que je prouve par l'inscription qu'ils
gravèrent sur une colonne de bronze,
posée dans notre citadelle, pour faire
passer jusques à nous une leçon si nécessaire. Je dis, ATHÉNIENS, jusques
à nous, car ils n'en avoient pas besoin,
eux, pour apprendre leur devoir. Voici
cette inscription : *Qu'Arthmius de Zélie, fils de Pytonax, soit tenu pour
infâme, et pour ennemi des Athéniens
et de leurs alliés, lui et les siens.* On
ajoute pour quelle raison : *Parce qu'il
a fait passer de l'or des Mèdes dans
le Péloponnèse.* On ne dit pas *dans
Athènes.* Je cite mot pour mot.

Rentrez donc, au nom de Jupiter et
de tous les Dieux, rentrez en vous-
mêmes. Voyez avec quelle sagesse,
avec quelle dignité vos pères ont pensé.
Un esclave du Roi de Perse, tel que
cet Arthmius qui étoit né à Zélie, ville
d'Asie, ils le déclarent ennemi des
Athéniens et de leurs alliés, ils le notent

d'infamie, lui et sa race, pour avoir apporté de l'or, par l'ordre de son maître, non dans Athènes, mais dans le Péloponnèse.

Qu'importoit à un Zélitain, direz-vous, d'être flétri dans Athènes? Aussi n'étoit-ce pas une simple flétrissure : car, suivant nos Lois, c'étoit le juger coupable de mort, et mettre (1) sa tête à prix.

Vos pères, par conséquent, se croyoient dans l'obligation de veiller au salut public. Autrement ils ne se fussent, ni embarrassés que la corruption se glissât dans le Péloponnèse, ni portés à punir les séducteurs, et à graver leur infamie sur le bronze. Par-là ils faisoient que les Grecs imprimoient de la terreur aux Barbares, et non les Barbares aux Grecs. Aujourd'hui c'est le contraire, parce que vous avez dégé-néré. Vous savez en quoi, et comment.

_____

(1) Dans le texte, on cite le commencement de deux lois d'Athènes sur ce sujet.

Mais faut-il que nos reproches tombent sur vous seuls? Tous les autres Grecs ne sont pas moins condamnables que vous.

Je conclus que dans la conjoncture présente, vous avez besoin, et d'agir vivement, et d'être bien conseillés. Vous dirai-je mon avis? Me l'ordonnez-vous? Ne vous en offenserez-vous point? Prenez (1) ce mémoire, et lisez.

[*Ici Démosthène fait lire son mémoire, et ensuite il prend la parole.*]

Pour dissiper vos alarmes, voici ce qu'on vous insinue : que les forces de Philippe n'égalent pas encore celles des Lacédémoniens d'autrefois, maîtres de la terre et de la mer, alliés du Roi de Perse, tout-puissant ; et qu'Athènes cependant, loin de succomber, arrêta leur progrès.

---

(1) Ces paroles s'adressent à un Officier subalterne, qui étoit ce que nous appellerions aujourd'hui un Greffier.

Or

Or je prétends , moi, qu'il n'y a rien à conclure du passé au présent, et que toutes choses ont bien changé ; mais principalement la manière de faire la guerre. Autrefois, à ce que j'entends dire, la campagne duroit quatre ou cinq mois seulement : et dès que la saison devenoit fâcheuse, content d'avoir fourragé le pays ennemi, on licencioit l'armée, et chacun retournoit chez soi. Telle étoit l'innocence, tels étoient les bons procédés de ce temps-là, que rien ne se faisoit avec de l'argent. On y alloit de bonne foi , et à force ouverte. Aujourd'hui plus de batailles, plus de combats. Tout n'est que trahison. Philippe, vous le savez, ne se chargeant point de lourdes phalanges, mais marchant à la tête d'un camp volant, composé de cavalerie légère, et d'étrangers habiles à tirer de l'arc, tombe où il sait que la discorde règne : il trouve une ville agitée, et dont les habitans retenus par leurs défiances réciproques, n'osent sortir pour le combattre : il fait approcher ses batteries, et il assiège. Je n'ajoute pas que toutes les saisons, été, hiver, lui sont égales. Vous le savez. Prenez donc vos mesures, et prenez-les de loin pour empêcher qu'il ne fonde sur l'Attique. Vous vous perdriez sans ressource, si vous comptiez avec lui sur cette simplicité de nos guerres contre Lacédémone. Occupez-le si bien chez lui, qu'il ne puisse en sortir. Heureusement vous avez pour cela toute sorte de facilités; et son pays est situé de manière qu'*il vous offre*, presque de toutes parts, cent et cent moyens de le piller, de le désoler. Voilà ce qu'il faut, et ne point nous exposer sur notre terrain à une bataille rangée, où l'expérience lui donneroit trop d'avantage sur nous.

Mais en vain lui ferez-vous la guerre, si vous ne la faites aux Orateurs qu'il tient ici à ses gages; et vous ne détruirez pas l'ennemi qui est au dehors, si vous ne commencez par détruire ceux qui sont au dedans. Vous ne le pouvez

cependant, ni ne le voulez. O Dieux !
est-ce aveuglement ? est-ce folie ? Pour
moi, souvent je suis tenté de croire
que c'est l'ouvrage de quelque Démon,
qui veut notre perte. Quoi qu'il en soit,
nous voyons que par malignité, par
envie, par goût pour la satire, et que
sais-je par quel autre motif, vous com-
mandez à des mercenaires, dont quelques-uns se reconnoîtroient eux-mêmes
pour tels, de prendre ici la parole ; et
quand ils ont déchiré quelqu'un, vous
en riez. Mais quelque grand que soit ce
désordre, j'en sais encore un plus grand :
et c'est qu'il y a moins de risque à courir
avec vous pour ces gens-là, que pour
l'Orateur le mieux intentionné. Or, apprenez ce qu'il en coûte de leur prêter
l'oreille. Je ne rapporterai que des faits
connus.

Olynthe étoit divisée. Quelques-uns
de ses Magistrats, soumis et vendus à
Philippe : d'autres, qui pensoient dignement, ennemis de la servitude. Auquel de ces deux partis est due la perte

d'Olinthe ? Par lequel des deux la cavalerie, qui étoit toute sa défense, fut-elle livrée ? Par le parti de Philippe. Jusqu'à la reddition d'Olynthe, ces ames vénales ne cessèrent d'attaquer, de noircir les défenseurs de la patrie, et avec un tel succès, que l'illustre Apollonide fut banni.

Une même cause produisit ailleurs les mêmes effets. Plutarque (1) étant sorti d'Erétrie avec les étrangers qui étoient à sa solde, et les Erétriens se voyant les maîtres, tant de leur ville, que de Porthmos, les uns nous offroient le gouvernement, les autres l'offroient à Philippe. On laissa tellement prendre le dessus à ces derniers, qu'enfin ceux qui étoient du bon parti furent exilés. Philippe l'allié, l'ami des Erétriens, mit alors garnison chez eux, rasa Porthmos, et les fit tous obéir à trois (2)

_____

(1) Tyran d'Erétrie.
(2) Ces trois Tyrans, aussi bien que le Commandant de la garnison, et les associés de Philistide, sont nommés dans le texte. Mais tant de noms propres ne servent qu'à embarrasser et qu'à obscurcir une Traduction, sur-tout lorsqu'il s'agit de gens qui nous sont inconnus d'ailleurs.

Tyrans. Après quoi, lorsqu'ils ont voulu par deux fois secouer le joug, il y a pourvu par deux détachemens de ses troupes, l'un sous la conduite d'Euriloque, l'autre sous celle de Parmélion.

Vous faut-il encore d'autres exemples? Vous avez celui d'Orée. Philistide et les autres qui présentement y sont les maîtres, portoient les intérêts de Philippe, et on le savoit. Au contraire, Euphrée, que vous avez vu ici autrefois, parloit hautement pour la liberté. On ne sauroit dire combien son zèle lui valut d'outrages. Une année donc avant la ruine d'Orée, voyant ce qui se tramoit, il dénonça *Philistide* et ses adhérens. Aussitôt ceux qui étoient à l'aumône de Philippe, font tumultuairement arrêter Euphrée, comme pertubateur du repos public. Tout le peuple, loin de prêter main-forte à l'opprimé, et de faire prendre les oppresseurs, parut se repaître d'un tel spectacle. Ainsi la faction de Philippe, parvenue à la puissance où elle aspiroit, ne songea plus qu'à livrer la ville. On avoit beau s'apercevoir de leur manœuvre : personne, depuis l'accident d'Euphée, n'osa dire mot. On ne rompit le silence qu'à l'arrivée de Philippe sous les murailles d'Oréc. Alors l'un des partis défend la ville, l'autre la trahit ; et la ville prise, les factieux s'emparent du gouvernement. Ils bannissent, ils massacrent ceux qui avoient tenu pour la liberté, et pour Euphrée. Quant à Euphrée, il se poignarda ; et par cette dernière action, fit voir la pureté de son zèle pour sa patrie.

Vous êtes surpris, peut-être, de trouver dans les Olynthiens, dans les Erétriens, dans les Oritains, plus de docilité pour les partisans de Philippe, que pour leurs propres défenseurs. Mais le principe de leur séduction est le même chez vous. Quel est-il ? Que des Orateurs vraiment zélés ne peuvent pas toujours, quand ils le voudroient, ne rien dire que d'agréable : car nécessairement le salut demande qu'on prenne des précautions, et que l'Orateur par conséquent fasse des propositions dures : au lieu que les traîtres, pour avancer les affaires de Philippe, n'ont qu'à flatter le peuple. Quand les uns représentoient dans Olynthe, et ailleurs, qu'il falloit se taxer, se tenir sur ses gardes, déclarer la guerre, les autres soutenoient qu'il ne falloit point de taxe, qu'il n'y avoit qu'à jouir de la paix ; ainsi du reste. Par conséquent ceux-ci disoient des choses agréables dans le moment ; et les autres pour aller au devant du mal, ouvroient des avis fâcheux. A la fin il arrivoit que la faction ennemie ayant pris entièrement le dessus, on souffroit tout d'elle, non par complaisance, ni par ignorance, mais par l'impuissance où l'on se croyoit d'y mettre ordre.

Jupiter et Apollon me sont témoins que j'appréhende pour vous le même sort. Aussi ceux qui vous y exposent sont-ils pour moi des objets dignes de haine. Que dis-je ? d'horreur. Qu'ils pèchent par ignorance, ou par malice, qu'importe? Mais puissiez-vous, ATHÉNIENS, ne pas donner dans leurs piéges! Plutôt mourir mille fois, que d'en venir à sacrifier, par une lâche condescendance pour Philippe, quelqu'un de vos fidèles Orateurs. Voyez quelle est la récompense des Oritains, pour avoir écouté les créatures de Philippe, et rejeté Euphrée. Quelle est la récompense des Erétriens, pour avoir chassé nos Ambassadeurs, et pour s'être donnés à de nouveaux maîtres, qui ne leur épargnent ni verges ni tortures. Voyez où en sont les Olynthiens, pour avoir confié leur cavalerie à Lasthène, et banni Apollonide. Vous attendre, comme vous le devez, à de semblables traitemens, et cependant ne résoudre, ne faire rien pour les prévenir, c'est folie, c'est lâcheté. Vous écoutez ce que disent des traîtres, qu'Athènes est d'une grandeur qui suffit pour la défendre. Mais au premier évènement il sera honteux de s'écrier : *Qui l'eût cru ?*

Oui sans doute, on avoit dû le croire,
et prendre telle précaution, éviter tel
piège. Aujourd'hui les Olyntiens peuvent bien faire des réflexions, qui,
faites à temps, les auroient sauvés : les
Oritains, les Phocéens, tous les autres
peuples qui ont péri, tiendront le
même langage : mais à quoi bon ?

Tandis qu'un vaisseau peut encore
lutter contre les flots, il faut que pilote,
matelots et passagers, travaillent à
empêcher qu'on ne le renverse, soit à
dessein, soit imprudemment; mais s'il
vient à être submergé, les efforts ne
servent plus de rien. Que ferons-nous
donc, ATHÉNIENS, pendant que nous
subsistons encore, pendant que nous
avons de grandes forces, des ressources
infinies, une haute réputation ? Peut-
être quelqu'un de vous est-il impatient
de le savoir. Je vais le dire, et même
en proposer le décret, afin que vous
le fassiez mettre à exécution, si vous
l'approuvez.

Résolution prise de vous défendre,

13. *

et vos préparatifs étant faits (car les autres Grecs fussent-ils tous d'humeur à se rendre esclaves, Athènes combattra pour sa liberté), vos préparatifs donc étant faits, il faut envoyer des Manifestes et des Ambassadeurs en tous lieux au Péloponnèse, à Rhodes, à Chio, et même au Roi de Perse, puisqu'il est de son intérêt, aussi bien que du nôtre, d'empêcher que Philippe ne renverse tout. De là il arrivera, ou que vous serez écouté, auquel cas vous aurez des gens qui partageront avec vous, *et le péril et la dépense*, s'il est besoin : ou que si l'on vous refuse, au moins gagnerez-vous du temps. Et ce n'est pas gagner peu avec un ennemi, dont les entreprises dépendent d'une seule tête, non de plusieurs. Tel fut le fruit de nos dernières (1)

---

(1) Ambassades envoyées au Péloponnèse, et dont étoit Démosthène, avec plusieurs autres nommés dans le texte. Car j'ai encore ici la bonne foi d'avertir que je supprime ces noms inconnus. De semblables omissions, quand même on ne les déclareroit pas, ne sont point des infidélités. Un traducteur, s'il veut prendre Cicéron

ambassades. Vous mîtes par-là un frein à son impétuosité, en sorte qu'il n'osa, ni attaquer Ambracie, ni se jeter sur le Péloponnèse.

Je ne dis pas qu'en vous dispensant comme vous faites, de tous vos devoirs, vous portiez les autres Grecs à remplir les leurs. Car il seroit contre le bon sens, si vous manquez à vous-mêmes, d'affecter tant de zèle pour les autres ; et si vous n'êtes point touchés du présent, de vouloir leur faire peur de l'avenir. Aussi n'est-ce point là mon idée. Mais je dis qu'il faut payer nos troupes de la Chersonèse, et leur envoyer ce qu'elles demandent ; qu'il faut travailler à nos armemens, être

_____

pour guide, n'aura pas une exactitude servile, qui coûte peu ; mais il aura une liberté oratoire qui coûte beaucoup. Car ce même passage tant de fois allégué par les Traducteurs, bien loin de les mettre au large, comme ils le prétendent, me paroît au contraire leur imposer une dure loi. *Nec converti, ut interpres,* dit Cicéron, *sed ut orator, sententiis iisdem, et earum formis tanquam figuris, verbis ad nostram consuetudinem aptis : in quibus non verbum pro verbo necesse habui reddere, sed genus omnium verborum, vimque servavi. Non enim ea me annumerare lectori putavi oportere, sed tanquam appendere.* Opt. gen. Or.

prêts les premiers ; et qu'en conséquence nous exhorterons les autres
Grecs, nous les animerons, nous les
instruirons par nos exemples. Voilà ce
qui convient à la majesté d'Athènes.
Car ne vous imaginez pas que Chalcis
ou Mégare puissent, à votre défaut,
sauver la Grèce. Trop heureuses ces
deux villes, si elles peuvent se défendre
elles-mêmes. A vous seuls, ATHÉNIENS,
est réservée la gloire du salut commun :
gloire dont vos ancêtres vous ont mis
en possession, après l'avoir achetée par
un prodigieux nombre de grands et de
célèbres travaux. Que si, toujours obs-
tinés à ne vous donner aucun mouvement, vous attendez que d'autres s'en
donnent pour vous, c'est ce qui n'arrivera point. Et tôt ou tard, ce que
nous ne voulons pas aujourd'hui, une
indispensable nécessité nous le fera
vouloir. Car enfin, si d'autres avoient
été disposés à tout faire pour vous, et
sans vous, ils se seroient montrés
depuis le temps que votre inaction

laisse le champ libre. Mais personne
ne paroît.

Voilà donc ma pensée. Voilà le
décret que je propose, et dont l'exécution, à ce qu'il me semble, peut
encore vous rétablir. Que celui de vos
Orateurs qui aura trouvé mieux, vous
le communique, et vous le persuade.
Quelque parti que vous preniez, fassent
les Dieux que ce soit le meilleur !

QUATRIÈME PHILIPPIQUE,

PRONONCÉE

La quatrième année de l'Olymp. 109.

PERSUADÉ que l'objet (1) de la délibération présente, ce sont les grands et pressans besoins de la République, je tâcherai, ATHÉNIENS, de vous dire là-dessus ce qui me paroît devoir vous être le plus avantageux.

----

(1) Parmi les anciens, dont le fameux M. Perrault entreprit follement de ruiner la réputation, il n'oublia pas Démosthène : et c'est sur le commencement de cette quatrième Philippique, qu'il se fonde pour le décrier, en s'attachant, non à l'Original qui lui étoit parfaitement inconnu, mais à la Traduction imprimée en 1685. Quoiqu'on m'ait représenté que c'étoit ici l'occasion de répondre à M. Perrault sur Démosthène, comme d'autres lui ont répondu sur Homère, et sur Pindare, j'ai cru, pour moi, la réfutation peu nécessaire, aujourd'hui qu'à peine sait-on s'il a écrit. Je suis bien persuadé qu'il n'y a personne qui ne voie avec indignation, sans mon secours, la mauvaise foi d'une censure, qui ne portant que sur la Traduction, n'effleure pas même l'Original. Oui, sans doute, la Traduction présente à l'esprit un

Vos fautes, qui ne sont pas en petit nombre, et qui s'accumulent depuis long-temps, nous ont réduits où nous en sommes. Mais ce qui vous rend le plus coupables, c'est votre aversion pour les affaires. Ici, au sujet d'un nouvel évènement, votre attention se réveille un peu, et vous écoutez, tranquillement assis sur vos siéges. Après quoi, de retour chez vous, non-seulement nos plus importantes affaires ne vous occupent point, mais vous n'en conservez pas même le souvenir.

Philippe, *vous l'apprenez de toutes parts*, est d'une audace, est d'une

---

raisonnement mal suivi. Mais cela vient de ce qu'on s'est mépris à la valeur de ces particules, que la grammaire appelle des *Conjonctions*, et dont les Grecs font bien plus d'usage que nous, qui n'en avons pas autant qu'eux. Attaquer Démosthène du côté de la Logique, c'est précisément l'attaquer par l'endroit où il est le plus fort.

Pour faire que M. Perrault lui-même raisonnât plus conséquemment qu'il ne fait, je voudrois que son Ouvrage, qui est intitulé PARALLÈLE DES ANCIENS ET DES MODERNES, eût pour titre ; PARALLÈLE DES ANCIENS, *qui ont été le plus mal traduits*, ET DES MODERNES, *qui ont le mieux écrit*. Avec une si légère addition il se trouveroit que l'Ouvrage de M. Perrault, qui a si justement révolté tous les Savans, contiendroit une sorte de vérité, à laquelle il n'y a personne qui ne souscrive volontiers.

avidité sans bornes, et ce n'est pas avec
nos harangues seules, que l'on peut le
réprimer. Pour vous en convaincre, si
cela avoit besoin de preuves, vous
n'auriez qu'à considérer que toutes les
fois qu'il a fallu se défendre par des
raisons, nous l'avons emporté. Par-
tout où l'on n'emploie pour armes que
la parole, la victoire est à nous. Mais
les affaires *de Philippe* en vont-elles
plus mal, et les nôtres mieux ? Il s'en
faut bien. Philippe, de son côté, prend
les armes et affronte *les hasards : nous,*
contens d'avoir les uns prononcé, les
autres entendu de beaux *discours*, où
notre bon droit est bien établi, nous
en demeurons-là : et comme les effets
sont d'un plus grand poids que les paroles, tout le monde a égard, non aux
belles choses que nous avons dites,
et que nous disons encore, mais à ce
que nous faisons. Or ce que nous faisons n'arracheroit pas d'entre les mains
de l'ennemi, un seul de ceux qu'il
opprime. C'est en dire assez.

Toute la Grèce étant donc divisée en deux partis, ceux-ci jaloux de l'indépendance, et soumis aux lois, ne veulent ni commander, ni obéir. Ceux-là, pour devenir les maîtres de leurs égaux, se rendent les esclaves de quiconque peut leur être utile. Et ce dernier parti composé d'ambitieux, qui ont la protection de Philippe, a tellement prévalu, que je doute s'il reste une seule de nos villes, excepté Athènes, où la démocratie conserve une apparence de vigueur.

Philippe fournit à ceux qui s'attachent à lui tout ce qui facilite, tout ce qui assure le succès d'une entreprise. De l'argent; et c'est le principal pour gagner les ames vénales. Des troupes au besoin, et ce leur est une ressource non moins utile pour terrasser ceux qui croisent leurs projets. On voit, ATHÉNIENS, que l'un et l'autre nous manquent. On nous trouve (1) tou-

---

(1) Il y a dans le texte : *Nous ressemblons à des gens qui ont avalé du jus de pavots, ou quelqu'autre semblable breuvage.*

jours en léthargie. Et de là (car il faut
avouer ce qui est vrai) de là ce mépris
qu'on a pour nous : mépris si grand,
si général, que parmi les peuples
mêmes qui ont le plus besoin de secours, quelques-uns nous disputent
l'honneur du commandement; d'autres,
le droit d'assigner le lieu des confé-
rences; et d'autres enfin ont résolu de
se défendre seuls, plutôt que de vous
avoir avec eux.

Pourquoi vous faire ces reproches ?
Jupiter, tous les Dieux me sont témoins
que ce n'est pas à dessein de vous
offenser. Je veux, ATHÉNIENS, vous
faire sentir que dans les Républiques,
comme dans la fortune des particuliers,
si les fautes où l'on tombe par une négligence habituelle, paroissent d'abord,
chacune à part, de petite conséquence,
à la fin elles portent coup. Vous lais-
sâtes prendre d'abord après la paix,
Serrie et Dorisque, deux places dont
plusieurs de vous, peut-être, ne savent
pas seulement les noms. Voilà pourtant

ce qui a entraîné la perte, et de la Thrace, et de Chersoblepte (1) votre allié. Philippe, après cette première preuve de votre peu d'attention, rasa Porthmos, et mit dans l'Eubée des Tyrans, pour tenir Athènes en bride : vous fermâtes les yeux là-dessus. Peu s'en fallut qu'il ne prît Mégare : nul mouvement de votre part à ce sujet, nulle marque de ressentiment. Il acheta donc la ville d'Antrône, et peu après se rendit maître d'Orée. Je passe sous silence *la prise de Phérès*, l'expédition d'Ambracie, le carnage de l'Elide, une infinité de semblables attentats. Car mon dessein n'est pas de faire un dénombrement exact de ses violences, de ses usurpations. Tout ce que je prétends, c'est de vous montrer qu'il n'en arrêtera pas le cours, à moins que d'y être forcé.

Vous avez ici des gens, qui, sans se

---

(1) Chersoblepte, Roi de Thrace, fut dépouillé de son royaume par Philippe, comme je l'ai déjà dit, la seconde année de l'Olymp. 109.

donner le loisir d'entendre de quoi il s'agit, ont coutume de demander : Que faut-il faire ? Rien de plus louable, si c'étoit par impatience d'en venir à l'exécution ; mais c'est pour se délivrer de l'Orateur. Je vais donc me hâter de vous dire mon avis.

Premièrement, soyez bien convaincus que Philippe nous fait la guerre, qu'il a violé la paix, qu'il est l'ennemi mortel, et d'Athènes, et de nos Dieux tutélaires. Puisse-t-il éprouver leur courroux ! Il en *veut sur-tout* à notre gouvernement. toutes ses ruses ne tendent qu'à l'abolir ; et vous allez comprendre que c'est pour lui présentement une nécessité d'en venir à bout. Il veut dominer. Il ne voit que vous en état de le traverser. Vous avez depuis long-temps à vous plaindre de lui, et il n'en sauroit douter, puisqu'aujourd'hui ses plus fermes remparts sont des places qui vous appartiennent, et qu'il vous a enlevées ; car, s'il perdoit Amphipolis et Potidée, il ne se croiroit plus en sûreté, même dans la Macédoine. Il sait donc, et qu'il vous a tendu des pièges, et que vous n'êtes pas à vous en apercevoir. Il vous croit sensibles. Il compte donc sur votre haine. Mais de plus, quand il auroit conquis tout le reste de la Grèce, si la Démocratie subsiste dans Athènes, il conçoit que ces conquêtes sont mal assurées, et que dans un revers de fortune, comme il peut lui *en arriver, et plus d'un,* les peuples qui présentement ne sont à lui *que par force,* viendront se jeter en vos bras. Car le penchant que vous recevez de la nature, vous porte, non à vous agrandir, non à faire des esclaves, mais à détruire les Tyrans, et à vouloir que tous les hommes soient libres. Philippe veut donc n'avoir pas à vous craindre dans l'adversité. Il a raison. Mais de là concluez qu'il ne peut jamais se réconcilier avec vous, ni souffrir la Démocratie dans Athènes.

Tenez, en second lieu, pour certain que toutes ses batteries, actuellement, vous regardent. Aurions-nous la simplicité de croire que Drongile, Cabyle, Mastir, et autres semblables masures de la Thrace, sont l'objet de ses désirs; que c'est là pourquoi il brave travaux, frimats, hasards, et qu'il regarde sans envie nos ports, nos arsenaux, nos galères, nos mines d'argent, nos revenus immenses, toute cette splendeur, dont à Dieu ne plaise que ni lui ni autre nous dépossède jamais? Quoi, au mépris de ce qu'il voit ici, ce seroit pour avoir un peu de seigle et de millet caché dans les abîmes de la Thrace, qu'il passeroit l'hiver dans cette affreuse contrée? Vraiment non. Mais de tout ce qu'il entreprend là, et ailleurs, l'unique but est Athènes.

Voilà donc sur quels principes vous devez vous régler; et ne point exiger d'un Orateur plein de zèle, qu'il prenne sur lui de proposer la guerre. Vouloir qu'un particulier en coure les risques, ce seroit vouloir qu'on ne la fît point: et dès-lors, c'est abandonner le salut de la patrie. Qu'un de vos Orateurs, la première, la seconde, ou la troisième fois que Philippe a violé la paix, eût proposé d'armer contre lui, et qu'ensuite, comme il fait aujourd'hui, il se fût déclaré contre nous en faveur des Cardiens ; tout le monde n'eût-il pas dit que *Philippe usoit de représailles*, et qu'il falloit mettre en pièces l'Orateur qui étoit la cause qu'on l'avoit attaqué? Ainsi ne cherchez personne qui veuille porter les iniquités de Philippe ; personne *que vous puissiez*, dans les transports d'une aveugle colère, livrer en proie à la fureur de ses partisans.

Que si vous-mêmes, ATHÉNIENS, vous prenez la résolution d'armer, plus de dispute après cela, pour savoir si elle a été prudente ou non. C'est donc à vous de songer à rendre guerre pour guerre : ne laissez manquer de rien vos troupes de la Chersonèse : que chacun de vous personnellement contribue de ses deniers : pourvoyez-vous, et de soldats, et de galères, et

de

de chevaux et de bâtimens pour les transporter, et généralement de tout ce que la guerre demande.

Aujourd'hui, en effet, il y a du risible dans notre manière de nous gouverner, et assurément, si Philippe a un souhait à faire, c'est de nous voir toujours les mêmes, toujours indécis, toujours épuisés par de folles dépenses, jamais d'accord sur le choix de nos généraux, toujours en colère, toujours acharnés les uns contre les autres.

Remontons à la source du mal et voyons le remède. Vos plans, vos préparatifs ne se font jamais à temps. Pour y penser, vous attendez qu'un évènement arrive. Quand vous êtes prêts, l'occasion est passée, et vous vous replongez dans l'inaction. Qu'il survienne une nouvelle affaire; nouvelles mesures prises tumultuairement. Or ce n'est pas le moyen de réussir. Jamais vous ne ferez rien avec des milices levées à la hâte. Mais ayez toujours une armée sur pied, et payez-la bien. Ayez des Trésoriers, assurez-vous de leur fidélité ; et qu'ils vous rendent un compte exact de la dépense. Que votre Général pareillement vous rende compte de ses actions ; et qu'on ne lui laisse aucun prétexte ni d'aller ailleurs, ni de faire autre chose que ce qui est porté par vos ordres. Philippe, si vous en usez ainsi, forcé à se renfermer dans les bornes de la paix, demeurera tranquille dans sa Macédoine. Que s'il ne veut pas, vous aurez de quoi vous battre à forces égales. Peut-être, ATHÉNIENS, que comme aujourd'hui vous demandez ce que fait Philippe, et où il marche, peut-être qu'alors il ne demandera pas avec moins d'inquiétude : Où est descendue la flotte d'Athènes ? Où va-t-elle tomber ?

Pour suivre mon plan, dira-t-on, il en coûteroit beaucoup de soins, beaucoup de peines, les frais iroient loin. Je l'avoue. Aussi la guerre amène-t-elle toujours de grands maux. Mais, en comptant d'une part les maux que cette guerre vous causera; et de l'autre, ceux qu'elle préviendra, vous trouverez qu'il y a du profit à faire généreusement votre devoir.

Quand même un Dieu (car ici la parole d'aucun mortel ne peut suffire) quand même un Dieu vous répondroit que *vous* ATHÉNIENS, *vous n'aurez* personnellement rien à craindre de Philippe, *si vous ne remuez point*; ne seroit-il pas honteux, ne seroit-il pas indigne, et de vous, et de la majesté d'Athènes, et de la gloire que nos ancêtres ont si justement méritée, d'immoler à *votre* repos la liberté de tous les autres Grecs ? Pour moi, plutôt mourir que de vous le conseiller. Qu'un autre vous le persuade, à la bonne heure; n'armez point; abandonnez tout.

Mais si tous désavouent ce lâche sentiment, et si tous conviennent que plus l'ennemi s'agrandira, plus il nous deviendra formidable, pourquoi balancer? Pourquoi différer ? Qu'atten-

dons-nous, ATHÉNIENS, pour faire ce
que nous devons? Qu'une sorte de
nécessité nous y réduise? Mais ce qui
est nécessité pour des hommes libres
n'a plus besoin d'être attendu, et nous
l'éprouvons depuis long-temps. Pour
des hommes libres, point de plus
pressante nécessité que celle de ré-
parer leur honneur. Attendez-vous
cette autre espèce de nécessité, la
crainte des coups, qui est le partage
des esclaves? Puissiez-vous ne la connoître jamais.

Toutes blâmables que sont vos len-
teurs à servir la république, soit de
vos biens, soit de vos personnes, encore
peut-on les couvrir de quelque prétexte. Mais un défaut inexcusable, c'est
de n'avoir pas même la patience d'entendre parler de vos affaires, et d'apprendre ce que vous êtes dans l'obligation de savoir. Pour nous donner
audience, vous attendez comme aujour-
d'hui, que le danger soit présent. Vous
ne prenez jamais conseil d'avance, et

à loisir. Pendant que l'ennemi se prépare, si l'on vous avertit d'en faire autant vous fermez la bouche à l'Orateur. Vous annonce-t-on la prise ou le siége de quelque place ? Alors vous prêtez l'oreille, et vous faites des préparatifs. Mais lorsque vous refusiez d'écouter, c'étoit le temps d'armer ; et lorsque vous demandez conseil, ce seroit le temps d'agir. Vous faites donc tout le contraire des autres hommes : car les autres délibèrent sur l'avenir ; et vous, ATHÉNIENS, sur le passé.

Quant à présent, rien de si pressé que de faire les fonds de la guerre. Vos mesures devroient être prises ; mais nous y sommes encore à temps ; et si nous profitons des conjonctures, elles nous offrent une abondante ressource. Premièrement, ceux de nos (1) peuples qui sont le mieux dans l'esprit du

_____

(1) Il s'agit ici de Thébains , par qui le Roi de Perse, Artaxerxès-Ochus , avoit été secouru , et utilement servi , lorsqu'il fit le siége de Péluse , ville d'Egypte , la seconde année de l'Olympiade 107.

Roi, et à qui même il croit devoir quelque reconnoissance, détestent Philippe, et actuellement lui font la guerre. Mais de plus le confident et le complice (1) de ses desseins sur la Perse vient d'être arrêté. Ainsi ce ne sera point par nous, qui pourrions être soupçonnés de parler uniquement pour nos intérêts; ce sera par l'Agent même de Philippe, que le Roi apprendra ce qui se tramoit contre lui. Vos Ambassadeurs, dans une circonstance si favorable, seront agréablement reçus : *et quand ils re-*présenteront au Roi, que si, faute de secours, il nous arrivoit de succomber, dès-lors Philippe, sans obstacle, fondroit sur la Perse; le Roi ne pourra qu'être charmé de la proposition qu'ils lui feront de joindre ses forces aux nôtres, pour accabler un ennemi com-

---

(1) Selon Ulpian, dans son Commentaire sur cet endroit, ceci regarde l'Eunuque Hermias, Gouverneur d'Atarne en Mysie, avec lequel Philippe entretenoit de secrètes intelligences, méditant déjà la conquête de l'Asie et ces grands projets qui furent exécutés par son fils Alexandre le Grand.

mun. Voilà ce qui me fait dire qu'il faut lui envoyer une Ambassade, sans écouter ces vieilles maximes : *Que c'est un barbare ; que c'est l'ennemi de tout le genre humain*, et autres semblables préjugés qui vous ont déjà nui plus d'une fois. Pour moi, quand je vois des gens qui veulent nous faire peur d'un prince, dont le séjour est (1) à Ecbatane, ou à Suze, qui nous exhortent à nous en défier, après les marques certaines qu'il nous a données autrefois, et depuis peu encore, d'une bienveillance à l'épreuve ; qui nous tiennent en même temps un tout autre langage de ce brigand, dont nous voyons la puissance s'étendre dans le sein de la Grèce, et jusqu'à nos portes : j'admire ces gens-là, et quels qu'ils soient, je

---

(1) Les Rois de Perse passoient l'été à Ecbatane en Médie, et l'hiver à Suze en Perse. Celle de ces deux villes qui étoit la moins éloignée d'Athènes, en étoit à six cents de nos lieues. Il est dit dans le texte, que le Roi de Perse avoit fait depuis peu des offres à la République d'Athènes, qui les avoit refusées. C'est un fait inconnu, et sur lequel on ne peut alléguer que des conjectures, qui seront employées ci-après. Rem. 2.

les crains, puisqu'ils ne craignent pas Philippe.

Une autre chose qui fait que la République n'est point servie, dont les citoyens mal-intentionnés abusent, et qui est parmi nous un sujet perpétuel de brouilleries et d'altercations, la voici. Je me fais une peine de toucher cet article. Je m'y détermine cependant parce qu'il n'y auroit, ce me semble, rien de plus utile que de concilier les pauvres avec les riches, et les riches avec les pauvres; d'assoupir leurs querelles réciproques au sujet de l'argent qui se distribue (1) pour le Théâtre;

---

(1) On sait quelle étoit le passion des Athéniens pour le Spectacle. Mais comme elle auroit été ruineuse pour les pauvres, les riches ambitieux profitoient de cette occasion pour se faire des créatures, dont le suffrage leur étoit acquis. Rien de plus funeste dans une République. Pour empêcher cet abus, il fut arrêté, du temps de Périclès, que l'on prendroit sur les revenus publics de quoi distribuer à tout citoyen deux oboles, qui est ce qu'il falloit donner pour avoir place au Spectacle, comme nous l'apprenons dans l'Oraison pour Ctésiphon. Il est aisé de concevoir que cette distribution, qui pouvoit n'être pas onéreuse en temps de paix, faisoit murmurer les riches en temps de guerre, parce qu'ils auroient voulu que cet argent fût employé à payer les troupes.

Une obole étoit la sixième partie d'une drachme, qui valoit dix sous de notre monnoie.

et de faire voir que cet usage, bien loin d'être pernicieux à la République, lui donne au contraire une nouvelle force, et la met plus en état d'agir. Un peu d'attention, je vous prie.

Pour m'expliquer d'abord en faveur des pauvres, je vous ferai observer que nos revenus, il n'y a pas long-temps, ne passoient (1) pas cent trente talens. Personne alors, qui, sous prétexte que l'argent n'étoit pas commun, refusât d'équiper une galère, ou d'y contribuer. On se portoit de soi-même à faire son devoir. Alors nous avions toujours des vaisseaux prêts à faire voile, toujours

_____

(1) Cent trente talens ne faisoient que trois cent soixante et dix mille livres de notre monnoie. Mais premièrement il faut considérer que ceci s'entend uniquement des revenus qui se tiroient de l'Attique seule. Car les contributions des Alliés, suivant la taxe d'Aristide, étoient annuellement d'environ 460 talens, et elles furent portées par Périclès à un tiers de plus. En second lieu, pour bien comparer leurs revenus avec les nôtres, il faut considérer quel étoit alors le prix des choses. Un bœuf, du temps de Solon, se vendoit cinq drachmes, c'est-à dire cinquante sous, suivant Plutarque dans la Vie de Solon. Un cochon, du temps d'Aristophane, valoit trois drachmes, qui font trente sous, comme on le voit dans celle de ses Comédies, qui est intitulée, _la Paix._

de l'argent, rien n'arrêtoit nos projets. Aujourd'hui, grâce à la fortune, nos revenus se montent à quatre cents talens : et bien loin que les riches souffrent de cette augmentation, elle tourne à leur profit ; car ils en ont (1) leur part, *et cela est juste.* Pourquoi donc *nous reprocher de part et d'autre,* un avantage qui est commun ? Pourquoi seroit-ce une raison aux riches, d'oublier ce que l'honneur exige d'eux ? Jugeons-nous *les* pauvres dignes d'envie, parce que la fortune leur a envoyé ce soulagement ? Pour moi, je ne crois point qu'on doive leur faire un crime de leur indigence. Je ne vois pas que dans une famille les jeunes méprisent les vieux, et refusent inhumainement de travailler, à moins que chacun n'en fasse autant. Tout homme qui manqueroit d'assister les siens, pécheroit contre la nature, et contre la loi. Or la

_____

(1) Tous les officiers de la République avoient des appointemens, qui se prenoient sur ces mêmes fonds.

République n'est qu'une même famille, dont chaque citoyen est membre. Ainsi n'ôtons point aux pauvres ce que la République leur accorde; et si elle ne leur donnoit pas d'une façon, elle seroit obligée à leur donner d'une autre, pour ne les pas laisser dans le besoin. Que *les riches ne prétendent donc pas abolir une pratique si raisonnable, et ajoutons, si avantageuse :* car des citoyens, à qui la République cesseroit de fournir le nécessaire, deviendroient ses ennemis.

Mais d'un autre côté, que les pauvres ne donnent pas *lieu aux riches de se plaindre plus long-temps, et avec raison.* Car, ne consultant que l'équité, de même que j'ai parlé pour les uns, je parlerai hautement pour les autres. Personne, ni dans Athènes, ni ailleurs, n'est assez dur, assez féroce, pour être fâché que l'indigence soit assistée. Où est donc ici la difficulté ? Qu'est-ce qui aigrit les riches ? C'est quand ils voient que pour fournir à cette distribution, qui est assignée sur les deniers publics, on propose de prendre sur les biens des particuliers; et que l'Orateur qui le propose, devient aussitôt un homme illustre, un homme sûr de l'immortalité, s'il n'avoit que vos jugemens à craindre. Un pareil avis n'a point passé au scrutin, mais il avoit été (1) fort applaudi. Voilà ce qui fait peur aux riches, et ce qui irrite. Car il faut, ATHÉNIENS, que l'on se rende justice de part et d'autre, pour vivre en société. Que les riches puissent tranquillement et sans risque *posséder leurs biens*; et que leur opulence, dans les besoins urgens, soit la ressource de la patrie. Que les pauvres ne regardent comme biens communs, que ceux qui

---

(1) J'appelle la Logique au secours de la Grammaire, et c'est ce qui me fait prendre ici le mot grec en bonne part. Il y en a dans Démosthène d'autres exemples.

On voit, dit M. de Tourreil, *ce même homme condamné d'abord par des clameurs éclatantes, sortir enfin absous par vos suffrages secrets.*

J'avoue que cela me paroît un contre-sens formel. Je m'en rapporte à ceux qui voudront prendre le fil du raisonnement, et je serai toujours disposé à me rétracter.

le sont; et que contens de ce qui leur
en revient, ils sachent que le bien d'un
particulier est à lui, et à lui seul.

Par là, les petites villes s'agrandis-
sent, et les grandes se maintiennent.
Tels sont donc nos devoirs mutuels.
Pour les remplir avec plus d'exactitude, achevons, si vous le jugez à
propos, de rechercher les diverses
causes, qui depuis long-temps ont produit nos calamités et le trouble où
nous sommes.

On a renversé le fondement sur lequel vos pères avoient bâti la grandeur
d'Athènes. On vous a fait croire que
d'être à la tête de tous les Grecs, et
d'avoir toujours une armée prête à
venger quiconque est offensé, c'étoit
une dépense inutile, et trop onéreuse.
Que de vivre en repos, ne se donner
aucun soin, et peu-à-peu céder tout,
pour n'avoir querelle avec personne,
c'étoit la vraie félicité, et le moyen
d'être à l'abri de tout danger. Pour
avoir suivi ces nouvelles maximes, vous

avez laissé prendre votre place à un autre. Il est heureux, il est grand, tout fléchit sous lui, et il le mérite. Il voyoit Sparte découragée par ses derniers revers, Thèbes occupée de sa guerre avec la Phocide, Athènes ensevelie dans la *mollesse*. Personne donc ne lui disputant *cette supériorité, qui* de tout temps avoit fait la jalousie de nos premières Républiques, il s'en est emparé comme d'un poste vacant. On a dès-lors recherché son alliance, et à mesure que son pouvoir a fait des progrès, *la crainte* en a fait aussi dans l'esprit des Grecs, dont enfin la situation est devenue si fâcheuse, qu'il n'est presque pas possible de les sauver. Vous sur-tout, ATHÉNIENS, non-seulement parce que l'ennemi a plus d'attention à vous surprendre, mais parce que vous en avez moins à vous garantir.

Que si, contemplant avec joie l'abondance et la richesse de vos marchés, vous croyez que ce soit un motif de confiance, et une preuve qu'Athènes est florissante, détrompez-vous. Je vous passe qu'il y ait là de quoi faire honneur à une halle, à une foire. Mais pour une République, qui voudra tenir le premier rang dans la Grèce, et faire tête elle seule à tous les Tyrans, ce n'est assurément point à la beauté de ses marchés que l'on jugera de sa puissance. On demandera : A-t-elle beaucoup d'alliés ? A-t-elle de bonnes troupes ? Or c'est ce qui nous manque totalement.

Pour mieux sentir cette vérité, rappelez-vous nos plus grands troubles d'autrefois, et convenez qu'aujourd'hui la Grèce est plus agitée que jamais. Autrefois il n'y avoit que deux factions, Athènes et Lacédémone. Tout le reste des Grecs se rangeoit sous les étendards de l'une ou de l'autre. Quant au Roi de Perse, si de temps en temps il cessoit d'être suspect à quelques-uns, c'étoit seulement aux vaincus, et pendant qu'il travailloit à les relever : après quoi ceux qu'il avoit sauvés ne le haïssoient pas moins, que ceux qui avoient toujours été ses ennemis. Mais aujourd'hui le Roi aime tous les Grecs, excepté nous, à moins que vous ne fassiez des démarches pour le (1) regagner. On ne voit d'ailleurs que Puissances séparées, dont chacun veut primer, et qui bien loin d'être unies, comme elles devroient, n'écoutent pour la plupart que leurs jalousies, que leurs défiances. Argiens, Thébains, Corinthiens, Lacédémoniens, Arcadiens, Athéniens, ce sont autant d'intérêts à part. Or de *toutes ces puissances, qui partagent aujourd'hui la Grèce*, convenons, s'il est permis de parler vrai, que nous sommes celle dont les Tribunaux sont le moins fréquentés par les autres Grecs. Pourquoi, puisque nous ne savons inspirer, ni amitié, ni confiance, ni crainte ; pourquoi auroit-on recours à nous ?

---

(1) Parce qu'ils ne s'étoient point rendus à ses invitations et à ses offres, lorsqu'il leur avoit demandé du secours, de même qu'aux Thébains. Voyez ci-dessus, pag. 318.

Je vous l'ai déjà dit, ATHÉNIENS, nous ne péchons pas dans un seul et unique point. Il nous seroit aisé, si cela étoit, de nous corriger. Mais nos fautes sont anciennes, et de toute espèce. Je ne vous en reprocherai plus qu'une, mais qui renferme toutes les autres : et ce ne sera qu'après vous avoir demandé que mon trop de sincérité ne vous blesse pas.

Toutes les fois que l'occasion d'agir s'est présentée, vous avez été vendus : et au lieu de faire tomber le poids de votre colère sur ceux qui vous trahissoient, vous n'avez pensé qu'à goûter les charmes du repos et de la mollesse. Voilà ce qui a fait passer vos honneurs en d'autres mains. Mais ne parlons ici que de Philippe. Vient-on à faire mention de lui ? Tel aussitôt se levera pour vous dire qu'il ne faut point déclarer la guerre légèrement. Ah ! s'écriera-t-il, que la paix est aimable ! Qu'une armée coûte à entretenir ! On en veut à vos finances, ajoutera-t-il. Point de fables si absurdes qu'on ne vous les donne pour des vérités.

Quoi! ces exhortations à la paix doivent-elles donc s'adresser à vous qui n'êtes que trop pacifiques ? Qu'on parle de paix à celui qui fait la guerre : et s'il consent au repos, ce n'est pas vous qui le troublerez.

Regardez comme quelque chose d'onéreux, non ce qu'il vous en coûtera pour vous défendre, mais ce qu'il vous en coûtera pour ne vous être pas défendus. Précautionnez-vous contre la dissipation de vos finances, non par le refus d'en faire usage dans le besoin, mais par de sages mesures pour empêcher qu'elles ne soient pillées.

Je m'étonne que cette dissipation, qu'il vous est aisé de prévenir, et dont vous serez toujours maîtres de punir les coupables, alarme si fort certaines gens, tandis que Philippe, qui saccage toute la Grèce, et qui vous prépare le même sort, ne les alarme point.

Hé, comment se fait-il, ATHÉNIENS,

qu'aucun de ces gens-là, voyant Philippe commettre ouvertement des injus-
tices, et nous prendre nos villes, ne
l'accuse de violer la paix, et que si l'on
vous conseille de vous y opposer, ils
disent que c'est nous qui soufflons la
guerre ?

Par-là ils prétendent se ménager un
moyen, pour faire que les maux inévitables dans le cours d'une guerre (car
il y en a toujours d'inévitables) soient
imputés à ceux de vos Orateurs, dont
le zèle aura le plus éclaté. Ils compren-
nent que si vous conspirez tous unanimement contre Philippe, sa perte non-
seulement sera certaine, mais entraînera
celle de leurs pensions. Qu'au contraire,
sur les premières disgraces qui vous ar-
riveront, si vous avez à vous en prendre à quelques-uns de nous, votre colère s'évaporera en procédure. Qu'étant
les premiers eux-mêmes à nous poursuivre, ils y gagneront tout à la fois ,
et la bienveillance d'Athènes et l'argent de Philippe. Qu'enfin la peine due

à leur trahison, sera le prix de leur fidélité.

Telles sont les espérances dont ils se flattent. Voilà ce qui leur fait dire que si l'on entreprend la guerre, c'est par déférence pour quelques-uns de vos orateurs. Mais moi je sais qu'avant qu'aucun Athénien eût pensé à prendre les armes, Philippe avoit depuis long-temps envahi plusieurs de nos places, et qu'il a depuis peu envoyé du secours aux rebelles de Cardie. Après quoi, si nous persistons à ne vouloir pas le croire notre ennemi, ce seroit à lui une folie outrée de nous tirer d'erreur. Puisque les offensés nient le fait, est-ce, je vous prie, à l'offenseur de le prouver?

Mais quand nous le verrons à nos portes, que dirons-nous alors? Pour lui, il soutiendra toujours qu'il ne nous attaque pas. Aussi ne dit-il rien aux Oritains, avant que de se voir campé sous leurs terres; ni à la ville de Phérès, avant que de l'assiéger; ni aux

Olynthiens, avant que d'être chez eux
à la tête de son armée.

Quand donc nous le verrons à nos
portes, prendra-t-on encore pour des
esprits turbulens, ceux qui vous parlent de vous défendre ? Acceptons, si
cela est, la servitude : car il n'y a point
de *milieu*.

Vous risquez encore plus que tous
les autres. *Philippe se propose*, non
d'asservir Athènes ; non, mais de l'a-
néantir. Il conçoit assez qu'une Répu-
bliquè, qui est accoutumée à commander, ne veut pas, et quand elle
le voudroit, *ne peut pas porter le joug*.
Il conçoit qu'à la première occasion,
vous lui susciterez vous seuls plus d'affaires, que tous les autres Grecs ensemble. Attendez-vous donc, si vous
tombez entre ses mains, aux plus affreuses extrémités. Il s'agit de sauver
tout, ou de perdre tout. Ainsi, dé-
testez, exterminez ceux qui se sont,
de notoriété publique, vendus à lui.
Tant que vous heurterez contre de

semblables écueils, votre naufrage est sûr : et jamais vous ne dompterez vos ennemis du dehors que vous n'ayez détruit ceux du dedans.

Pourquoi, ATHÉNIENS, Philippe vous outrage-t-il avec tant d'indignité ? Pourquoi use-t-il de menaces avec vous, tandis que pour séduire les autres Grecs, au moins a-t-il recours à des voies douces et flatteuses ? Quand il précipita les Thessaliens dans l'esclavage, ce fut en les aveuglant par ses bienfaits. On ne sauroit dire par combien de faveurs, à la tête desquelles étoit la cession de Potidée, il trompa les trop crédules Olynthiens. Aujourd'hui encore il amorce les Thébains, en leur remettant la Béotie, après les avoir délivrés d'une longue et pénible guerre. Ainsi les misères, dont quelques-uns de ces peuples sont accablés, et les autres menacés, ont du moins eu de beaux commencemens. Mais nous, sans parler de nos pertes anciennes, et à ne compter que depuis la négociation de la paix, comment nous a-t-on traités? On nous a enlevé la Phocide, et les Thermopyles. On nous a pris Serrie et Dorisque dans la Thrace. On a mis aux fers Chersoblepte notre allié. On s'empare de Cardie, et on l'avoue.

Pourquoi, dis-je, les procédés de Philippe sont-ils si différens avec vous, de ce qu'ils sont avec les autres Grecs? Parce qu'il n'y a qu'Athènes, où l'on souffre les pensionnaires d'un ennemi déclaré, et où il soit permis de plaider la cause de l'Usurpateur, en présence de ceux mêmes qu'il dépouille. On n'eût pas pris impunément le parti de Philippe à Olynthe, avant que la cession de Potidée lui eût gagné le peuple. On n'eût pas pris impunément le parti de Philippe en présence des Thessaliens, avant qu'ils les eût affranchis de leurs Tyrans, et rétablis dans leurs droits d'Amphictiôns. On n'eût pas pris impunément le parti de Philippe dans Thèbes, avant que la Béotie fût rendue, et que les Phocéens fussent détruits.

Mais dans Athènes, quoiqu'il nous ait pris Amphipolis et Cardie, quoiqu'il nous bride par ses fortifications dans l'Eubée, quoiqu'il marche actuellement contre Bizance : dans Athènes, il est permis de parler en sa faveur.

Que dis-je ? C'est par-là qu'on a vu tout-à-coup des hommes obscurs et pauvres, devenir illustres et riches : vous, au contraire, de l'opulence et de l'éclat, tomber dans le mépris et dans l'indigence. Car, selon moi, la richesse d'une République consiste dans le nombre, dans la confiance, dans le zèle de ses alliés. Or voilà en quoi vous êtes d'une extrême pauvreté. Et cette sorte de pauvreté, qui est le fruit de votre négligence, fait que Philippe est heureux, tout-puissant, formidable aux Grecs et aux Barbares ; tandis que vous êtes décriés, abandonnés : somptueux, il est vrai, dans vos marchés, mais dignes de risée dans vos armemens.

Je remarque, au reste, que plusieurs de vos Orateurs sont bien éloignés de

prendre

prendre pour eux-mêmes les conseils qu'ils vous donnent. Car, quoique vous soyez attaqués, ils vous exhortent à demeurer en repos, eux qui ne peuvent s'y tenir au milieu de nous, quoiqu'on ne les attaque point.

Aristodème, si quelqu'un, toute (1) invective à part, vous faisoit cette question : Puisque vous n'ignorez pas que la vie des hommes privés est libre, tranquille, sûre, et qu'au contraire la vie de ceux qui se mêlent des affaires publiques, est pleine de soins, de traverses, de périls, d'où vient qu'à la douceur et à la sûreté de celle-là vous préférez les dégoûts et les dangers de celle-ci? Que répondriez-vous? Que ce qui vous anime, c'est la gloire? Je le veux. Ou du moins, c'est le plus beau

_____

(1) Par un fragment de Cicéron, *De Rep.* IV, qua Saint-Augustin nous a conservé dans le second livre *de la Cité de Dieu*, chap. 10, nous apprenons que le premier métier de l'Aristodème, dont il est question ici, avoit été de monter sur le Théâtre. *Aristodemum, tragicum actorem, maximis de rebus pacis ac belli legatum ad Philippum Athenienses sæpe miserunt.*

de tous les prétextes. Mais, vous dirois-
je, est-il possible qu'un homme persuadé qu'il faut tout souffrir, tout ha-
sarder pour la gloire, conseille à la
République de se couvrir d'infamie ?
Vous n'oseriez dire qu'il est important
que votre nom brille dans Athènes ;
mais qu'il ne l'est point qu'Athènes soit
considérée dans le reste de la Grèce.
Je ne vois pas non plus, pourquoi l'intérêt de la République veut qu'elle se
borne à ses propres affaires, et pourquoi *cependant vous* trouvez si fort
votre compte à vous mêler de celles
d'autrui. Je croirois plus volontiers
que la République, pour n'en point
faire assez, et vous pour en faire trop,
vous courez à votre perte l'un et l'autre.
Que vous reste-t-il à dire ? Quoi ? Que
la vertu de vos ancêtres vous oblige à
ne point dégénérer, et que les Athéniens n'ont reçu des leurs, ni éclat, ni
lustre ? Mais non. Votre père, s'il vous
ressembloit, fut un insigne voleur : au
lieu que la République a des ancêtres,

par qui, comme tout l'univers le sait, la Grèce a été (1) sauvée deux fois.

Quelques-uns de vos Orateurs, ATHÉNIENS, regardent donc d'un œil bien différent, leurs intérêts et les vôtres. Faut-il que des hommes nouvellement échappés de vos prisons, se méconnoissent; et qu'une République, jusqu'ici la première de toutes, soit aujourd'hui dégradée, et croupisse dans l'ignominie?

J'aurois beaucoup d'autres choses à vous dire, et sur plusieurs autres sujets. Mais finissons. Car jamais nos calamités *ne sont* venues pour n'en avoir pas dit assez. Elles viennent de ce que après avoir entendu, et unanimement approuvé nos raisons, vous n'écoutez pas moins favorablement ceux qui s'étudient à les combattre, et à les détruire, quoique ces gens-là vous soient connus pour ce qu'ils sont. Car vous savez du premier coup d'œil, à ne vous

_____

(1) A Marathon, et à Salamine.

y. pas méprendre, si celui qui prend la parole est un citoyen zélé, ou un homme gagé par Philippe, et dont les vues tendent à faire en sorte que la délibération se termine par des railleries, par des invectives, afin que vous demeuriez toujours dans l'inaction.

Voilà *des vérités qui vous sont dites* hardiment, sans fard, et par un pur zèle. Je ne vous fais pas un discours plein d'artifice, un tissu de flatteries et d'impostures, qui vaut de l'argent à l'Orateur, et qui nous livre à nos ennemis. Ou changez de conduite, ou, si tout périt, ne vous en prenez qu'à vous-mêmes.

DEMOSTHENIS

PHILIPPICA I.

Latinam ex Græcâ fecit, et analysi Rhetoricâ illustravit

JOSEPHUS JUVENTIUS, S. J.

EXORDIUM.

I. Excusat se Demosthenes quòd cùm annos tantùm viginti et octo natus sit, priùs ad dicendum surgat, quàm alii quidam, ætate et usu forensi provectiores.

II. Commendat modestè sese, qui fuisset taciturus, si sententiam ab iis dici audiisset Reipublicæ utilem.

III. Eorumdem prudentiam et auctoritatem elevat, quòd eâdem de re consulti frustrà, et minùs commodè sententiam dixerint.

PROPOSITIO.

Bellum magno animo suscipiendum esse contra Philippum, et ignaviam ac segnitiem pristinam deponendam. Hoc primum.

Quæ sint viæ rei gerendæ opportunæ. Hoc alterum orationis caput.

PRIMA PARS.

Facilè debellari Philippus potest, modò paulisper in Reipublicæ curam incumbere Athenienses velint : una quippe tot calamitatum causa est eorum in rebus gerendis negligentia. Sustentatio. Concessio. *Num.* 4.

I. Probat id ab exemplo contrario : cùm strenuè se Athenienses gesserunt, Lacedæmoniorum potentiam facilè fregerunt. *N.* 5. Hoc enthymema concludit per subjectionem et antithesim. *N.* 6.

II. Solvit quod objici poterat, Philippum abundare copiis, Athenas multis præsidiis esse destitutas. Respondet, in iis quos subegit Philippus populis, multos in potestate Atheniensium fuisse, multos aisdem amicos exstitisse ac socios voluntarios, qui proinde facilè redituri sint in eorum ditionem.

III. Urget hanc *debellandi Philippi* facilitatem, et probat ab ipsius Philippi exemplo, qui, licèt sociis esset destitutus, minimè putavit esse difficile Athenienses debellare, immo suâ diligentiâ et vigilantiâ perfecit, ut hoc sibi esset facillimum. *N.* 8. Unde concludit, *N.* 9, hunc esse Atheniensibus imitandum, per acervum et repetitionem accerrimam.

IV. Docet Philippum ut ceteros mortales, et invidiæ et odio patère, ceterisque casibus, qui florentissimam solent fortunam evertere. Repetitio. Congeries.

V. Breviter explicatis rationibus subjicit amplificationem egregiam, quâ et odium in Philippum struit, et pudorem Reipublicæ hactenus malè negligenterque administratæ Atheniensibus incutit. Tria ejus capita sunt. *Primum*, Philippi superbia, arrogantia, et ditionis proferendæ cupiditas. *N.* 11. *Alterum*, Atheniensium dedecus et infamia è damnis præsentibus collecta, quæ omni calamitate pejor est. *Tertium*, eorum segnities, et in fictis narrationibus videndis audiendisque otium negotiosum : per Dialogismum et Epiplexim. *N.* 13. Admiscet nonnihil spéi, quò pudorem quasi mitiget; desperationemque arceat. *N.* 14.

SECUNDA PARS.

Adjumenta et præsidia belli conficiendi subministrat. *N.* 15

I. Ac primò quidem rogat *Athenienses*, ut se dicentem ad extremum usque audiant, ne quid efferant præjudicatæ opinionis, ne illis assentiantur qui bellicum apparatum celeriter confectum, quam stabilem ac diuturnum, malunt. *N.* 16, 17.

II. Agit de numero triremium, de copiis, quas et semper expeditas, et ex Atheniensibus, non peregrinis militibus conscriptas esse jubet : ejusque rei causa graves affert, *N.* 18, 19, 20. In primis oportere ut Duces, Centuriones, Tribuni, per se militent ipsi, neque honore illo utantur tantùm ad pompam et dignitatem umbratilem in urbe; quòd eleganti comparatione illustrat. *N.* 27.

III. Ostendit, *N.* 28, 29, quantâ sit opus ad exercitûs annonam et commeatum pecuniâ, et unde petenda.

IV. Cetera belli gerendi adminicula, oportunitates locorum ac temporum, etc. persequitur, *N.* 30, 31, 32; et concludit, *N.* 33.

V. Subjicit amplificationem. *Primò*, à consequentibus, enumerando utilitates maximas ex hoc bello ita, uti dixit, administrato, eventuras. *N.* 34, 35, *Deinde* instituendo comparationem inter festa et ludos ac bellum. *N.* 36 *Tertiò*, auget pudorem et indignationem prolatis Philippi litteris arrogantiæ plenissimis. *N.* 39. Et in summâ periculi gravitate socordiam Atheniensium, quos inertibus et imperitis gladiatoribus ait esse similes, describit eleganter. *N.* 41. *Quartò*, optandum fuisse dicit ut Philippus bellum recens ac metum Atheniensibus inferret, qui aliter ab isto veterno excitari non poterant : idque cœlitum consilio et curâ factum. *N.* 34. *Quintò*, Ducum ignaviam, sociorum metum, civium segnitiem ob oculos ponit. *N.* 46, 47, et omnia breviter colligir. *N.* 49.

P E R O R A T I O.

Amorem in patriam, et publicæ rei studium profitetur, quo uno se ad dicendum sententiam impulsum fuisse testatur. *N.* 50.

DEMOSTHENIS
PHILIPPICA I.

Si *quid novi negotii in deliberationem vocaretur* ATHENIENSES, *tamdiu continuissem ipse me tacitus, donec plerique ex iis quibus eam facultatem dat consuetudo, sententiam suam aperuissent; ac si quidem ea mihi placuisset, acquievissem; sin minùs, tunc ipse, quæ sentio, in medium protulissem.*

2. *Nunc verò quoniam ita res tulit, ut ea nunc expendenda proponantur, de quibus isti sæpius antea perorarunt, futurum confido ut mihi, quòd primus ad dicendum surgam, venia facilè concedatur. Certè si ductâ è rebus præteritis conjecturâ, verum consilium, et ad rem præsentem idoneum vobis subjecissent, nihil consulto nunc opus foret.*

3. *Primum igitur illud statuo,* ATHENIENSES, *non esse animos abjiciendos nobis, quanquam res pessimo positæ loco videantur.*

4. *Quod enim in illis hactenus infaustum accidit, hoc ipsum est peroppertunum ad spem fortunæ melioris. Quid ita porrò? nempe quia ob vestram in gerendo negotio socordiam in hunc statum publica res adducta est. Si enim vobis rem strenuè administrantibus, omnia pessum irent, nulla certè spes relicta foret Rei-*

*publicæ meliorem in statum aliquando repo-
nendæ.*

5. *Nunc autem recordamini, quique ab aliis
audivistis, quique vidistis ipsi, reputate, inquam, animis, quò provecta esset non ita
pridem Lacedæmoniorum potentia : quemadmodum nihil ab urbis vestræ gloriâ et dignitate
alienum admiseritis : verùm justo contra illos
suscepto bello, illud ad extremum fortiter et
gloriosè confeceritis.*

6. *Quorsum verò ista commemoro ? ut intelligatis, ATHENIENSES, planeque perspiciatis
nihil pertimescendum vobis fore tandiu dum
curam et cautionem adhibebitis : sin verò ne-
gligetis omnia, nihil vobis quidquam è sententiâ successurum. Quod quidem utroque hoc
exemplo apertissimè declaratur : hic Lacedæmoniorum potentia, quam vestrâ vigilantiâ et
prudentiâ evertistis ; inde verò metu et per-
turbatione, in quam vos ob vestram incuriam,
istius (1) audacia et injuria conjecerunt.*

7. *Quòd si quis vestrûm, ATHENIENSES,
difficilem de Philippo victoriam idcircò fore
suspicatur, quòd et ipse abundet copiis, et
erepta nobis fuerint omnia oppida et propug-
nacula civitatis, rectè ille quidem suspicatur:
verumtamen illud cogitet, nos aliquando Py-
dnam, Potidæam, Methonemque tenuisse, et*

---

(1) *Istius* Philippi, qui Græciæ dominatum invadere
conabatur, et in Atticam nuperrimè, superatis Thermo-
pylarum augustiis, irrumpere tentaverat.

eam omnem quæ Athenas ambit, quasi domes-
ticam regionem. Addo illud plurimos ex iis
qui modò sunt in ejus ditione populis, cùm
liberi olim et sui juris essent, nobis uti amicis,
quàm illo, maluisse.

8. *At ne Philippus quidem umquam exis-*
timavit arduum et operosum esse negòtium,
cladem et bellum inferre Atheniensibus, vel
tum cùm tot oppidis quasi propugnaculis mu-
niti essent, et contra illorum impetus ipse
sociis destitutus fortt. Si enim id existimasset,
nihil eorum quæ nunc gessit, esset ausus;
neque tantam potentiam adeptus fuisset. Sed
hoc præclarè vidit, omnem hanc regionem velut
in medio positam, belli præmium et victoris
prædam fore : atque ita esse a natura compa-
ratum, ut absentium bonis potiantur præsentes,
et negligentium strenui, et laboris periculique
appetentes. Id ille cùm haberet persuasum,
omnia subjecit ac tenet, hæc vi et armis
parta, illa pactionibus fœderum et societate.
Quippe nemo est qui non ultrò se adjungat
illis quos videat paratos, et rem gerendam
expeditos.

9. *Igitur si vos eamdem atque ille mentem*
susceperitis, ATHENIENSES, in præsentiâ, si
quidem anteà factum id non est; si unus quisque
vestrûm, quoad et ipsa res et cujusque facultas
feret, in publicam utilitatem incumbat; si omni
abjecta dissimulatione, se ad opus accingat;
alius qui habet, ad pecunias contribuendas;
alius qui per ætatem id potest, ad militiam

et arma tractanda ; verbo dicam , si nego-
tium ipsi per vos vestrum agere statueritis ,
ac porrò desieritis ipsi præstare nihil ; spem
verò omnem et laborem in alios rejicere : brevi
fiet ut vestra recuperetis , Superis adjuvan-
tibus , ac profligatas per socordiam res in in-
tegrum restituatis , et meritas ab ipso pœnas
tandem aliquando repetatis.

10. *Nolite enim arbitrari secundam Phi-*
lippi fortunam illi , tanquam numini cuipiam ,
certam ac fixam esse , neque ullâ calamitate
interverti posse. Est qui eum oderit , et qui
metuat , est : qui invideat , vel inter eos ipsos
qui videntur esse illi addictissimi. Quæ enim
ceteris insunt hominibus cupiditates , easdem
illis inesse , qui eum propiùs attingunt , existi-
mandum est : illæ verò ne in apertum efferantur
ac prodeant vestrâ tarditate ac negligentiâ
factum est , quam aio nunc esse deponendam.

11. *Agite enim , obsecro , intuemini quò*
protervia hominis provecta sit , qui neque
vobis agendi optionem det , neque verò quies-
cendi ; sed intentat minas , sed immania , ut
aiunt , verba jactat ; tantùmque abest ut iis
quæ bello cepit , sit contentus , ut aliud ex
alio moliatur in dies , vosque cessantes ac se-
dentes undique in gyrum velut indagine circum-
veniat.

12. *Ecquando igitur , ATHENIENSES ,*
quod opus est facto , prætabitis? Ecquando ,
inquam , fiet aliquid? Sanè cùm instabit ne-
cessitas. Quid ergo de hoc rerum statu cen-

sendum, aut quomodo est appellandus, si necessitas non est? Ego enim liberis hominibus existimo maximam esse necesitatem, infamiam ex re malè gestá collectam.

23. Pulchrum interim vobis ac suave est in foro spatiari, ac percontari alterum ab altero : Quid affertur novi? quasi verò quidquam æquè novum et insolens fieri possit atque hoc : vir Macedo Athenienses debellat, Græciam administrat! Obiit Philippus? Non, at æger. Quid malum interest obierit, an vivat? Cui si quid humanitùs, acciderit vos alium Philippum brevi feceritis, si pergitis eamdem in Republica administranda negligentiam adhibere ; neque enim ille tantùm suis viribus, quantùm socordiâ vestrâ crevit.

14. Quamquam et illud intelligo : si quid ipsi accideret, ac fortuna nobis adesset, quæ multò meliùs nostris rebus quàm nos ipsi consulit (te adfuturam confido) cùm tantulo intervallo sitis à Macedoniâ disjuncti, si eam perturbatam ininvaderetis ; nullus, inquam, dubito quin ex animi vestri sententiâ negotium (1) conficeretis. Nunc verò ut estis comparati, ne si fortuna quidem ultrò vobis Amphipolim offerat, eam caperetis : sententiis dicendis, apparandis rebus suspensi ac districti.

_____

(1) *Conficeritis.*] Nempe Macedoniam redigeretis in vestram ditionem. Utitur autem de industriâ verbo ambiguo, et obscuro, ut acuat vincendi cupiditatem, et audiendi. Quod interpreti accurato servandum est, ne clariùs afferatquæ obscuriùs dicta majorem vim et dignitatem habent.

15. *Ex his, quæ hactenus dixi, satis, opinor, habetis persuasum et exploratum, quare vos ad rem bene gerendam promptos esse paratosque conveniat : itaque pluribus eâ de re non disseram.*

16. *Venio ad alterum caput de ratione comparandi commeatûs, exercitûs instruendi, ceterisque id genus curis, quibus vos ex his incommodis liberatum iri puto. Exponam sanè quemadmodum ea omnia quàm celerrimè et optimè procurari queant; id præfatus unum, vosque obtestatus, ut cùm omnia proposuero, tum demum ipsi judicetis; neque vos præjudicatâ opinione occupari patiamini; neque, si quid novi apparatûs indicare videar, continuò me quispiam res in longum velle ducere suspicetur.*

17. *Non enim qui citò, qui hodie rem conficiendam clamitant, illi commodissimè loquuntur, si quidem iis quæ modò absunt præsidiis, Rempublicam calamitate ac metu prohibere nullâ ratione possumus : sed is optimè consulit, qui docet quis belli apparatus; et quantus, et unde quæsitus, ac permanere tamdiu possit dum bello finem aut pax si visa nobis fuerit utilior, aut victoria parta de hostibus attulerit. Sic enim felicitati publicæ in perpetuum consulemus. Hæc autem ita dicere constitui, ut per me liceat cuilibet quodcumque aliud ipsi videbitur, in medium proferre. Ego quidem magna polliceor : quàm verè, ipsa res indicabit, vos judicabitis.*

18. *Primùm igitur, ATHENIENSES, quin-*

*quaginta triremes instruendas censeo. Deinde,
vos ita comparatos esse oportere, ut eas ipsi-
met si sit opus, conscendatis. Ad hæc dimidiæ
parti equitum idoneas ad illos deportandos
triremes, et opportuna navigia confici jubeo;
eaque omnia semper in promptu esse ad repen-
tinas ejus è patrio regno irruptiones in Pylas,
Chersonesum, Olynthum, et aliò quolibet,
coërcendas*

19. *Id enim planè faciendum est, ut sibi
persuadeat, perpetuoque suspicetur, vos ex hoc
immani veterno excitatos, ut non ita pridem
in Eubœam, et aliàs anteà in Haliartum,
atque adeò nuper in Pylas, impetum esse fac-
turos. Quod quidem etsi minimè faceretis; non
erit tamen, mihi credite, non erit inutilis hic
apparatus. Hunc saltem ex eo fructum ca-
pietis, ut illi vel quiescat coactus metu, cùm
paratos esse vos resciverit, (resciet enim, sat
scio; nam sunt nimio plures, qui de vestris
ipsum consiliis certiorem faciant) vel ut vires
vestras despiciens incautus opprimatur, si quidem nihil impedimento vobis erit quominus in
ejus regionem, si tulerit occasio, vela faciatis.*

20. *Hæc igitur quæ dixi, et probare vos,
et parare oportet. Prætereà copiarum alin-
quantulum in procinctu habendum conseo,
quæ agitando assiduè bello illum malè habeant,
ac macerent. Apage peregrinorum militum dena,
si lubet, aut vicena millia exercitum conduc-
titium, et per litteras accersitum; hunc volo
qui civibus constet, cui certus commeatus à*

vobis suppeditetur, cui præsit unus aut plures,
hic, ille, quemcumque vos illi præfeceritis,
cui morem gerat, quem sequatur. Quænam
vero istæ copiæ sint, quam multæ, unde com-
meatum habituræ, et quemadmodum ista omnia
procuranda, dicam, et singula seorsum ex-
plicabo.

21. *Et quidem, quod externos milites spectat,*
cavete ne admittatis id quod exitio semper vobis
fuit, dum omnia minora et leviora justo censetis
esse : nevè sitis in decernendo magnifici, in
exequendo tenues ac minuti: et si minima præs-
tare nihil vetat, modò istis minimis, quæ ma-
jora, et ampliora sunt, adjiciatis.

22. *Aio igitur universos milites esse bina*
millia oportere, sed in his Athenienses quin-
gentos, quâcumque illi deligendi vobis ætate
videbuntur, qui stipendia certo temporis inter-
vallo faciant, non diuturno illo quidem : sed
quatenus erit commodum, ut alii alios exci-
piant, illisque succedant. Ceteri, per me licet,
externi sunto. Cum iis equites ducentos esse
jubeo, quorum quinquaginta minimùm sint
Athenienses, qui ad eumdem modum, quo pe-
destres copiæ, stipendia mereantur. Addantur
illis necessariæ naves ad vectandos equos. Sit
ita sanè. Quid præterea ? celeres triremes decem
adornentur, quippe cùm navibus utatur Phi-
lippus, opus sunt nobis triremes expeditæ, ut
exercitus noster tutò navigare possit.

23. *At enim quo tandem pacto commeatus*
illis omnibus copiis providebitur ? Dicam ac

demonstrabo, *postquam docuero cur sufficere hunc numerum copiarum putem*, *et cur cives in militiæ partem venire velim. Satis erit ea copiarum multitudo*, *cur? quia exercitum*, *qui acie instructâ confligere cum Philippo queat*, *colligere neutiquam nunc valemus. Prædonum more grassandum est*, *idque initium belli necessariò faciendum. Itaque nec immensas nobis esse copias (neque enim stipendia commeatusque suppetunt) nec prorsus exiguas esse oportet.*

24. *Cives autem misceri cum externo milite*, *et unà jubeo navigare*, *quòd*, *ut audio*, *cùm peregrinus miles hujus urbis nomine ac imperio*, *Corinthi olim esset*, *cui* Polystratus, *Iphicrates*, *Chabrias*, *et alii nonnulli præerant; vos arma pariter tulistis cum eo; junctique hoc demùm pacto* Lacedæmoniorum *opes fregistis.*

25. *Ex quo autem peregrino istæ copiæ per se ipsæ bella pro vobis gerunt*, *amicos æquè ac fæderatos debellant*, *unde hostium numerus vehementer accrevit : iidem postquam bellum sibi ab urbe impositum*, *et mandatum inchoarunt*, *ad* (1) *Artabazum aut aliò quopiam*

---

(1) *Ad Artabazum*] Hic provinciæ Persicæ in Asiâ minori gubernator in regem Persarum rebellaverat. Rex misso ingenti exercitu hominem premit, et cogit ad deditionem. Artabazus auxilio vocat Athenienses, qui tum Ægeum mare cum classe obtinebant, indicto et inchoato cum hostibus Reipublicæ quibusdam bello. Atheniensium dux causatus stipendia suo exercitui malignè pendi, et ingenti pecunia ab Artabazo illectus, bellum susceptum omittit, ad Artabazum proficiscitur, eumque liberat.

navigant, nostro duce illos consequente. Quid enim agat ? stipendia qui non solvit, imperare militi nemo potest.

26. *Audite igitur quid fieri porrò jubeam. Volo et militibus et duci adimi causas omnes rei malè gerendæ, quod ita fiet, si numerętur militi merces; si proficiantur certi et è vestro genere milites, qui ducum velut inspectores sint. Nunc quidem ridiculi planè sumus. Quæret aliquis à vobis : Pacem ne agitis, ATHENIENSES ? Minime gentium, dicetis : bellum cum Philippo gerimus. Et verò nonne creastis è vestris civibus decem centuriones, et duces, et tribunos, et magistros equitum duos ?*

27. *Sed quid isti tandem agunt proter illum unum qui missus à vobis, totius belli dux et imperator fuerit ? Ceteri urbem vobis obeunt solemni pompâ cum sacrificulis. Ut figuli ad ornatum delicata signa ex luto argillâque conflant, ita vos ad solemnes et ludicras, quæ in foro fiunt, (1) transvectiones ; non ad bellicum opus et laborem, centuriones facitis et tribunos. Nonne oportebat centuriones, nonne magistros equitum à vobis ipsis elegi, ceteros duces cives vestros esse, ut essent reverà copiæ civitatis ? An qui in Lemnum navigaret, ma-*

---

(1) *Transvectiones.*] Lustrationes quædam sunt copiarum ad pompam, aut ad recognoscendum numerum. Fiebant autem istæ transvectiones insigni pompâ; ut et sacrificia, quibus illi scilicet intererant, cum ornatu et insignibus delati honoris.

gistrum equitum, è vobis unum, et à vobis nominatim creatum esse oportuit : iis verò qui pro fortuna hujus urbis gravissimo conflictantur bello, equitibus præesse Menelaum par est ! Non hoc eò commemoro, quòd homini detractum velim : sed eum certè, quisquis esset, à vobis (1) creatum esse decuit.

28. Atque hæc à me rectè dici fortasse judicatis ; sed de re pecuniariâ, quanta sit, unde sit petenda audire præsertim lubet. Paucis id quoque conficio. Pecuniæ summa, quæ ad alendum hunc exercitum sit satis (de commeatu quippe militum duntaxat loquor) talenta sunt nonaginta, aut paulò plus eo : in decem celeres naves, talenta quadraginta : vicenæ minæ in navim singulis mensibus : totidem alia talenta duobus militum millibus : denæ singulis militibus in mensem drachmæ pro cibariis : ducentis equitibus talenta duodecim, et tricenæ singulis in mensem drachmæ.

29. Quòd si quis fortè putet leve momentum in militum commeatu esse, errat. Pro certo enim habeo, si modo victus illis suppeditetur, eos reliquam stipendiorum et mercedis partem sibi ex ipso bello, sine nullâ vel Græcorum, vel sociorum injuriâ, paraturos. Ego cum illis

---

(1) Ceux qui approuveront la petite correction que j'ai faire ici dans le Grec, liront *ex vobis.* J'ai cependant tout sujet de m'en défier, quand je vois que les plus savans Traducteurs ont glissé là-dessus, sans que la Logique les ait arrêtés.

*meà voluntate navigabo, quidlibet perferre ac
pati certus, si aliter atque dico res eveniat.
Age nunc, unde tandem pecunia, quam à vobis
requiro, comparabitur ? Accipite.*

Ratio certa pecuniæ ad militarem com-
meatuin inveniendæ.

30. *Ea sunt*, ATHENIENSES, *quæ nobis
in mentem venêre. Vos, ubi sententias roga-
veritis, quæcumque visa vobis fuerint, rata
esse, inque opus continuò deduci, jubetote:
ne litteris tantùm ac decretis, sed rebus ipsis,
bellum geratis cum Philippo. Mihi verò ad
belli totius et militaris apparatûs rationem
tutò ineundam, nihil videtur esse opportunius,
quàm si regionis in quam estis bellum depor-
taturi, situm diligenter exploratum habeatis.*

31. *Captat Philippus ventorum ac tempes-
tatum anni opportunitatem, easque multò antè
prospiciens ac præcipiens è sententiâ rem gerit.
Etesias, hybernumque tempus observans, tum
nos invadit cùm ad eum per ventos nobis aspirare
non licet. Quamobrem convenit vos non col-
lectis raptim navibus et auxiliis : quæ numquam tempori adsunt, bellare, sed paratas
semper in omnem eventum habere copias, quarum hyberna statio erit Lemnus, Thasus,
Sciathus, aliæque in eadem ora insulæ, por-
tubus, frumento, ceteroque commeatu abun-
dantes.*

32. *Quo vero anni tempore illinc prodeundum,*

quando molles ad terram accessus, quibus fidendum ventis, cognoscere nullo negotio licebit. Erit illius, cui summam rerum mandaveritis, providere quibus copiis, quàm tempestivè utatur : vestrum nunc est ea quæ sunt vobis jam recitata, præstare.

33 Quod si primùm, quas dico, pecunias suppeditaveritis ; deinde milites, triremes, equites, aliaque id genus omnia comparaveritis; tum lege latâ quemquam à militiâ discedere vetueritis ; ipsi colligendæ, dividendæque pecuniæ curam in vobis susceperitis ; denique rationem administrati belli, ab imperatore vestro repetatis; illucescet illa dies, quæ molestis et inutilibus vestris consultationibus finem aliquando imponat.

34. Accedit illa quoque utilitas, quòd hostem maximâ suorum proventuum parte spoliabistis. Quo tandem pacto ? Nimirùm ille prædâ, quam sociis vestris aufert, quorum naves toto mari spoliat, rapitque, dives habet unde belli contra vos gerendi sumptus alat.

35. Quid erit prætereà commodi ? Illud longè maximum, quòd ab ejus incursionibus damnoque capiendo procul sitis ; non jam ille ut nuper impetum in Lemnum, in Imbrum fecit, indeque cives vestros captivos asportavit, verùm etiam abactis ad Geræstum navibus, immensam pecuniæ vim collegit ; ac demùm in Marathonem exscendens, inde sacram triremem adduxit. Quæ dedecora et detrimenta,

neque vos impedire, nec in tempore, ut ma-
ximè statueratis, adesse potuistis.

36. *Age verò, quid esse causæ censetis,*
ATHENIENSES*, cur Panathenæorum, cur*
Bacchanalium festi dies semper indicto et suo
tempore celebrentur? sive principes civitatis,
et rerum istarum gnari, sive privati ac im-
petiri curam illorum sortiantur; ac sumptus
quidem in illas ferias tanti fiant, quantos
una classis adornata postularet; tantâ porrò
mole, tanto apparatu res geritur, quantum
in Græciâ reliquâ videre non est. At verò
cum classes aliquem in locum destinamus, nulla
tempori venit, non Methonem; non Pegasus,
non Potidæam. Nimirum quia ista quidem,
quæ ad festorum apparatum pertinent, omnia
sancita legibus ac definita sunt : multò antè
unusquisque novit, quis in qua tribu, Chori
et Musicæ, quis gladiatorum et pugilum curam
sit habiturus, quid à quo, et quando sumendum
sit. Nihil, non expensum, nihil non consti-
tutum est, neglectum nihil, aut omissum.

37. *Quæ verò ad bellicam rem et appa-*
ratum spectant, incomposita, indefinita omnia,
nullis legibus certis, regulisque sunt fixa.
Itaque simul atque increpuit aliquid, magistros
navium creamus, et facultatem iis damus oneris
istius in alium rejiciendi : tum de comparandæ
pecuniæ ratione deliberamus. Sub hæc, placet
in naves imponi nescio quos quà recens in
urbe, quà foris extra urbem habitantes; mox

cives succenturiari, *et ad illos supplendos navigare decernimus.*

38 *Dum hæc geruntur*, *causa interim*, *cur navigetur*, *est nulla* : *tempus rei gerendæ in apparando consumptum est* ; *avolat illa gubernatrix rerum*, *occasio*, *tarditatemque nostram et segnitiem non expectat. Quas verò paratas fore putabamus*, *nihil moliri possunt copiæ* ; *elapsâ opportunitate jacent. Hoc animos addit Philippo*, *scilicet cujus hæ ad Eubæos*, *plenæ conviciorum*, *et insolentissimi fastûs*, *litteræ sunt.*

EPISTOLA.

39. *Ea quæ audivistis*, ATHENIENSES *, vera sunt magnam partem*, *id quod utinam ne esset ! atque adeò minimè ad audiendum jucunda. Verùm si quis*, *dum res molestas*, *ne mœrorem afferat*, *obruit silentio*, *ipsas delere quoque*, *ac earum damna sarcire posset* ; *sanè ad gratiam et voluptatem loqui præstaret. Sin verò illa quæ intempestivè quæritur voluptas orationis*, *damnum reipsá et perniciem affert* : *pudeat vos*, ATHENIENSES, *vobis ipsis verba dare*, *et calamitatum vestrarum mentione in aliud tempus*, *et curatione dilatâ*, *vulnus fortunis gravissimum et certissimum imponere.*

40. *An non hoc intelligitis ? qui bello feliciter uti velit*, *huic faciendum esse*, *ut*

*fortunam et eventus rerum varios quasi ducat,
non sequatur, utque imperator quilibet exercitum, sic ille res antecedat : adeò ut ea fiant
quæ ipsi visa fuerint, non quæ facere casus
ipsum necessitasque coëgerit. At vos, ô cives,
copias omnium habetis maximas et fortissimas,
naves, milites, equitatum, pecunias, et reditus
amplissimos, neque his omnibus tamen ad hanc
usque diem in loco usi estis.*

41. *Omninò barbarorum pugilum ritu de-
certatis cum Philippo. Si quis illorum percu-
titur ab altero, semper ad plagam recurrit ;
si aliunde feriatur, eò manum convertit : sed
præcurrere in adversarium, illi se fidenter
objicere, contra illius petitiones munire sese,
neque possit, neque velit. Affertur Philippum
esse in Chersoneso : statim illuc ire auxilio
decernitis. In Thermopylis, vel alio quopiam
in loco ? Ultrò citròque trepidi cursitatis,
quocumque ille vestra arma, tanquam imperator vester, detorserit.*

42. *Ita nihil in bellica re, quod vobis utile
sit, consulitis, nihilque providetis, antequam
facinoris aliquid hostem, vel moliri, vel mo-
litum esse resciatis. Atque hæc antè fortasse
facere licuit : neutiquam nunc licet, in tantum
adductæ res discrimen sunt.*

43. *Mihi verò videtur superûm aliquis,
ATHENIENSES, quem urbis dedecus ac pudor
tangit, hanc Philippo mentem injecisse, ut
nova in dies incepta designaret. Nam si contentus*

iis

iis quæ antè cepit ac diruit ; quiescere statuisset , nihilque agitare novi ; essent qui sat bellè nobiscum agi existimarent , etsi ob nostram inertiam , ob nostra dedecora , ludibrium toti meritò Græciæ debeamus. Nunc verò cùm aliud ex alio machinetur , nihilque sit ei satis ; spes est fore ut excutiat vobis feralem hunc veternum , nisi penitùs vobis ipsi desperastis.

44. *In quo demiror nemini venire hoc in mentem , bellum à vobis inchoatum fuisse ad ultionem à Philippo repetendam : nunc verò in eo desinere , ut nihil detrimenti à Philippo capiamus. Sed ille tamen hîc non stabit , nisi quis ipsi moras injicias. Et hoc lenti expectabimus ? et bene rem se habere putabitis , si triremes vacuas , si spes à nescio quo datas mittatis ? Non potiùs exscendimus ? non ipsi nunc denique cum civium in militiam adscriptorum parte imus ? non impetum in ejus regionem facimus ?*

45. *Roget fortè quispiam ubi classem appellemus ? Bellum ipsum viam aperiet, ATHENIENSES , et quid in ejus fortunis imbecillum vitiosumque sit , ostendet , modò rem aggrediamur. Sin domi sedebimus , auresque vacuas oratoribus in se invicem convicia jactantibus et crimina , præbebimus , omnia pessum ibunt. Equidem id confirmo , quòcumque pars aliqua civitatis naviget , etsi tota non adsit , Fortunam illi præsentesque Deos adfuturos. At quocumque unum aliquem tantùm Imperatorem , et inania decreta , spesque à Tribunalibus v...*

16.

tris, et isto foro sumptas miseritis, irritæ
spes et vota nostra cadent.

46. Hinc ille sociorum nostrorum pavor,
illa hostium ludibria, cùm ejusmodi classes
adornamus. Non est, ut vir unus belli molem
tantam, quantam illi imponitis, administret :
dare verba, polliceri, hunc illumve accusare
licet : ex eo fonte rerum labes illa fluxit. Quid
aliud autem expectandum fuit ? Quippe ubi dux
infelicis exercitûs è peregrinis mercenariisque
militibus conflati victus fuerit, prosiliunt hùc
bene multi, qui hominem falsis criminibus tanquam negotii malè gesti reum deferant ; vos
in illum tanquam dictâ causâ, è vestigio sententiam quamcumque libuerit, fertis.

·47. Huic malo quæ fieri medicina tandem
potest? Una, si, ô ATHENIENSES, eosdem
et milites et testes rerum in bello gestarum
esse jubeatis, mox in urbem se conferre, et
esse judices apud quos de re male gestâ dicatur ; ut non vestra tantùm audiatis, sed
coràm eadem ipsi videatis. Nunc autem eò de-
decoris et flagitii ventum est, ut vestrorum
Imperatorum quilibet bis terve capitis apud
vos causam dicat, qui apud hostes caput in
discrimen vel semel offerre ausus non sit. Ita
furciferorum latronumque ritu perire, quàm
imperatorum obire partes malunt : quippe sce-
leratos sententiâ judicis, duces hosium ferro
mori decet.

48. Apud vos interim quid agitur domi ?
Alii obambulantes dictitant Philippum cum

Lacedæmoniis agere de Thebis evertendis, in eoque esse ut Respublicas convellat : alii missos ab eo legatos ad Regem ; alii Illyricorum urbes ab eodem mœnibus propugnaculisque firmari : alii denique aliud comminiscentes concursamus. Ego quidem sic existimo, ATHENIENSES, *hominem rerum gestarum magnitudine impotentem et ebrium plurima id genus somnia sibi in animo fingere, præsertim cùm neminem, à quo prohiberi possit, aspiciat, et ipsâ per se ambitione ad audendum efferatur. Nihilominus tamen haud arbitror eum sua sic instituere consilia, ut quid acturus sit, exploratum habeant fabulatores, quibus apud nos nihil est dementius.*

49. *Nos verò hæc missa faciamus : illud consideremus ac planè intelligamus eum hostem esse, nos ab illo spoliari, ac tamdiu tot contumeliis affici : quidquid in aliis posuimus aliquando spei, hoc totum in nostram perniciem conversum fuisse : ut nobis unis spes esse nostras, ac præsidia : sin bellum gerere in hostico solo noluerimus : nos coactum iri posteà fortasse illud gerere in nostro : hæc inquam, si altis mentibus defigamus, et quid à nobis Respublica postulet agnoscamus, et inanes gerronum istorum, nugas valere jubebimus. Non enim quid eventurum sit, spectandum est : sed hoc prorsùs intelligendum, omnia pejorem in partem eventura, nisi omnibus animis incumbatis in Rempublicam, et suum quisque munus sedulò ac diligenter impleatis.*

50. *Ego cùm numquam aliàs ad gratiam loqui solitus sum, maximè si quid alienum à vestris commodis rationibusque cognovi: tum verò quæ visa mihi sunt hodie, candidè ac apertè, simulque audacter et liberè sum elocutus. Satis intelligo quanti vestrâ omnium referat, ut ea quæ sunt in rem vestram, audiatis: verùm illud rescire quoque velim, an hoc peri de illi qui eâ dicat, usui futurum sit. Libentiùs multò perorassem. Nunc, etsi quid mihi inde futurum sit, ignorem; qui tamen habui persuasum è re vestrâ esse, ut ea, quæcumque dixi, præstaretis, ultrò ad dicendum accessi. Vincat ea sententia, quæ vobis omnibus est maximè profutura.*

TABLE *
GÉOGRAPHIQUE.

Voyez page 208.

ACHAÏE, partie septentrionale du Péloponnèse, sur le Golfe Corinthiaque; et qui s'étend depuis l'Elide jusqu'au territoire de Sicyone, ou même jusqu'à l'Argolide.

AMBRACIE, Ville d'Epire au nord du Golfe Ambracien, et Colonie de Corinthiens.

AMPHIPOLIS, Colonie d'Athéniens, à l'embouchure du fleuve Strymon, dont les environs occupés par les Thraces ont depuis fait partie de la Macédoine.

ANTHEMUNTE, Ville et contrée dans la partie de la Macédoine qui est à l'Orient du Golfe Termaïque ou de Thessalonique.

ANTRONE, Ville maritime de la Phtiotide, qui fait partie de la Thessalie.

APPOLLONIE, Colonie de Corinthiens dans le pays des Illyriens, au nord de l'Epire, et voisine de la Mer Ionienne.

ARGOS, Capitale de l'Argolide, qui fait partie du Péloponnèse, entre Corinthe et Sparte.

ATHÈNES, l'une des puissantes Républiques de la Grèce, et Capitale de l'Attique, qui est bornée par la Béotie du côté du nord, et environnée d'ailleurs par la mer.

---

* Revue par M. D'ANVILLE, le plus savant Géographe de notre siècle.

16. *

le pied du Mont-Œta, et vis-à-vis des défilés qui conduisent en Thessalie.

ELIS, Ville de l'Elide, contrée du Péloponnèse dans sa partie occidentale, et qui s'étend le long de la mer depuis l'Achaïe jusqu'à la Messénie.

ERETRIE, Ville de l'Eubée, à une petite distance de Chalcis, en tirant vers l'Attique.

ETOLIE, pays de Grèce, vers l'entrée du Golfe Corinthiaque; et séparé de l'Acarnanie du côté du couchant par le fleuve Achéloüs.

EUBÉE, grande île de la Mer Egée, séparée de la Béotie par le détroit de l'Euripe, et qui regarde la Thessalie du côté du nord, et l'Attique du côté du midi.

GEROESTE, Promontoire méridional de l'Eubée.

HALIARTE, Ville de Béotie.

HELLESPONT, Détroit de Mer, qui fait la communication de la Propontide avec la Mer Egée, ayant du côté de l'Europe la Chersonèse de Thrace, et du côté d'Asie la Troade, ou le Pays qui a pris le nom même d'Hellespont.

IMBROS, Ile de la Mer Egée, et voisine de la Chersonnèse.

LACÉDÉMONE, ou SPARTE, capitale de la Laconie, dans la partie méridionale du Péloponnèse.

LEMNOS, Ile de la Mer Egée en tirant vers l'Hellespont.

LEUCADE, Ile presqu'adhérente au continent de l'Acarnanie, dans la Mer Ionienne, et ville de même nom, Colonie de Corinthiens.

MACÉDOINE, Royaume au nord de la Grèce, et limitrophe de la Thessalie.

golide, la Laconie, la Messénie, l'Elide, qui toutes bordent la Mer, et l'Arcadie, qui occupe le centre.

PHÈRES, Ville dans la plaine de Thessalie, au nord de la Phtiotide.

PHOCIDE, pays de Grèce confinant à la Béotie d'un côté, et à la Thessalie de l'autre.

PIRÉE, le meilleur port d'Athènes, à quatre ou cinq milles de la Ville.

PLATÉE, Ville du midi de la Béotie, et sur les confins de Mégare, célèbre par la défaite de Mardonius et de Perses.

PORTHMOS, lieu maritime de l'Eubée dans le voisinage d'Erétrie.

POTIDÉE, nommée depuis Cassandrie, ville de Macédoine, à l'entrée de la presqu'île de Pallène, ayant le Golfe Termaïque au couchant, et le Tonoraïque au levant.

PYDNE, Ville de la Piérie sur le bord occidental du Golfe Thermaïque.

RHODES, Ile d'Asie, au midi de la Carie.

SCIATHE, Ile de la Mer Egée, vis-à-vis de Magnésie de Thessalie.

SERRUIE, Ville et Promontoire de Thrace, au couchant de l'Hebre.

SPARTE, voyez LACÉDÉMONE.

THASE, Ile de la Mer Egée, près de la côte de Thrace.

THÈBES, Capitale de la Béotie, et une des plus considérables Républiques de la Grèce.

THERMOPYLES, passage resserré entre le Mont-Œta et la Mer, et qui du pays des Locriens et de la Phocide donne entrée dans la Thessalie.

THESPIE, Ville de Béotie, vers le Golfe Corinthiaque.

THESSALIE, pays de Grèce entre les Thermo-pyles et le Mont-Olympe, qui en fait la sépara-tion d'avec la Macédoine, et entre la Mer et les montagnes du Pinde, qui bornent ce pays du côté de l'Épire.

THRACE, grand pays entre le nord et le levant à l'égard de la Macédoine, s'étendant jusqu'au Pont-Euxin et au Mont-Hœmus, et dans lequel les environs du fleuve Strymon étoient compris avant l'agrandissement de la Macédoine.